놀자선생의
놀이인문학

오래된 미래: 놀이의 역설

놀자선생의
놀이인문학
오래된 미래: 놀이의 역설

초판 1쇄 인쇄 2021년 1월 14일
초판 1쇄 발행 2021년 1월 23일

지은이 진용근
펴낸이 김승희
펴낸곳 도서출판 살림터

기획 정광일
편집 조현주
북디자인 꼬리별

인쇄·제본 (주)신화프린팅
종이 (주)명동지류

주소 서울시 양천구 목동동로 293, 22층 2215-1호
전화 02-3141-6553
팩스 02-3141-6555
출판등록 2008년 3월 18일 제313-1990-12호
이메일 gwang80@hanmail.net
블로그 http://blog.naver.com/dkffk1020

ISBN 979-11-5930-174-2 03370

*이 도서는 한국출판문화산업진흥원의 '2020년 출판콘텐츠 창작 지원 사업'의 일환으로 국민체육진흥기금을 지원
받아 제작되었습니다.

놀자선생의
놀이인문학

오래된 미래: 놀이의 역설

진용근 지음

살림터

출간 이유서

어떤 작가는 햇빛에 바래면 역사가 되고 달빛에 물들면 신화가 된다고 하였다. 멋지게 표현된 그 역사와 신화에 영원히 스며들었던 게 바로 놀이라는 걸 끝내 모르고 그 작가가 하직하셨다면 그 또한 슬픈 일이 아닐까 싶다. 인류라면 누구에게나 몸속에 스며든 그 무엇이 스멀스멀 나오는데 '별것 아닌 거 같은데 별것'인 그 무엇은 곧 놀이다. 서양 학자들은 이걸 '근육 기억(력)'이라고 말하는데, 어렸을 적 이 '몸속 기억'이야말로 평생 살아가는 데 필요한 준비물이자 이 몸속 기억이 있고 없고의 차이는 삶의 양과 질을 결정적으로 가르게 된다. 명예와 부를 모두 가진 듯한 사람이 어느 날 갑자기 삶을 마감해 버린 걸 보며 우리는 허무감을 느낀다. 고위직에 있는 멀쩡한 사람의 어이없는 행위를 보고 우리는 스스로가 부끄러워진다. 그래서 묻는다. 대한민국은 안녕하신가?

놀이가 생략된 채 앞만 보고 달려온 대한민국이 참으로 많이 아프다는 건 누구나 느낄 것이다. 바로 전까지 찧고 까불고 놀 때는 좋았는데 그 시공간에서 벗어나는 순간 다시금 경쟁이라는 구도 속에 갇히게 되는 세상이다. 신자유주의 시대에 경쟁이 불가피하다고 치자. 그 경쟁이 불공정할뿐더러 제아무리 노력을 해도 기회조차 오지 않는다. 그래서 생각 있는 사람들은 교육혁명을 외치고 사회개혁을 주장한다. 대한민국에서 이제 대통령 바꾸는 건 그닥 어렵지 않다. 잘못하면 쫓아내기까지 한다. 그러나 대통령은 바꿀 수 있어도 바꿀 수 없는 게 딱 한 가지 있다. 바로 교육이다. 여야, 진보, 보수를 막론하고 좌우지간 여하튼 기득권은 '교육'이라는 명분으로 부와 권력을 위한 담을 더 견고하고 높이 쌓으며 길이길이 보존을 도모한다. 필자가 팔자에 없는 놀이활동을 하고 놀이 연구를 하게 된 건 어떤 이론이나 철학이 있어서가 아니었다. 이처럼 어떤 불안한 징조라고나 할까? 싸늘하게 느껴지는 원초적인 육감이 직관되었기 때문이었다.

필자는 세상을 바꿔 보려고 손에 돌멩이를 쥐고 누구보다 진지하고 근엄한 표정으로 살아왔었다. 세상을 변화시킬 사상이나 이념을 치열하게 습득하며 머리를 바꾸기도 했다. 세상에서 가장 옳고 바른 길이라는 신념이 있었기에 행동에도 거침이 없었다. 그러나 사람들은 내 생각처럼 바뀌지 않고 오히려 멀어져만 갔다. 손에 쥔 돌멩이는 매가리 없이 풀리는 손에서 떨어지고 있었다. 이제 빈손으로 할 수 있는 건 아무것도 없었다. "그런데 말입니다." 거꾸로 그 빈손이야말로 할 수 있는 일이 무궁하다는 걸 한참 뒤에야 깨달았다. 우선 사람들의 손을 잡을 수 있다는 것이었다. 빈손은 오래된 미래인 잃어버린 '우리'를 만들 수 있다. 사람들은 그런 손을 오래전부터 무진 기다려 왔는지도 모른다. 그들은 최첨단 인공지능시대에 시대착오적으로 느껴지는 별것 아닌 거 같은 그 별것을 찾고 있었던 것이다. 필자는 머리가 아닌 몸으로 깨달았다. 철옹성 같은 구시대의 울타리는 돌멩이로 부수려 하면 할수록 더 견고해진다. 해서 다른 방법으로 이기는 방법을 찾기로 했다.

감히 고상한 인문학을 놀이와 연관시켜 부모하게 놀이인문학이란 용어를 쓰고 있는지도 모르겠다. 필자는 놀이와 관련하여 순전히 감각적 느낌에서 글을 쓰기 시작했다. 놀이에 대한 열정이 있었기에 가능했다. 놀이에 대한 관심을 불러 모으기 위한 행동이었는지 모르겠다. 디지털 문명이 발달하면 할수록 아날로그적이고 어쩜 원시적일 수도 있는 놀이에 대한 관심은 갈수록 커져만 가고 있다. 왜일까? 21세기는 바야흐로 놀이의 시대, 호모루덴스의 시대이기 때문이다. 동방의 자그마한 나라에서 잠자고 있던 호모루덴스들이 기지개를 켜고 세계 무대를 장악하기 시작하였다. 코리아의 호모루덴스가 한류라는 이름으로 지구별 곳곳을 파죽지세로 누비고 있는 건 아마 인류 역사상 유례가 없는 현상일 것이다. 그들은 달콤한 사랑의 무기로 평화의 전사가 되어 전 세계를 놀이로 평천하할 것이다. 재벌들도 권력자들도 그런 호모루덴스를 부러워할 것이다. 부러워하면 진다고 했다. 필자가 놀이야말로 그들이 쌓아 올린 철옹성을 무너뜨릴 수 있다는 최고의 무기라고 확신하는 이유다.

심심할 때 두서없이 재미 삼아 쓴 글들이니 독자 여러분도 두서없이 읽어 주시기 바란다. 나름 궁서체로 진지하게 고민한 흔적도 있다. 몇 줄을 쓰기 위해 책을 몇 권씩 뒤적여 땀 냄새가 풍기거나 거칠지만 필자만의 생각을 진솔하게 쓴 글이 눈에 띈다면 밑줄 쫙쫙 그어 주시기 바란다.

놀이는 어린아이들만의 것이 아닌 활력을 잃어 가는 한국 사회에 신명과 흥을 불러일으켜 오늘보다 내일에는 더 재밌고 행복해질 수 있는 미래 가치이자 예측할 수 없는 미래 사회에 대한 인문학적 예지를 줄 수 있다는 생각에 '놀이인문학(오래된 미래: 놀이의 역설)'이란 제목으로 출간 이유서를 쓴다.

코로나19 대유형으로 지구별이 참으로 많이 아프다는 건 화성인이
아니라면 느낄 것이다. 놀이가 생략된 채 앞만 보고 달려온 까닭이다.
탐욕을 채우기 위해 성장과 발전이란 이데올로기를 숭배한 까닭이다.
지구도 좀 쉬고 놀 수 있게 내버려 두자.

2021년 1월

놀자선생

차례

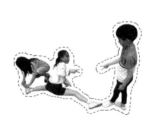

1.

놀이인문학을 위하여

1.

3·1놀이독립 선언서宣言書

오등吾等은 자玆에 아我 조선의 문화국임과 조선인의 유희遊戲민임을 선언하노라. 차로써 세계만방에 고하야 인류 문화의 대의를 분명히 하는 바이며, 차로써 자손만대에 깨우쳐 일러 나라의 독자적이고 인류와 공존 공생할 길을 누려 가지게 하려는 바이다.

1만 년의 역사와 문화를 자랑으로 선언함이며, 7천만 민중의 열정을 합하여 이를 두루 밝힘이며, 영원히 한결같은 문화의 자유 발전을 위하여 이를 주장함이며, 인류가 가진 놀이 본성의 발로에 뿌리박은 세계 개조의 큰 기회와 변화에 맞추어 함께 나아가기 위하여 이 문제를 내세워 일으킴이니, 이는 하늘의 지시이며 시대의 추세이며, 전 인류 공동 행복권의 정당한 발동이기에 천하의 그 어떤 힘이라도 이를 막고 억누르지 못할 것이다.

낡은 시대의 유물인 침략주의 일제에 희생되어, 역사 있은 지 몇천 년 만에 처음으로 딴 민족의 압제에 우리의 놀이와 문화는 탄압받아 사라지는 수난을 당하였으니, 그동안 우리의 행복권을 빼앗겨 잃은 것이 그 얼마이며, 정신문화 발전에 장애를 받은 것이 그 얼마이며, 문화 민족의 존엄과 영예에 손상을 입은 것이 그 얼마이며, 새롭고 창의적인 기운으로 세계 문화에 이바지하고 보탤 기회를 잃은 것이 그 얼마나 될 것이냐?

슬프다! 8·15해방으로 자주국가가 되었다고 선언한 지 얼마 안 되어 우리 교육은 한민족의 뿌리를 잃어버린 채 서양식 교육으로 정신과 마음을 혼미하게 만들더니 산업화와 도시화로 그나마 골목에 남아 있던 놀이마저 전자오락실과 스마트폰에게 빼앗겨 이젠 놀라고 해도 놀 줄 몰라 어찌할 바 모르는 괴怪인류가 생기었으니 가히 앞길을 알 수 없는 참담한 세상이도다.

작금에 닥친 위험사회에 대처하려면, 각자의 인격을 정당하게 발전시키려면, 가엾은 아들, 딸들에게 부끄러운 현실을 물려주지 아니하려면, 자자손손에게 영구하고 완전한 경사와 행복을 끌어대어 주려면, 가장 크고 급한 일이 문화역량을 높이는 것이니, 7천만의 사람마다가 마음속의 동심을 불러일으키고 손에 손잡고 즐겁게 놀 수 있다면 그 어떤 총칼로도 그 어떤 핵무기로도 우리의 행복할 권리를 막지 못하리라.

아! 새로운 세계가 눈앞에 펼쳤도다. 이성만을 중시하던 20세기가 가고 감성의 시대 21세기가 왔도다. 과거 한평생을 하늘천따지 외우고 배워 창고에 단순 지식을 쌓아 놓던 시대를 지나 새롭게 바뀐 세상에 새로운 사고와 용기 있는 행동으로 새 세기를 펼쳐 나가야 할 이 시대에 필요한 건 조선시대의 과거시험도 아니요, 정해진 답만 귀신같이 잘 찾는 대학입시제도도 아닌 그동안 하찮게 여겨지고 업신여김당하고 천대받았던 놀이가 아닌가 하노라.

놀이는 본디 스스로 생각하고 스스로 결정하고 스스로 행동하는 인간 본성이 가장 잘 드러나는 것으로 잘 놀아 본 자치고 악행을 저지르지 않으며 잘 놀아 본 자치고 굶어 죽는 자 없으니 놀이는 바로 인성

발달뿐만 아니라 생존능력과 관련된 지능을 발달시키노니 착하게 살려
거든 놀이를 즐길 것이며 지혜롭고 슬기로운 사람이 되고 싶거든 당장
놀지어다.

오늘 우리는 기미 독립 선언서 발표 100주년인 3·1절을 맞이하여 독
립운동하는 심정으로 감히 놀이독립 선언서를 발표하노니 평생 일만
한 당신은 우리에게 오라. 무너져 버린 인성과 사라져 버린 공동체를
탓하며 한숨짓는 자 우리에게 오라. 신자유주의 무한경쟁의 잔인교육
이 아닌 전인교육을 필요로 하는 자 우리에게 오라. 왕년에 쫌 놀아 봤
던 날라리, 한량, 선날들은 나 우리에게 오라. 우리와 함께 선상한 공동

체를 지향하며 미래 가치를 추구하며 착한 사람들끼리 같이 놀면서 가치 찾는 길이 바로 대한독립임을 선언하자.

우리는 본디부터 지녀 온 놀이를 지켜 온전히 하여 생명의 왕성한 번영을 실컷 누릴 것이며, 우리의 풍부한 독창력을 발휘하여 봄기운 가득한 천지에 순순하고 빛나는 민족문화를 맺게 할 것이로다. 우리는 이에 떨쳐 일어나도다. 재미가 우리와 함께 있으며, 행복이 우리와 함께 나아가는도다. 남녀노소 없이 어둡고 답답한 옛 보금자리를 떨쳐 일어나 삼라만상과 함께 기쁘고 유쾌한 놀이세상을 이루어 내게 되도다. 먼 조상의 신령이 보이지 않는 가운데 간절히 바라면 우주가 나서서 도와준다고 했던가. 좌우지간 여든 야든 대통령이든 이름 없는 백성이든 어렸을 적 놀아 보지 않은 사람 없을지니 동심童心의 순수한 마음과 동심動心의 살아 있음과 동심同心의 같은 마음을 가져 보자고 선언하노라.

1. 오늘 우리의 이번 거사는 내가 먼저 즐겁게 놀자는 것임은 분명하나 내가 즐겁지 아니하면 다른 사람들을 즐겁게 해 줄 수 없다는 것을 결코 잊지 말라.

1. 최후의 한 사람까지 최후의 일각까지 놀이가 국민의 정당한 행복권 추구임을 당당하고 시원하게 발표하라.

1. 모든 행동은 재미를 존중할 것이며, 우리의 놀이철학과 놀이정신은 재미 너머에 있는 의미가 달려와 떳떳하고 정당하게 답하리라.

2019년 3월 1일

3·1놀이독립 선언자 일동

2.

베짱이의 배짱이 필요한 시대

이솝우화는 동물을 빗대 사람들에게 지혜와 교훈을 주는 누구나 잘 아는 얘기다. 옛날 옛적 고대 그리스에 살았던 전쟁노예이자 천부적인 이야기꾼이었던 이솝(그리스어 이름은 아이소포스)의 우화는 수천 년에 걸쳐 후세들에게 많은 깨우침과 계몽을 주고 있다. 특히 '개미와 베짱이'는 어린이들에게 근면과 성실이라는 추상적인 개념을 개미와 베짱이라는 곤충의 서로 상반되는 활동 모습을 대조하여 보여 줌으로써 직관적인 학습 효과를 톡톡히 주고 있다. 구체적인 사물을 등장시켜 생생한 풍자와 재치를 구사하는 이솝은 매우 탁월한 이야기꾼임이 틀림없다.

여름 내내 땀 흘려 일한 덕분에 개미는 추운 겨울이 다가와도 집은 따뜻하고 먹을 것이 풍족하여 근심 걱정이 없다. 반면에 개미가 허리가 휘도록 일할 때 시원한 나무 그늘에서 탱자탱자 놀기만 한 베짱이는 추운 겨울이 되자 헐벗고 굶주린 몰골로 개미에게 동냥하러 가는 신세로 전락하고 만다. 여러분이라면 개미처럼 살겠는가, 베짱이처럼 살겠는가? 물어보나 마나 어렸을 적 이 우화를 읽으며 개미처럼 근면하고 성실하게 살아야지 하며 다짐했을 것이다. 어린이들은 근면과 성실이라는 추상어를 쉴 새 없이 바삐 움직이는 개미의 모습을 떠올리면서 배울 것이고, 나태와 게으름이라는 단어는 베짱이처럼 나무 그늘에서 노래나 부르며 노는 것으로 깨우칠 것이다. 한마디로 개미는 고생 끝에 낙이 온다는 행복의 아이콘이고 베짱이는 쾌락에 유혹되어 내일이 없는 불행의 아이콘으로 각인되어 있다. 어렸을 때의 이런 교육은 깊숙이 각인되어 무의식중에 일하는 것은 선이고 노는 것은 악이라는 프레임으로 평생 자리 잡게 된다.

일하지 않는 자, 먹지도 말라고?

노동(일)은 선한 것이고 놀이(유희)는 악한 것이라는 인류의 오래된 사고를 개미와 베짱이 우화는 어김없이 얘기해 주고 있다. 근대에 와서는 자본주의를 탄생시키고 지탱하는 근로정신과 연결되어 있다. 노동은 인간이 생존하고 진화하는 데 없어서는 안 되는 필수적인 것임이 틀림없다. '일하지 않는 자여, 먹지도 마라'는 성경 구절은 공산주의 건설에도 그대로 이어지는 걸 보면 아마 인류사의 철칙인지도 모르겠다.

'개미와 베짱이' 얘기를 한 발짝 더 들어가 보면 나라마다 다르게 소개하고 있다. 미국의 '개미와 베짱이'는 겨울에 배고파서 찾아온 베짱이에게 개미가 기꺼이 먹을 것을 준다. 왜냐하면 개미가 힘들게 일할 때 베짱이가 노래를 불러 주어 신나게 일할 수 있었기 때문이다. 베짱이의 효용성을 보상해 주는 셈이다. 실용주의를 탄생시킨 미국다움이 엿보인다. 반면에 쿠바의 우화는 '개미와 매미'라는 이름으로 전래되고 있는네 겨울에 매미가 배고파서 찾아오자 "땀 흘리며 일할 때 넌 뭐 하고 있었냐?"라고 개미가 핀잔을 주자 매미는 되레 "열심히 노래해서 모두들 즐겁고 신명나게 만들어 주었지!"라고 당당하게 대답한다. 그러자 오로지 일밖에 몰랐던 개미는 깊이 반성하며 "그렇구나! 이제부터는 함께 춤추며 살자꾸나!"라며 먹을 것을 서로 나누며 즐겁게 겨울을 넘겼다는 이야기다. 춤의 나라인 쿠바의 열정적인 살사를 연상케 한다.

덤으로, 웃자고 만든 개콘형 개미와 베짱이도 있다. 개미의 충고도 마다하고 여름 내내 놀던 베짱이가 겨울이 되자 개미를 찾아왔다. "베짱아, 나한테 도움받으러 왔지?" "아니! 월세 올리러 왔어." 개미는 이제 겨울에도 일해야 한다. 베짱이는 을이 아닌 갑이었던 모양이다. 요즘 유행어로 '웃픈' 현실의 반영이다. 이와 같이 개미와 베짱이 우화는 보는 시각에 따라 달리 보이듯, 노동과 놀이를 지금까지의 이분법적 사고 틀이 아니라 여러 각도에서 접근해 보고자 하는 것이 '놀이인문학'의 출발점이다. 노동과 놀이는 상반된 개념이 아니라 동전의 양면과 같이 상호 통일되어 있는 변증법적인 관계로 노동에 짓눌려 있는 놀이를 제자리에 돌려놓는 것이 놀이인문학의 과제라는 생각이 든다. 어린이들에게 교훈을 주기 위해 개미와 베짱이의 겉모습인 현상을 빗댄 것이지 본질적인 속성은 전혀 다를 수 있다는 것이다. 놀이라는 재미 너머에 보이지 않는 어떤 비밀이 숨어 있는지 찾아보자는 것이다.

경영 합리화를 최우선 과제로 여겨, 효용가치가 적거나 개미처럼 일하지 않는 자는 주요 해고 대상이 되는 게 신자유주의 세상이다. 일본 홋카이도대학 사카가미 교수는 오랫동안 개미를 관찰한 결과, 일본의 경영 합리화를 비판한 흥미로운 '개미이론'을 내놨는데, 매우 시사적이다.

"잘 관찰해 보면, 그렇게 부지런하다는 개미들의 하루 근로 시간은 고작해야 6시간 정도이며, 또 모든 개미가 하루 6시간씩 일하는 것도 아니다. 개미라고 모두 열성 일꾼도 아니고, 먹이를 얻기 위해 진짜로 일하는 개미는 단지 20%에 불과하다. 전체 개미 식구 중 50% 이상은 하루 종일 빈둥대며 놀기만 하며, 나머지 20%도 그저 분주히 '왔다 갔다'만 할 뿐이다. 더욱 흥미로운 사실은 20%에 해당하는 이 일하는 개미만을 따로 뽑아 새로운 집단을 구성해 보아도 역시 똑같은 현상이 일어난다는 것이다.

더욱 놀라운 것은 치열한 전투 등으로 일하는 개미들이 죽게 되면, 그동안 놀던 개미 중 일부가 그 20% 자리를 자발적으로 채운다는 사실이다. 갑자기 동료가 줄어들자 위기의식을 느낀 개미들이 자신들의 존속을 위해 일꾼으로 변한다는 사실이다."

평생 일만 하는 줄 알았더니 개미 세상이야말로 호모루덴스 아니 앤트루덴스 사회라니! 신자유주의 세상에서 호환마마보다도 더 무서운 게 해고인데, 개미 사회는 해고 걱정은 최소한 없는 듯하다. 사카가미 교수는 이렇게 결론을 짓는다.

"곤충들은 수억 년 동안 조직을 꾸려 오면서 이런 진리를 깨달았고, 조직을 유지하기 위해 구성원 20%만 일하고 있는 것이다."

개미에 비해 인류는 불과 몇백만 년밖에 되지 않았다. 뒤돌아볼 틈도 없이 일을 중심으로 달려온 인류, 가장 영리하다는 호모사피엔스에게 개미들은 미래 사회의 패러다임에 대한 어떤 실마리를 인류에게 주고 있는 것 같다.

게으를 수 있는 권리를 선언하라

마르크스의 사위인 폴 라파르크는 이미 1800년대에 『게으를 수 있는 권리』에서 부르주아혁명이 지어낸 무기력한 '인간의 권리'보다 천 배는 더 고귀하고 성스러운 '게으를 권리'를 선언했다. 그는 프롤레타리아는 하루에 3시간만 일하고 나머지 시간은 여가와 오락을 즐기는 삶에 익숙해져야 한다고 주장했다.

이와 같은 삶을 직접 실천했던 사람도 있다. 1930년대에 미국의 헬렌 니어링과 스콧 니어링은 버몬트주 숲속에서 20년 동안 살면서 하루를 오전 오후로 나눠 빵을 벌기 위한 노동은 반나절만 하고 나머지 시간은 온전히 자기 자신을 위해 쓰며 한 해의 양식이 마련되면 더 이상 일하지 않았다. 그들은 조화로운 삶을 누렸고 『조화로운 삶』이라는 책을 냈다.

호주 아넘랜드 원주민들은 하루 서너 시간밖에 일하지 않는다. 이 짧은 노동마저 먹을 음식이 생기면 그만둬 버린다. 원시사회나 전통 농경 사회는 축제와 놀이의 사회였다. 소위 비문명권 사람들은 지금도 서너 시간만 일한다. 18세기까지는 1년 중 180일 정도 일하며 나머지는 축제나 종교 행사, 생일 축하 등을 하며 놀러 다녔다. 놀이가 아주 쓸모없는 것이 되어 버린 건 노동이 지배하는 산업화가 되면서다. 혹시 우리는 너무 쓸데없이 부지런하고 너무 쓸데없이 스스로를 혹사시키고 있는 건 아닐까? 100% 모두가 부지런히 일해야 할까? 평생을 일하기 위해 태어난 건 아니지 않은가? 한 번쯤 베짱이의 배짱이 필요하다는 생각이 든다. 호모사피엔스는 뭔가 부족한 것 같다. 그래서 나온 말인지도 모르겠다. 호모루덴스!

베짱이 찬가(걸그룹 써니힐의 노래 중에서)

미루고 미루다 행복은 없어
오늘은 또다시 없어
어느덧 시간은 벌써
Come On and Wake You Up

습관이 돼 버린 경쟁에 미쳐
똑같은 틀 안에 갇혀
아무도 모르게 묻혀
Come On and Wake You Up

죄인이 돼 버린 춤추고 노는 사람들
여기로 여기로 다 같이 뭉쳐

그 누가 뭐래도 네가 더 멋져
즐기는 그런 게 멋져
내 눈엔 네가 더 멋져
Come On And Let Me In

쉬었다 같이 갑시다 둥글게 갑시다
모든 게 바삐 바삐 가 흘러가 바삐 가
노래나 같이 합시다

3.

놀이인문학?

놀이는 유사 이래 가장 천덕꾸러기 취급을 당해 왔다. 혹시 다른 나라에서는 정당한 대우를 받고 있는지 궁금증이 생겼다. 세상에 별의별 학문이 다 있지만 아직 놀이학이라는 학문은 희미한 존재다. 동서고금을 막론하고 놀이란 쓸데없는 시간 낭비이자 심지어는 죄악시되기까지 하였다. 특히 산업혁명과 도시화는 놀이를 더욱더 설 땅이 없도록 만들었다. 19세기를 생산자의 시대라고 하면 20세기는 소비자의 시대라고 말한다. 그럼 21세기는 어떤 시대일까? 드디어 놀이하는 사람의 시대가 왔다.

놀이하는 사람의 시대가 왔다

21세기에 접어들면서 필자는 직감적으로 놀이학이 필요하다는 걸 느끼고 놀이와 인문학을 결합시켜 '놀이인문학'이라는 이름을 만들었다. 왜 놀이인문학인가? 놀이학은 아직 홀로서기가 힘든 상황이다. 요즘 각광받는 인문학에 편승해 보는 것도 나쁘지 않겠단 생각이다. 놀이인문학, 나름 품격도 있어 보인다. 스포츠 인문학, 음식 인문학, 패션 인문학, 미용 인문학, 여행 인문학, 휴식 인문학 등 별의별 인문학이 다 있는데 놀이인문학이라고 생기지 말란 법은 없잖은가. 놀이가 당장 천대받는 서러움에서 벗어나긴 힘들겠지만 장담컨대 앞으로 분명 놀이인문학은 주목을 받을 것이다.

놀이는 인간 활동의 주요하고도 필수적인 영역임에도 불구하고 본격학문으로는 관심 밖이었다. 아동교육학이나 아동심리학 등 아동 발달과 관련하여 놀이의 효용성이 언급되기는 한다. 민속학이나 인류학에서 전통과 문화를 얘기하는 데 놀이가 거론되기도 한다. 즉, 여전히 놀이는 다른 학문의 부분집합으로 연구가 이루어지기는 하지만, 놀이 자체에 대한 본격적인 연구는 거의 없었다.

놀이라는 개념을 획기적으로 바꾼 사람은 '호모루덴스(놀이하는 인간)'라는 말을 만들어 낸 네덜란드의 문명사학자 요한 하위징아다. 놀이가 학문으로 대우받게 된 최초의 사건이라고 할 수 있다. 하위징아는 1938년에 『호모루덴스』라는 책을 통해 놀이가 시간을 낭비하는 것이라는 오래된 편견을 바꾸었다. 즉, 문화의 잔존물이 놀이라고 생각해 왔던 기존의 사고를 180도 뒤집었는데, 한마디로 말하면 놀이가 인류 문화와 문명을 발전시켰다는 것이다. 놀이가 문화의 한 요소가 아니라 문화 그 자체가 놀이 성격을 갖고 있다고 주장한 것이다.

이후 1958년 프랑스의 사회학자 로제 카이와가 『놀이와 인간』에서 놀이의 형태와 특성을 분류하여 놀이 연구의 깊이를 더한다. 그는 모든 형태의 문화는 놀이 형식을 갖고 있다고 주장한다. 하위징아의 놀이 개념을 더욱 확장시킨 사람은 흑인 인권운동가이자 미국의 신학자인 하비 콕스로, 1969년 『바보들의 축제』에서 인간은 사고하는 인간(호모사피엔스)일 뿐만 아니라 '놀이하는 인간(호모루덴스), 축제하는 인간(호모페스티부스), 환상적인 인간(호모판타지아)'이라고 말하면서 인간은 일상의 이성적 사고와 축제의 감성적 사고를 넘나들면서 경험과 인식의 지평을 넓히는데, 놀이는 인간의 기본 욕구를 충족시켜 줄 뿐 아니라 놀이 정신이야말로 높은 수준의 문화 활동을 가능하게 한다고 주장했다.

한국 사회의 놀이성 회복을 기대하며

이미 21세기를 넘어선 한국 사회는 어떨까? 놀이 하면 바로 연상되는 단어는 누가 뭐래도 어린이다. 이건 우리나라뿐 아니라 세계 어디에서도 마찬가지다. 역으로 생각해 보면 최소한 놀이가 어린이에게는 관대하게 허용되고 있다는 증거이기도 하다. 한편 대학에 여가사회학과나 스포츠사회학과는 있어도 놀이사회학과는 없다. 체육사회학이나 스포츠과학이라는 말은 있어도 놀이사회학이나 놀이과학이란 말은 아직 없다. 뒤에 놀이가 꼬리처럼 붙은 말은 부지기수로 많다. 전통놀이로부터 미술놀이, 음악놀이, 숫자놀이, 과학놀이, 선거놀이, 인문학놀이까지 온 사회가 놀이화되어 가는 것처럼 보인다.

그러나 따지고 보면 놀이의 행위나 효용성의 기능적 측면만 이용할 뿐 놀이 자체에 대한 연구는 안 되고 있다. 논문이나 저서도 민속학적 입장에서 다룬 것이나 놀이 소개서는 많지만, 놀이라는 독자적인 영역에서 본격적으로 다룬 건 거의 없다. 오히려 120여 년 전인 1895년에 미국의 스튜어트 컬린Stewart Culin이라는 인류학자가 『한국의 놀이-유사한 중국, 일본 놀이와 비교하여Korean Games: With Notes on the Corresponding

Games of China and Japan』를 출간했다는 걸 보면 놀랍다. 당시 서구인들에게 중국이나 일본에 비해 존재감이 희미했던 한국(조선)의 놀이를 중심으로 태극기를 표지 삼아 책을 냈던 것은 놀이가 가장 풍부하고 다양하게 남아 있으며 무엇보다도 놀이의 원형이 고스란히 남아 있는 곳이 조선이라고 보았기 때문이다. 그의 놀이에 대한 깊이 있는 이해와 해설도 놀랍고, 기산 김준근의 삽화까지 있어서 매우 귀중한 사료적 가치가 있다.

최근 들어 놀이에 대한 관심이 부쩍 많아지고 있다. 아울러 놀이에 대한 학문적인 탐구도 활발해지길 바란다. 그런 의미에서 최근 이상호의 박사 논문 「한국 아동놀이의 지속과 변화」^{2018, 안동대학교대학원 민속학과}는 비록 아동놀이로 민속학 범주에서 이뤄진 것이긴 하지만, 놀이 연구의 본격적인 시발점이 되길 기대해 본다. 세계에서 가장 잘 놀고 문화민족으로서 둘째가라면 서러워할 한국에서 앞으로는 민속학 박사가 아닌 놀이학 박사가 배출되어 놀이 부흥 시대를 열길 기대해 본다.

이렇듯 우리에게는 놀이학은 물론 놀이인문학이라는 단어조차 생소하고 낯설다. 그런 가운데 2015년『한국 사상과 문화』에 발표된 김겸섭의 「한국 사회와 놀이의 인문학」은 필자가 생각해 온 맥락과 같이 소개해 보고자 한다. 그는 논문에서 놀이의 필요성을 다음과 같이 역설한다. "한국 사회의 위기 상황에 맞설 인문학적 대응으로 '놀이 연구의 필요성'을 제기하면서 '놀이 담론과 놀이성 회복을 통해 한국 사회의 재편을 제안"하고 있다. 놀이는 자본주의적 노동윤리에 따른 근대적 인간형으로 주체를 훈육하는 과정에서 상실된 인간 고유의 총체적 잠재능력을 회복해 줄 것이며, 따라서 "놀이학은 사회의 총체적 역량 강화에 기여할 것"이라는 것이다. 여기서 '역량'이란 지식·상상력·윤리적 능력

등 인간의 다면적 능력이 지닌 사회적 기능, 특히 문화적 역량을 의미한다며 놀이하는 인간의 능력과 감성은 사회 주체의 문화적 역량 향상에 기여할 것이라고 말한다. 논자의 주장은 위기에 처한 한국 사회에서 무엇보다 필요한 것은 '놀이성 회복'이라는 것이다.

필자도 이 주장에 전적으로 동의한다. 이를 위해 놀이학이라는 독자적인 연구도 필요하겠고, 놀이의 역사, 놀이의 사회학, 놀이와 민속학, 놀이와 심리학이나 놀이와 뇌과학 등 융합학문으로서 사람과 놀이의 관계로부터 놀이의 현재적 모습과 놀이의 미래 가치를 연구하여 놀이(인문)학이 인류에게 즐거움과 더불어 행복한 삶을 살아가는 데 기여할 수 있길 바라 본다.

놀이인문학은 유희행동학이자 실천적 행복학

요즘 불고 있는 소위 인문학 붐은 유사 이래 전 지구적으로 인류가 위기를 맞고 있기 때문이다. 인문학은 사람들의 삶에 대해 사유하고 모색하며 나아가 올바른 지평을 열어 주는 역할을 한다. 인문학이란 한마디로 요약하면 잡다한 현상을 관통하는 일관성과 공통분모를 찾아내는 능력이다. 즉, 사태나 현상을 종합, 분석하여 핵심 주제어를 찾아내는 것이다. 그런데 플라톤이나 공자가 무슨 얘기를 했는지 잡다한 백과사전식 지식을 머릿속에 집어넣는 것을 인문학 공부라고 잘못 생각하고 있는 사람이 많다. 지식을 습득하는 것도 중요하지만 인문학의 본질은 질문할 수 있는 힘을 기르는 것이 더 중요하다.

서울대 인문학연구원의 김헌 교수가 얘기하듯, 지성사에 빛나는 철학자들은 그들이 말한 답 때문이 아니라 그들의 질문 때문에 아직도 살아 있는 것이다. 여기서 중요한 것은 답은 틀릴 수 있지만 질문은 틀리지 않는다는 것이다. 서양에서 '인문'이라는 그리스 단어는 '파이데이아'인데 여기서 파이스는 어린이를 뜻한다. 즉, 어린이를 사람답게 성장시키는 데 필요한 게 바로 인문학이라 말해도 될 것이다. 어린이는 대답하는 데 익숙한 게 아니라 세상에 대한 호기심과 관심으로 질문하기를 통해서 세상을 알아 가고 성장해 간다. 마찬가지로 인문학은 '질문할 수 있는 능력'을 키워야 발전할 수 있다.

동양에서 정의한 '인문人文'을 풀어 봐도 같은 결론에 도달한다. 전 서강대 철학과 교수인 최진석이 낸 책의 제목은 『인간이 그리는 무늬』이다. 인문학을 풀어 쓴 것이다. 우리는 문文을 '글월 문'이라 배웠는데, 이는 원래 무늬라는 뜻을 가지고 있다. 두 글자였던 '무니=무느=무늬'가 '문'이라는 한 글자로 변화했을 것이고 이를 한자로 표기했을 것이다. 인문학은 인간이 그려 온 무늬(역사)를 탐구하여 현재 어떤 무늬로 새겨져 있는지 성찰(철학)하고 앞으로 어떤 무늬로 어떻게 새겨 나가야 보다 인간적이고 행복하겠는지를 탐구하는 것이다. 이를 위해서 필요한 게 질문할 수 있는 힘과 생각할 수 있는 힘이다. 공자도 말하길 불왈여지하여지하자不曰如之何如之何者 오말여지하야이의吾末如之何也已矣라 했다. 어찌할꼬 어찌할꼬 묻지 않는 자들은 나도 어찌할 수가 없구나. 질문할 수 있는 능력이 없는 제자들은 학문의 대가인 공자도 어찌할 수가 없다는 것이다.

인문학은 짧은 시간에 정신의 외양을 바꾸어 놓는 장식품이 아니다. 인문학은 즉각 나오는 정답 기계가 아니라 불편한 질문일 수 있다. 인문학은 인간과 세세에 대해 지금까지 당연하다고 생각했던 모든 것을

뿌리에서부터 의심한다. 당연한 것은 없다. 철석같이 믿는 사람들에게
는 삐딱하게 보일 수도 있다. 대충 봐서 보이지 않는 것이 엉뚱하고 생
뚱하게 파고들 때는 보인다. 무비판적으로 믿어 왔던 세계를 와르르 무
너뜨리는 게 인문학이다. 그렇다면 놀이인문학이란 무엇인가. 놀이인문
학은 근대적인 사유와 노동 중심의 패러다임에 억압되었던 놀이라는
가치에 관심을 갖고 인류가 직면한 위기를 극복하는 데 필요하다. 특히
놀이의 상상력은 기존의 사회적 질서를 개선 또는 전복하여 새로운 패
러다임의 실마리를 제공할 수 있는 힘을 갖고 있다. 이는 불투명한 미
래 사회에 대한 사회적 창조성의 대안적 모델을 제시하여 가능성이나

잠재성을 현실화할 수 있는 힘이 놀이에 있기 때문이다.

놀이인문학은 오래된 미래인 놀이성 회복을 통해 사람들과 소통, 공감하고 나로부터 다른 사람들도 행복하게 만들어 나가는 데 기여하는 학문이라 말할 수 있겠다. 그런 의미에서 놀이인문학은 신나게 놀기 위한 유희행동학이고, 나와 세상을 즐겁게 바꾸자는 실천적 행복학이며, 놀이 하나하나가 과학적 근거를 갖고 있는 놀이과학이자 인류가 걸어갈 길을 가리켜 주는 21세기의 미래학이라고 말할 수 있다.

코로나19는 지금까지의 삶에 근본적인 질문을 던지고 있다. 자연과 더불어 공생, 공존할 수 있는 대안을 찾지 못한다면, 코로나19 이전의 세상은 인류에게 더 이상 되찾을 수 없는 추억으로 그리고 오래된 신화나 동화로 남을지도 모르겠다. 놀이인문학이 던지는 질문이기도 하다.

4.

놀이가 과학이라고?

"우리 애는 머리는 좋은데 성적이 안 좋아요. 어떻게 하죠?" 예나 지금이나 자랑인지 걱정인지 여전히 이렇게 묻는 학부모가 많다. 아이큐 IQ가 좋다는데 왜 공부를 못할까? 그건 공부에 흥미가 없거나 공부를 하려는데 집중력이 없어 책상에 앉기만 하면 몸이 근질근질 버틸 수 없기 때문이다. 공부나 성적은 한마디로 집중력의 결산이다.

실컷 뛰어놀아야 집중력이 좋아진다

세상만물은 모두 과학의 원리에 의해서 존재하고 움직인다. 사람도 마찬가지다. 과학이란 통상 실험과 같이 검증된 방법으로 얻어 낸 자연계에 관한 체계적 지식체계를 말한다. 그런데 과학은 자연계만이 아닌 사람에 대한 인체과학, 사회에 대한 사회과학 등 광범위하게 쓰인다. 팽이가 도는 원리인 원심회전력, 윷에 담긴 67도의 자연과학과 천체과학 등 놀이 자체도 모두 과학이다. 여기서는 뇌과학의 급속한 발달로 알려지게 된 놀이와 뇌 발달의 관계를 중심적으로 밝혀 보면서, 놀면 왜 즐거울까, 왜 손놀이인가, 왜 바깥놀이인가, 왜 공동체놀이인가 등을 구체화해 보고자 한다.

이제 앞선 질문으로 다시 돌아와, 공부에 필요한 집중력, 다시 말하면 몰입은 어디에서 나올까? 집중력이나 끈기, 참을성을 우리는 지능이라고 말하지 않는다. 이런 요소는 감정을 조절하는 능력인 감성지수 이큐EQ라고 한다. 미국의 월터 미셸 교수가 어린이들이 가장 좋아하는 과자로 실험한 '마시멜로 실험'이란 것이 있다. 실험의 결론은 참을성이 좋은 아이들은 성적이 좋다는 것이다. 이들이 성장한 후 사회생활에서의 성취도나 행복도에도 어린 시절의 감성지수가 영향을 미친다는 내용이다.

한창 천방지축으로 방방 뛰기 좋아하고 덜렁대는 아이들에게 도대체 어떻게 집중력을 키워 줄 수 있단 말인가? 정답은 실컷 놀게 하는 것이다. 아이들은 백이면 백 노는 걸 좋아한다. 놀이는 인간의 본성으로 아이들에게는 그 본성이 날것대로 살아 있다. 노는 것은 재미있기 때문이다. 즉, 아이들이 가장 좋아하는 놀이를 하게 하면 금방 자신도 모르게 놀이 세상에 푹 빠진다. 친구들과 어울려 놀다 보면 자신을 잊은 채(몰아) 다른 세상에 가 있다. 병원을 만들어 의사나 환자가 되기도 하고, 어느새 학교를 지어 선생님이 되고 꾸중 듣는 학생이 되기도 한다. 어린이들은 이런 놀이를 통해 또래들과 공감하며 상상력과 사회성을 키우고 공부에 필수적인 요소인 집중력을 향상시킬 수 있는 정서적 힘을 키우게 된다.

여기에는 놀이가 인간의 본성이고 놀면 재미를 느끼게 된다는 진화심리학과, 놀이가 변연계를 발달시켜 집중력이나 끈기를 키워 준다는 뇌과학 등이 숨어 있다. 그럼 실컷 뛰어놀게 아는 것이 집중력을 키워

준다는 과학적 근거라도 있다는 말인가? 한 가지 질문을 해 보자. 다음 중 아이가 가장 힘들어하는 것은 무엇일까?

1. 빙글빙글 돌기
2. 앞으로 구르기
3. 거꾸로 매달리기
4. 가만히 앉아 있기

누구나 4번 가만히 앉아 있기라는 걸 알 수 있다. 그럼 왜 어른들에게는 가장 쉬운 가만히 앉아 있는 게 아이에게는 힘들까? 가만히 앉아 있을 수 있다는 것은 전정계가 성숙했다는 증거다. 전정계는 사람의 귀 안에 들어 있는 달팽이 모양의 기관을 말하는데 움직임과 중력을 감각(감지)하여 균형감각을 만들어 낸다. 나아가 방향감각, 운동감각이 발달되고 자동화되어야 거기(가만히 있는 것)에 신경 안 쓰고 가만히 앉아 있을 수 있는 능력이 생긴다.

아이들에게 가만히 앉아 있으라고 하면 금세 자세가 흐트러져 꼼지락거린다. 왜일까? 제 딴에는 가만히 앉아 있으려고 애쓰는데 몸이 말을 안 듣는 것이다. 의지대로 안 되기 때문에 거기(가만히 있는 것)에 신경 쓰고 있다는 증거다. 이유는 자신의 몸을 자기 생각대로 조절 통제할 수 있는 능력을 아직 못 갖췄기 때문이다. 아이가 꼼지락거리는 건 선택적 행동이 아니라 생물학적 필요에 따른 행동이다. 그런 아이를 보면 야단칠 게 아니라 "가만히 앉아 있으려고 애쓰고 있구나!"라며 칭찬해 줘야 한다. '가만히 앉아 있기'는 가만히 앉아 있는 훈련이나 연습으로 되는 게 아니다. 그럼 어떻게 해야 할까? 바로 전정계를 발달시켜 줘야 한다. 전정계는 다양하고 수많은 움직임을 통해서 발달된다. 역설적으로 가만히 앉아 있는 능력을 키우려면 막 뛰어놀아야 한다는 것이다. 가만히 앉아 있을 수 있는 능력인 전정계 발달을 위해서는 놀이활동이 필수적이다. 전정계 발달은 뇌 발달과도 직결되어 있으며 이 능력이 어느 정도 갖춰진 나이를 취학연령이라고 말한다.

학부모들이 말하는 '머리는 좋은데'라는 말은 아이큐Intelligence Quotient라고 하는 개념이다. 아이큐보다 더 중요한 것은 지능을 운용하고 실제 작동시킬 수 있는 힘인 감성지수인 이큐Emotional Quotient나, '놀이는 신체적 발달뿐만 아니라 오감과 감성을 살찌게 하여 결국은 지능 발달을 돕는다. 이젠 '머리가 좋다'라는 말의 개념을 확장시켜야 한다. 아이큐와 이큐를 통합한 개념으로 머리를 이야기해야 한다. 인류는 인간의 뇌를 여러 각도에서 측정해 보려 했는데, 최초로 인간의 두뇌 능력을 수치화한 프랑스 심리학자 알프레드 비네는 1904년에 학습 위기에 처한 초등학교 학생들을 판별하여 보충학습을 시키려는 목적으로 이들을 판별할 수 있는 아이큐라는 측정 도구를 창안했다. 이는 현재까지도 가장 널리 사용되고 있다.

역시 심리학자인 미국의 대니얼 골먼은 1990년대에 정서감성지수EQ를 대중화했는데, 사람에게는 우리가 측정할 수 없는 정신적인 측면이 있다는 것이다. 우리의 분노를 관리하고 슬픔을 이해하며 주위에 있는 사람들과 더 좋은 관계를 맺는 방법 등을 말한다. 이것들은 일상생활에서 아이큐보다 훨씬 더 중요할 수 있다는 주장을 펼쳐 교육의 패러다임을 바꾸어 놓았다. 이것이 근래에 교육방송에서 정서나 감성 발달의 중요성을 많이 다루는 이유다. 골먼은 "아이큐보다 이큐가 중요하며, 이큐는 학습을 통해 계발할 수 있다"라고 했는데, 이큐는 학습이 아닌 놀이를 통해 발달한다고 정정해야 할 것이다.

놀이가 지능을 발달시킨다는 것은 과학이다

한편 미국의 발달심리학자 하워드 가드너는 인간의 능력을 가늠하는 단일지능 우대 시스템, 즉 아이큐 이론에 반론을 제기하며 다중지능이론을 내놓았다. 이는 수학을 잘하는 아이가 있으면 체육을 잘하는 아이가 있는 것처럼 모든 아이들은 잘할 수 있는 영역이 서로 다르다는 주장이다. 언어, 논리수학, 공간시각, 신체운동, 음악, 대인관계, 자기이해, 자연탐구 지능 등 8개 유형으로 8가지 모두가 우수한 전능한 사람은 없다고 주장한다. 거꾸로 정신지체 아동이라 할지라도 8개 지능 모두가 지체된 것은 아니라는 것이다. 이 이론도 많은 나라의 교육에 변화를 불러일으키고 있으며, 각자의 타고난 강점 발견을 통해 흥미와 요구, 심리적인 특성을 고려해 학생들의 자발적 참여를 이끌어 내는 교육에 활용되고 있다.

최근에는 아이큐와 감성지수에 대응하는 새로운 개념으로 영성지수 Spiritual Quotient를 얘기하기도 한다. 의미와 가치의 문제를 다루고 해결하기 위한 지능을 표현하는 용어로, 영국의 옥스퍼드브룩스대학교 교수인 도너 조하와 이언 마셜이 처음 사용했다. 아이큐나 이큐가 특정한 환경의 테두리 안에서 적절하게 행동하게 하는 일종의 적응 능력인 데 비해, 영성지수는 규칙이나 상황을 바꿀 수 있는 창조적 능력으로 인간에게만 고유한 지능이라는 주장이다. KBS 시사교양 프로그램에서 다룬 바 있는 하희라·최수종 부부와 축구선수 이영표 그리고 뉴욕에서 제일 잘나가던 나눔 디자이너 배상민이 영성지수가 높다는 걸 보면 느낌이 올 것이다. 애니메이션 〈바람계곡의 나우시카〉나 또는 〈타임〉지가 '2019 올해의 인물'로 선정한 16세 환경운동가 그레타 툰베리 등의 영성지수를 측정해 본다면 매우 높게 나올 것이다. 영성지능의 핵심은 '나보다 우리를 생각하는 삶의 방향으로 지능이 발달해 온 결과'라고 말하는데, 공존·공생해야 할 21세기에 요구되는 지능이다. 전 지구적 위기를 맞고 있는 시대에 꼭 필요한 지능이 아닐까 생각하게 한다.

놀이인문학은 아이큐든 이큐든 에스큐든 어렸을 적 놀이 유무에 따라 발달 정도가 달라지며 놀이와 지능의 상관관계가 매우 깊다는 걸 밝혀내고자 한다. 어떻든 두뇌가 골고루 발달해야 진정 '머리가 좋다'고 말할 수 있다. 놀이는 지능을 발달시킨다는 사실이다.

5.
놀면 왜 즐거울까?

"왜 놀아요?"

"재밌으니까 놀지!"

"왜 재밌어요?"

"노니까 재밌지!"

말장난 같은 질문과 대답은 끝이 없을 것 같다. 누구나 놀면 재미있다고 이야기한다. 100퍼센트 맞는 말이다. 그런데 놀면 왜 '재미'를 느끼도록 진화했는지에 대해서는 깊이 생각해 보지 않았을 것이다. 노니까, 자유로우니까, 부담 없으니까, 스트레스가 해소되니까, 뇌에 행복 호르몬이 생성되니까. 모두 틀린 대답은 아니다. 질문을 좀 달리해 보자. 인류는 노는 것보다 중요한 일이 꽤 많은데 왜 놀려고 할까? 더구나 위험한데도 목숨까지 바치며 노는 경우도 종종 발견되곤 한다. 마치 가파른 수직 암벽을 위험을 무릅쓰고 오르는 산양처럼.

인류사는 단것과 노는 것에 환장한 역사

"놀이는 인간으로서 삶의 재미를 적극적으로 추구하고 즐기고자 하는 의지적인 활동이다. 놀이는 재미가 있어야 하고, 다른 사람들을 끌어들이는 공감력이 있어야 하며, 모든 제약으로부터 해방시켜 주는 자유스러움과 놀이 주체의 자발적인 참여가 있어야 한다."

이것은 학자들이 내린 놀이의 정의인데 우리가 찾는 답은 아닌 것 같다. 학자들이 못 봤을 수도 있는 우리 주변을 한번 살펴보자. 우리가 어렸을 때 그랬듯 어린이들은 놀이가 삶의 전부이고 삶은 바로 놀이인 양 밥 먹는 것도 잊은 채 한사코 놀려고만 한다. 어린이들은 목숨이 왔다 갔다 하는 살벌한 전쟁터에서도 쓰다 버린 총을 가지고 고장 난 탱크 위에서 병정놀이를 한다. 그런 놀이가 학창 시절까지 이어져 오늘 할 일을 내일로 미루며 놀다가 시험을 망치기도 한다.

어린이의 행동은 거의 본성에 의해 이루어진다. 그렇다면 혹시 놀이가 인간 본성이 아닐까? 산양이 가파르고 위험한 절벽 위에 오르는 것은 왜일까? 생존본능 때문이다. 소금을 섭취해야 살 수 있기에 아주 오랜 옛날 바닷속에 잠겨 있었던 바위를 찾아 틈새에 스며 있는 염분을 핥아 먹기 위해 위험한 행동을 감행하는 것이다. 놀이가 생존과 관련되어 있다니 선뜻 납득이 안 갈 수도 있겠다.

다른 예를 들어 보자. 인류는 꿀이나 단것을 '맛있다'고 느낀다. 왜일까? 꿀이나 단것에는 포도당이 많이 들어 있는데 이는 인간의 두뇌활동에 없어서는 안 되는 필수 영양소다. 영아에게 포도당이 공급되지 않으면 바로 죽는다. 아이들은 단것을 무조건 좋아한다. 그래서 '달면 삼키고 쓰면 뱉는다'는 말이 생겼다. 생존본능이다. 왜냐면 단것은 생존에

필수적인 것이기 때문이다. 인류는 생존에 유익한 것은 언제부터인가 맛있다고 느껴 왔을 것이고, 그걸 선택하여 섭취하면서 생존하고 번식해 왔을 것이다.

그럼 왜 쓰면 뱉을까? 음식이 부패하거나 변질되면 맛은 쓰고 역겨운 냄새가 난다. 아마 그걸 선택하여 먹은 인류는 생명을 잃거나 배앓이를 했기 때문에 역겹게 느끼도록 진화하여 생명에 위험한 것은 먹지 않는 선택을 했을 것이다. 부패한 건 자칫 생명을 잃을 수도 있기 때문에 회피하거나 입 밖으로 뱉어 내야 한다. 이렇게 하여 생명을 유지해 온 우리 먼 조상의 본능이 축적되어 우리에게까지 유전되었을 것이다.

여기에 꿀이나 단것 대신에 놀이를 대입해 보면 유추가 가능해진다. '인류가 꿀이 맛있다고 느끼게 된 것은 생존과 관련되어 있다. 인류가 놀이를 재미있다고 느끼는 것도 생존과 관련되어 있다'고 추론할 수 있겠다. 놀이가 생존과 번식에 도움이 되므로 인류는 언제부터인가 '재미있다'고 느껴 왔을 것이다.

인류사는 거칠게 표현하면 '단것과 노는 것에 환장'한 역사라 해도 과언이 아니다. 그래서 TV나 유튜브에서 일명 먹방은 항상 인기가 좋다. 마찬가지로 TV에서 빠질 수 없는 게 스포츠와 예능 프로그램이다. 인류사는 먹을 것을 놓고 죽기 살기로 전쟁을 치렀다. 그 와중에도 인류사에 놀이가 없었던 적은 없다. 심지어는 신성한 제단에서도 놀이가 행해졌던 것을 우리는 고대 유물을 통해 알 수 있다. 우리의 전통놀이 중 대표적인 윷놀이나 공기놀이는 하늘이나 신에게 제를 올리던 신성한 것으로부터 비롯되었다.

놀이는 인류의 동반자이자 가장 친한 동무

그럼 놀지 않으면 죽을까? 당장은 아니겠지만 궁극적으로는 그렇다고 말할 수 있다. 수면욕과 식욕, 성욕을 인간의 3대 욕구라 말하는데, 놀이(유희)욕도 포함되어야 하지 않을까 생각된다. 위에서 말한 3대 욕구 중 수면욕과 식욕은 채워지지 않으면 얼마 안 가 죽지만, 성욕은 채워지지 않아도 죽지는 않는다. 그러나 성욕을 못 채워 번식이 되지 않는다면 인류는 궁극적으로 소멸될 것이다.

그런데 놀이욕, 즉 놀이 본성은 무얼 말하는 걸까? 성욕이 인류의 번식과 관련되어 있다면 놀이는 인류의 생존능력, 즉 문명과 관련되어 있다는 생각이다. 호모루덴스라는 말을 만들어 낸 하위징아가 놀이는 문명이나 문화의 부산물이 아니라 놀이에서 문명과 문화가 탄생되었다는 주장을 했는데, 전적으로 맞는 말이다. 놀이는 인류를 동물과 뚜렷하게 구분 지어 주는 경계선 역할을 한다. 물론 동물들도 새끼 때는 놀이를 하는데 생존을 위한 사냥술을 배우는 데서 그친다. 오로지 인간만이 태어나서 늙어 죽을 때까지 놀이를 한다. 요람에서 무덤까지 놀이는 인류의 동반자이자 가장 친한 동무인 셈이다.

6.
왜 놀아야 할까?

무얼 먹어야 좋아요? 어떻게 자야 해요? 어떻게 사랑해야 해요? 먹고 살기 힘든 시절에 비하면 복에 겨운 질문 같지만 21세기 들어서는 이런 질문들이 많이 쏟아진다. 위의 질문에 같은 양과 질로 놀이를 끼워 넣어 보자. 놀이가 식욕, 수면욕, 성욕과 같은 본성일까? 삼 일 굶어 도둑질하지 않을 사람 없다는 속담을 탄생시킨 식욕, 잠을 못 자면 천하장사도 눈꺼풀을 못 이긴다는 수면욕, 맘에 드는 이성을 보면 이성을 잃고 콩깍지(핑크렌즈)가 씌는 성욕(번식욕), 여기까지는 생물시간에 배워서 알겠는데 놀이가 같은 반열의 본성일까?

어떻게 놀아야 잘 노는 걸까?

도대체 놀이란 무엇일까? 질문이 막연하다면 거꾸로 질문을 던져 보자. 사람은 왜 놀려고 하는가? 앞 장에서 얘기했듯이 재밌으니까 논다. 그 안에 이미 답이 있다. '재미'있다는 것은 뇌과학적으로 얘기하면 두뇌를 자극하여 쾌감지수가 올라간다는 얘기다. 그래서 애든 어른이든 틈만 나면 놀려고 한다. 마치 맛있는 걸 먹으면 즐겁고, 잠을 잘 자면 상쾌하고, 맘에 드는 이성과 함께하면 날아갈 듯 기분이 좋아지듯이 모두 다 두뇌에 쾌감을 준다는 공통점이 있다. 두뇌가 쾌감을 느낀다는 것은 생존과 번식에 도움이 된다는 말과 다름없다. 따라서 놀이는 본성이라고 말할 수 있겠다. 본성을 억누르면 스트레스를 받고 병이 난다. 진수성찬이 아니라도 맛나게 먹고, 쪽방이라도 달콤하게 자고, 가난한 연인이라도 죽여주는 사랑을 한다면 행복해진다. 그 이유는 본성적 욕구가 충족되기 때문이다. 누군가 밥을 못 먹게 하고 잠을 못 자게 하고 사랑을 못 나누게 한다면 당장 인권 탄압이니 학대니 하면서 저항하여 싸울 것이다. 그런데 유독 사람의 본성 중 하나인 놀이에 대해서만은 관대하기 짝이 없다. 아니 오히려 놀지 않는 걸 자랑스럽게 여기기도 한다.

어떻게 놀아야 잘 노는 걸까? 필자가 생각할 때는 '내가 좋아하는 게 뭔지'를 알아보는 게 지름길이다. 내가 무엇을 할 때 최고로 기분이 좋아지는지를 찾아보는 것이다. 어렸을 때부터 정말 하고 싶었는데 못 하고 있는 게 무언지 찾아보는 것도 하나의 방법이겠다. 퇴화해 버린 놀이 본성 때문에 쑥스럽기도 하고 놀이는 애들이나 하는 거라며 무시한다면 결코 놀 수 없고 행복해질 수 없다. 남들과 어울리는 건 부담스럽고 혼자 뽀시락거리는 걸 좋아하는 사람도 있을 것이다. 그렇다면 그 놀이야말로 당신에게는 최고의 놀이일 수 있다. 몸이 근질근질 누군가와 어울리길 좋아한다면 맘에 맞는 사람을 꾀어서 한번 놀아 보는 게 놀이의 시작이다. 고가의 놀이교구나 고급스런 유희가 아니래도 맘껏 놀 수 있는 시간을 가져 보는 게 중요하다.

근데 잘 놀 수 있을까? 누려움은 놀이의 가상 큰 석이다. 우리는 알

게 모르게 공부와 일은 좋은 것이고 선한 것이며 당연한 인간의 의무라고 여기도록 길들여졌다. 반대로 놀이는 하찮고 쓸데없는 것이기 때문에 시간이 남을 때 노는 것이라고 학습되어 왔다. 이런 학습된 강박 때문에 막상 놀려고 하면 왠지 불성실한 데다 진지하지 못하며 경제적이지 않다는 '불안'이 따라붙는다. 그래서일까. 사람들은 대부분 놀이에 대해 이중적이다. 놀이는 아이들의 성장과 행복을 연결시켜 사고한다.

그런데 어른들에 대해서는 어떤가? 어른이 놀면 유치하다거나 게으른 사람이라고 세뇌되어 있다. 놀이에서 멀리 떨어질수록 진지하고 어른스럽다고 생각한다. 조금 진전된 사람의 사고조차 이중적이다. 놀이가 좋긴 한데 마냥 놀다가 뒤처지거나 경쟁에서 밀리는 거 아닐까 하는, 즉 놀이의 필요성에는 동의하면서 동시에 '불안'이 역시 따라붙는다. 그러나 놀이는 태초부터 있어 왔으며 놀이가 인류 문명과 문화를 발전시켜 왔다는 데 동의하고, 놀이에 대한 정의 중 가장 유력한 학설인 놀이는 인간의 본성이라는 데 동의한다면 '놀이는 선택이 아니라 필수'라고 말하고 싶다. 특히 어렸을 때의 놀이는 마치 양육기의 아이들에게 필수영양소가 주어지지 않으면 목숨을 잃거나 제대로 성장하지 못하듯, 놀이를 그런 측면에서 봐야 할 것이다.

놀이 결핍의 비극

미국 국립놀이연구소 소장이자 정신과 전문의인 스튜어트 브라운 박사가 쓴 책『플레이』에 나온 내용 중 일부를 소개해 보자. 1966년 미국의 텍사스대학교에서 총기난사 사건이 일어났다. 15명이 죽고 30여 명이 다치는 대형 사건으로 미국 사회에 큰 충격을 안겨 주었다. 대부분의 사람들이 범행을 저지른 찰스 휘트먼이라는 사람은 정신착란이거나 편집증 환자일 거라 서둘러 예단했다. 그러나 각계각층 전문가로 구성된 조사위원회의 조사 결과, 놀랍게도 찰스 휘트먼의 어렸을 적 '놀이 결핍'이 원인이라는 결론을 모든 전문가들이 내린다.

2008년 미국 최악의 총기난사 사건인 버지니아공대의 재미교포 유학생 조승희도 마찬가지였다. 2012년 코네티컷주의 초등학교에서 일어난 총기난사 사건의 주인공인 애덤 란자도 마찬가지였다. 이들은 공통적으로 평소 공부 잘하는 우등생이었고 세질 바른 학생이었다. 그러나 하나

같이 외톨이이거나 내면을 잘 드러내지 않고 뭔가를 가슴에 품고 살아왔다고 한다. 왜냐면 자신을 억누르는 '어떤' 어른이 자신을 감시하고 있었기 때문이다.

놀이가 본성이라는 말은 타고난 것이기에 놀지 않으면 문제가 생긴다는 말이다. 밥을 먹지 않거나 잠을 자지 않으면 생존이 불가능하다. 일차적 본성이라 할 수 있겠다. 놀지 않는다고 당장 생존이 불가능한 것은 아니지만, 위에 든 예처럼 심각한 징후가 언젠가 나타난다. 본성이 억눌리면 없어지는 게 아니라 어떤 형태로든 폭발하게 되어 있다. 짜증내고 분노하고 폭력으로까지 번지는 것은 해소되지 않은 불만이 쌓여 있다는 증거다. 인류는 지혜롭게도 이런 스트레스와 갈등을 놀이를 통해 해결해 왔다. 그러나 현대 사회에 들어서면서 더욱 빨리 좀 더 위에 서기 위한 경쟁 때문에 놀이를 하찮게 여기게 되면서 많은 문제점들이 나타나고 있다.

우리의 두뇌는 태어나면서 놀이를 위한 회로가 짜여 있다. 진화는 우리에게 도움이 되지 않는 특성은 제거하고 경쟁력 있는 장점을 선택해 왔다. 자연은 놀이를 선택했다. 놀이는 타고난 DNA다. 동물의 왕국을 보면 개미도 놀이를 한다. 개미는 놀이를 통해 사회 질서와 사물의 역학을 배운다. 쥐도 놀이를 한다. 놀이를 더 잘하는 쥐가 뇌도 더 크고 학습능력이 더 뛰어나고 기술도 잘 배운다. 고양이도 놀이를 한다. 놀이를 못하게 한 고양이는 사회적이지 못하다. 곰도 놀이를 한다. 더 많이 놀았던 곰이 더 오래 생존한다. 더 많은 놀이를 한 곰이 물고기를 잘 잡는다. 놀이와 뇌의 크기 사이에는 상관관계가 있다. 더 많은 놀이를 할수록 뇌의 크기가 더 크다. 돌고래는 뇌가 꽤 크고 놀이도 많이 한다. 포유동물 중 인간의 뇌가 가장 크다. 인간이 놀이를 가장 많이 하기 때문이다.

　고등 척추동물 중 인간만이 유일하게 미성숙한 두뇌를 갖고 태어난다. 뇌과학자들은 놀이와 뇌 발달에 대한 연구를 진척시켜 왔는데, 두뇌는 부모들의 욕심처럼 급속도로 발달하는 게 아니고 순차적으로 발달한다. 즉, 감정과 감성을 관장하는 대뇌변연계가 충분히 발달되어야 추리하고 계산하는 전두엽이 발달될 수 있다. 어렸을 적 오감체험과 놀이가 중요한 이유다. 두뇌가 골고루 성숙되어야 원만한 인성과 자기조절 능력을 가질 수 있으며 어떤 문제에 부딪혔을 때 문제해결능력을 발휘할 수 있다. 이것을 통상 공부머리, '두뇌력'이라고 하는데, 학자에 따라 약간씩 차이가 있지만 대체적으로 7살에서 9살까지 두뇌력이 형성된다고 본다. 이 시기에 아이들은 놀이를 통해 자신을 자각하고 세상을 배워 간다. 내 아이의 두뇌를 286컴퓨터처럼 만들 것인지 펜티엄급 이상으로 만들지는 '놀이'가 있느냐 없느냐로 결정된다고 보면 된다.

어린 시절 놀이는 선택사양이 아니라 필수사양

　놀이가 아이에게 좋다는 것을 이제 교사들뿐만 아니라 모든 학부모들도 잘 안다. 그런데 '혹시 내 아이만' 하는 불안 때문에 마냥 놀게 할 수가 없다. 또 하나는 사회가 험악하다 보니 아이 혼자 내보내기가 쉽지 않은 것도 불안 요소다. 그러나 안전하지 않은 놀이터는 돌봄이가 상주하는 놀이터로 만들면 해결될 것이다. 문제는 놀이와 성적의 관계로 좁혀질 수 있겠다. 최근의 조사에 의하면 어린이집이나 유치원 시절에 실컷 놀았던 아이들이 지능뿐만 아니라 사회성, 창의성이 훨씬 높다는 통계가 나와 주목을 받고 있다. 요즘 놀이를 중심으로 하는 숲 유치원이 인기 있는 이유다.

케임브리지대학의 교육전문학자인 데이비드 화이트브레드 교수는 "다양한 연구 분석 결과 공교육을 만 5세부터 시작하는 것은 너무 빠르다"라고 단정 지었다. 그는 "공교육은 7세 정도에 시작하는 것이 바람직하고, 그때까지는 놀이 위주의 비정규 교육을 받게 해야 한다"라고 주장한다.

2002년 영국 하원에 제출된 교육특별위원회의 「유럽 지역 아동들의 조기 교육 실태 보고서」도 조기 교육이 부정적인 결과를 가져왔다고 발표했다.

"다른 나라와 비교해 본 결과 만 6세 이전에 형식적인 학습 지도를 시작하는 것은 효과가 없는 것으로 나타났다. 유럽 지역 다른 나라들에서는 사회적·신체적 발달에 중점을 두는 3년간의 취학 전 교육을 마친 후 만 6, 7세에 초등학교 입학을 허가한다. 그러나 더 이른 나이에 교육을 시작하는 영국보다 이 나라 아이들의 읽기, 쓰기, 기본적인 계산능력 수준이 점점 더 높아지고 있다."

위의 예가 말하는 것은 어린 시절 놀이라는 것은 선택사양이 아니라 필수사양이라는 것이다. '놀이는 선택이 아니라 필수'라는 것은 경험과학으로든 뇌과학으로든 증명되고 있다. 교육 선진국으로 알려진 북유럽에서 초등학교 저학년 때까지 읽기·쓰기를 안 가르치는 이유다.

스튜어트 브라운 박사가 테드TED에서 강연한 내용의 일부를 인용하면서 결론지어 보겠다.

"동물의 세계에서는 놀이가 객관화되었다. 쥐를 갖고 실험을 한다. 어린 쥐들은 자라면서 본능적으로 놀이에 빠지는 시기가 있다. 그런데 못

놀게 하다면, 즉, 소리를 지르고, 레슬링을 하고, 서로 넘어뜨리는 놀이를 하고 자라는 게 정상인데, 실험 대상 쥐들에게 노는 것을 금지하고 다른 쥐들은 또 허용을 해 주는 실험을 해 봤다. 그렇게 한 뒤, 양쪽 그룹의 쥐들에게 고양이 냄새가 배어 있는 굴레를 채워 주면 어떻게 될까? 본능적으로 도망가서 숨는다. 유전적으로 타고난 생존본능이다. 두 그룹의 모든 쥐들이 숨어 버려 말 그대로 쥐새끼 한 마리 안 보인다. 하지만 안 놀아 본 쥐들은 다시는 나오지 않는다. 숨은 그 자리에서 꼼짝 없이 죽는다. 놀아 본 쥐들은 환경을 천천히 탐구하기 시작한다. 그러고는 다시 세상으로 나오려고 한다. 이 같은 현상을 보면, 쥐들은 인간과 똑같은 신경전달물질을 가졌고 비슷한 대뇌피질 구조를 가졌기에 인간에게 놀이가 생존에 얼마나 중요한지 알 수 있다."

참고로 쥐의 유전자는 인간의 유전자와 99% 비슷하고 80%는 염기 서열까지 똑같다. 위 실험 결과에서 놀이가 인류의 생존에 얼마나 중요한지 알 수 있다.

7.

왜 전래놀이^{노래}인가?

아이들에게는 놀이가 삶의 전부이고 아이들의 삶 자체가 놀이다. 놀이는 노래이기도 하다. 서양에서는 놀이play와 노래song가 명확히 구분되는 다른 단어지만, 우리나라에서는 놀이와 노래가 같은 뿌리에서 나왔으며 상호 통일되어 있다. 노래의 옛말은 노는 것을 뜻하는 '놀애'다. 조선 세조 때 지은 『월인석보』에 "건달바의 아들이 놀애를 불러"라고 쓰여 있는데, '놀'은 '놀다'의 어근이며 '애'는 명사를 만드는 접미사다. 놀애(노래)는 원래 노는 것이란 뜻이었는데, 지금은 입을 놀리는 것만을 의미하는 것으로 뜻이 축소되었다. 따라서 노래는 놀이 속에 포함되어 있기 때문에 "아이들에게는 놀이가 삶의 전부이고 아이들의 삶 자체가 놀이다"를 아이들에게는 "노래가 삶의 전부이고 삶 자체가 노래다"라고 말할 수 있겠다.

모국어와 전통음악

노래는 사용하는 언어와 정확히 일치한다. 서양 노래는 서양어법과 일치하며 한국 노래는 한국어법과 일치한다. 대한민국에서의 문제는 태어나자마자 한국말을 구사하고 배우지만 제도권의 교육 영역으로 들어가는 순간 모든 노래를 서양어법에 맞춰 배운다는 데 있다. 예전에는 학교의 서양 교육과 집안에서의 전통 교육으로 다양성이 어느 정도 공존했는데, 현재는 양육자(엄마나 아빠) 자신이 서양어법에 따라 교육을 받은 사람들이므로 획일화되어 있다. 한국에서 태어났지만 아이들이 사춘기가 되고 어른이 되도록 한국인이라는 '정체성'을 뚜렷이 갖지 못하는 까닭이 여기에 있다.

"민요(전래동요)는 어린이의 음악적 모국어이며, 따라서 어린아이가 아주 어렸을 때부터 말을 배우는 것과 마찬가지로 자연스럽게 익힐 수 있어야 한다"라고 헝가리의 유명한 작곡가인 코다이가 주장했다. 바로 우리에게 하는 말 같다. 7차 교육과정에서도 결이 좀 다르지만 이렇게 밝히고 있다.

"우리 고유의 전통음악이 이 시대의 변천과 함께 점차적으로 현대를 사는 우리의 정서에도 깊은 영향을 주는 보편적인 음악으로 자리 잡아 가고 있다."

7차 교육과정에서 가장 많이 바뀐 교과서가 음악책(국악 약 50%)이라는 것은 바로 이러한 고민에서 나온 것으로 보인다. 그런데 학교에는 국악을 소개하고 가르칠 수 있는 교사가 없다는 것이 문제다. 이들이 교육대나 사범대에서 국악을 접해 본 적이 없기 때문이다. 교사들이 서양 음악은 가르칠 수 있는데 자기 나라의 음악인 국악을 못 가르치는 나라가 현재 우리가 살고 있는 대한민국이다. 이에 반해 북한에서는 서양 음악을 전공하는 학생도 우리 악기인 장구는 필수라고 한다.

아이들 생활에서 갈수록 놀이가 생략되고 있다는 것도 심각한 문제다. 이는 다른 말로 표현하면 일생에 단 한 번밖에 없는 '어린 시절'이 생략되는 것이다. 아이들은 놀이를 통해 성장하고 지능을 발달시키는데, 유치원의 누리과정이나 학교의 교과과정에 '놀이'라는 단어는 아예 빠져 있다. 근래에 와서[2013] 교육부 누리과정 지침에 '놀이 중심'이라는 단어가 나타나기 시작했으며, 〈2015 유치원 교육과정〉 교수·학습 방법에는 "놀이를 중심으로 교수·학습 활동이 이루어지도록 한다"라고 명시하고 있지만, 놀이가 아닌 학습 중심의 교육이 이뤄지고 있는 게 현실이다. 〈2019 개정 누리과정〉에서 "유아 중심과 놀이 중심을 추구한다"라고 성격 규정을 확고히 한 것은 늦었지만 그나마 다행이란 생각이다.

사람 중심의 놀이와 장난감 중심 놀이의 차이

우리나라의 모든 놀이는 사람과 사람이 상호작용하는 방식을 취한다. 우리나라의 오래된 전통놀이로 전해 온 단동십훈을 보면 사람과 사람이 살을 맞대고 논다. 이를 구조적으로 분석해 보면 우리나라 놀이는 사람 중심의 놀이고, 서양 놀이는 장난감 중심의 놀이다. 장난감이 없는 키즈카페를 상상할 수 없는 이유는 우리의 놀이에 대한 사고가 서양 놀이 중심으로 형성되어 있기 때문이다. 학교에서 공이나 기구가 없는 맨손체조나 달리기는 거의 벌에 가깝다. 공이나 놀이 도구가 있어야 체육놀이가 된다. 따라서 체육놀이에서 주인공은 사람이 아닌 도구(기구)다. 전래(전통)놀이에서도 도구나 기구를 이용하는 경우가 있지만, 사람과 사람이 서로 교감을 하는 방식으로 사람과의 관계성이 중심이고 완성된 놀잇감을 제공해 주는 방식이 아닌 놀잇감을 만들고 놀이규칙을 같이 만들어 가는 방식에서 크나큰 차이가 난다.

스튜어트 컬린이 쓴 『한국의 놀이』에 '소꿉장난' 대목이 있는데, "조선의 소녀들은 유럽이나 미국의 소녀들처럼 특별한 장난감이 필요 없는 소꿉장난을 많이 하는데 주로 조개껍질이나 작은 종지들을 이용한다" 라고 소개하고 있다.

아이들 놀이는 대부분 노래와 연결되어 있다. 그럼 전래(전통) 노래의 특징을 정리해 보자.

먼저, 첫 박이 강하다. 이건 우리말 구조와 일치한다. '안녕하세요?'라는 인사말에서 우리는 첫 음절인 '안'을 세게 발음한다. 한국어 발음이 아주 정확한 서양인이 뒤에서 인사하는 것을 보지 않고도 서양인이지 금방 알아챌 수 있는 것은 그들은 대부분 둘째 음절인 '녕'을 세게 발음하기 때문이다. 토속 아리랑인 아리아리랑이나 강강술래는 첫 박인 '아'와 '강'에 강박이 들어간다. 서양 악곡으로 만들어진 '나의 살던'이나 '퐁당퐁당'은 첫 박을 강박으로 부르지 않는다.

다음은, 어단성장語短聲張이다. '짝짜꿍' 박수를 예로 들면 서양어법으로는 일률적으로 똑같은 세기와 똑같은 박으로 치겠지만, 우리는 '짝'은 강하게 '짜'는 짧게, '꿍'은 길게 친다. 이것은 삼음절의 활용뿐만 아니라 우리 운율을 자연스럽게 배우는 과정이기도 하다. 2002년에 유행했던 '대한민국 박수'를 우리나라 유치원생도 잘 치는데, 성인인 서양의 대학생이 서투른 이유는 바로 타고난 언어 사용법이 다르기 때문이다. 흔히 엇박이라 하는데 이는 사람을 들뜨게 하고 신명나게 하는 요소이기도 하다. 대한민국 박수는 3박자와 2박자가 혼합하여 충돌하고 엇박이 곁들여지면서 일으키는 파격의 힘으로 월드컵 때 톡톡한 역할을 하였다.

그다음으로 정서와 감정에 맞게 부르는 고저청탁高低清濁이 있고, 서양 음악이 심장박동에 맞춘 2/4박자나 4/4박자의 악곡인 반면에 우리 음악은 중모리, 자진모리, 휘모리 등 호흡을 몰아가는 호흡장단이라는 특징이 있다. 마지막으로 우리 노래에는 언어유희, 즉 말장난이 참으로 많다. "우리 집 서방님 명태잡이 갔고요, 바람아 불어라 석 달 열흘만 불어라." 이는 풍자와 해학으로 현실의 어려움을 잠시나마 잊고 한바탕 놀이로 풀어내려는 민중의 기지와 재치가 반영된 가사다. 민요에는 19금이랄 수 있는 성적인 언어유희도 많은데, 특히 여성들이 성적으로 억압된 상황을 어떻게 풀어내는가를 알 수 있는 구전 사료이기도 하다.

전래동요에서 언어유희는 나무타령이 단연 압권이다. 아이들은 친구 이름 갖고 별명을 만들고 말장난을 많이 하는데, 언어 발달이 왕성한 시기의 특징이기도 하다.

"가자가지 감나무 오자오자 옻나무 바람솔솔 솔나무 너하고 나하고 살구나무 착하게 살자 참나무 앵도라진 앵두나무 방귀뽕뽕 뽕나무 백년해로 백양나무."

놀자학교에서 기존의 나무타령 노래를 간결하게, 변형하여 만든 나무타령 가사다.

동요가 사라졌다는 건 동심이 사라졌다는 얘기

중국이나 일본 등 우리나라와 인접한 동양 음악은 한국 음악과 비슷할 것 같은데 박자 구조를 보면 전혀 다르다. 우리나라는 3박이 기본박이다. 세마치라고 하는데 민요에 많이 나타난다. 일본이나 중국은 우리와 달리 2박 또는 4박이 기본 박이다. 3박 구조는 서양의 왈츠처럼 춤(무용)곡에 많이 나타나며 북방 샤머니즘의 영향이라고 학자들은 말한다. 같은 아시아에서도 우리는 독특한 음악 구조와 정서를 갖고 있다. 세계에서 가장 흥이 많고 신들린 듯 잘 노는 민족이 바로 한국인이라는 건 규칙적인 행진곡이 아닌 자유분방한 춤가락을 타고났기 때문이 아닌가 생각된다.

아이들이 많이 부르는 전래동요는 세마치에 한 박을 보탠 자진모리가 많다. 그건 흥청거리기보다 명랑하고 박진감 넘치는 아이들의 정서가 반영된 노래이기 때문이다. 세계에 보편화된 서양 음악과 한국의 독창적인 음악을 두루 배워 익힌다면 다양성 측면이나 창의성, 그리고 본질적인 재미 추구라는 면에서 훨씬 좋겠다는 생각이 든다.

요즘 아이들에게 전래동요뿐 아니라 동요가 사라지고 있다는 점도 안타깝다. 아이들에게 좋아하는 노래를 불러 보라 하면 아이돌 노래가 먼저 나온다. 변윤언 뇌과학 박사가 가요와 동요가 어린이 뇌에 미치는 영향을 실험해 봤더니, "동요를 잠깐 들려줬는데도 유의미한 변화가 나타났다"라고 한다. 동요가 매우 의미 있는 교육환경이라는 걸 증명하는 것이다. '동요와 가요를 듣고 떠오르는 이미지 그리기'(박지현 공주교대 음악교육과) 실험에서도 비슷한 사례가 나타났다. 동요를 듣고 그린 그림은 자연의 모습을 상상하면서 정교하고 색감이 곱게 표현되었는데, 가요는 있는 그대로 즉각적인 느낌만을 그리더란 것이다. 동요가 사라지고 있다는 건 동심이 사라지고 있다는 얘기다.

앞서 얘기했듯이 노래는 언어 발달에 긍정적 영향을 주기 때문에 아동 교육에서 매우 중요한 위치를 차지하며, 아이들은 대부분 놀이하면서 부르는 노래기 많기에 신체 발달에 노움이 된다. 이런 노래 놀이활동은 어린이의 시각·청각·촉각을 발달시키며 두뇌를 골고루 발달시킨다. 요즘 인성교육을 강조하는데 동요는 표정과 생각을 예쁘게 만들어주고 긍정적인 마음을 갖게 만든다. 아이들에게 동요를 부르면서 자라도록 하려면 놀이활동을 활발하게 할 수 있도록 하면 된다.

8.
왜 손놀이인가?

　인간은 맨 처음 어떤 놀이를 할까? 필자가 볼 때 손놀이부터 시작하는 것 같다. 짝짜꿍과 쥠쥠 곤지곤지를 따라 하며 음율화된 언어와 더불어 놀이를 익힌다. 일명 단동치기 박수라 하는데, 자신의 손바닥을 마주쳐 보며 아이들은 깔깔깔 웃는다. 손을 쥐었다 폈다 하고 두 손을 협응하여 마주쳐 보며 감각과 신체 발달을 꾀한다. 왜 손놀이부터일까? 그건 우리의 신체 기관 중 가장 발달된 것이 손이기 때문이다.

　　"야, 손 좀 써 봐!"

　약 450만 년 전부터 인간은 현재와 같은 곧은 다리로 직립보행을 했다. 그 뒤 인간은 네 발 달린 동물과 전혀 다르게 진화했다. 동물과 달리 손을 사용했기 때문이다. '손재주 있는 사람'을 뜻하는 호모하빌리스라는 말이 나온 배경이다. 진화론에 의하면 직립보행이 생존에 더 불리할 수 있었을 텐데 손을 이용하여 얻은 이득은 도대체 뭐였을까? '손은 바깥으로 느러난 또 하나의 누뇌'라는 칸트의 표현대로 두뇌를 하나 더 가짐으로써 직립이라는 불리한 조건을 극복하고 더 우월한 위치를 점할 수 있게 된 것이다.

누가 통계를 냈는지 모르지만 사람은 일생 동안 약 2,500만 번 뭔가를 만진다고 한다. 우리의 신체 기관 중 이토록 쉴 틈 없이 부지런하게 움직이는 건 없다. 많이 움직이고 많이 사용하면 그만큼 더 발달된다. "자주 사용하는 기관은 발달하고 그렇지 않은 기관은 퇴화한다"라는 라마르크의 용불용설用不用說이 여기에 딱 들어맞는다. 과학기술이 눈부시게 발달했지만 직경 10m의 천체망원경 렌즈를 깎을 때 최종 마무리는 사람의 손으로 한다. 인간의 손은 첨단의 어떤 과학기술로도 따라올 수 없는 감각기관이다. 인류사에 길이 남는 예술품이나 건축물은 모두 인간의 손이 빚어낸 것이다. 손은 아주 섬세한 감각기관으로 인체의 뼈

마디 중 무려 25%가 몰려 있다.

앞의 그림은 마치 외계인 같다. 손가락은 중요한 감각수용체로 뇌에서 손이 차지하는 비율이 무려 30%나 된다. 뇌가 차지하는 영역의 크기를 사람의 형태에 비례하여 재구성한 것을 호문쿨루스라 하는데 손과 입이 비정상적으로 크게 나타난다. 그래서 손은 '뇌에서 파견한 일꾼'이라고 말한다. 그렇다면 앞으로는 "야, 머리 좀 써 봐!" 대신에 "야, 손 좀 써 봐!"라고 말해도 될 성싶다. 왜냐하면 손을 쓰는 것은 바로 머리(두뇌)를 쓰는 것이나 마찬가지니까. 그래서일까? 교육 선진국에서는 초등학교 저학년 때까지 읽기·쓰기 대신에 손으로 뭔가 만들고 공작하며 놀이하는 시간으로 하루를 보낸다.

전통 육아의 비밀, 단동치기십계훈

손놀이는 작은 근육을 사용하는 소근육 놀이로 눈과 손, 입 주변 근육들을 이용한 놀이다. 이 놀이는 단순히 뇌 발달을 도울 뿐 아니라 지각능력과 모방 기능 더 나아가 신변처리 기술과 읽기·쓰기 등 학습능력과도 관련이 깊다. 3~6세 아이들은 눈과 손의 협력을 이용한 조작운동이 급속도로 발달하는 시기이므로 예로부터 손뼉놀이를 많이 했다. 우리나라에는 단군시대부터 구전되어 내려왔다는 전통 육아법인 단동치기십계훈이 있다. 여기에는 도리도리, 짝짜꿍, 죔죔, 곤지곤지, 섬마섬마 등 육아 동작놀이가 10가지 있는데 손놀이가 3개를 차지한다. 단동십훈은 매우 과학적인 육아법이다. 실재 자기공명영상을 통해 확인해 보면 발을 움직일 때와 손을 움직일 때 뇌가 활성화되는 영역은 엄청난 차이를 보인다. 가천대학교 뇌과학연구소 김영보 교수는 〈오래된 미래, 전통 육아의 비밀〉이라는 TV 프로그램에서 우리 선조들이야말로 대단한 뇌과학자였다고 칭송을 아끼지 않는다.

손은 뇌의 계획과 프로그램에 따라 단순히 명령을 받아 움직이는 존재가 아니다. 적극적으로 만져 보고 집어 들고 찔러 보고 쥐어짜고 밀치면서 터득한 손의 감각이 뇌의 정교한 신경망(시냅스)을 연결하고 창조하는 것이다. 미국 뉴욕대 리처드 세넷 교수는 손은 만지고 잡으면서 감각을 통해 생각하는 법을 가르쳐 준다고 한다. 인류의 진화과정에서 손과 뇌는 서로 보완적인 역할을 해 왔는데 손을 사용함으로써 새로운 생각이 만들어져 뇌의 용량을 키웠다는 구보타 기소우의 주장(『손과 뇌: 손은 외부의 뇌다』)과도 같은 맥락이다. 생각과 손은 분리되어 있지 않다는 것이다. 세계를 제대로 이해하려면 세계를 접하고 다뤄 봐야 안다. '어떤 대상의 내용이나 본질을 확실하게 이해하여 아는 것'을 파악把握이라고 하는데, 그대로의 한자 뜻은 '손으로 잡아 쥔다'는 것이다. 아이들이 무언가를 손으로 잡고 쥐는 건 세상을 알기 위한 행동이다.

요즘 아이들은 연필을 제대로 못 깎고 예전 그 또래의 아이들이 능숙하게 했던 못질이나 톱질은커녕 젓가락질도 잘 못하는 이유는 연필 깎는 도구와 장난감의 상품화로 손기술이 퇴화했기 때문이다. 손을 잘 쓸 수 없다는 것은 뇌를 잘 쓸 수 없다는 말과 같다. 손 중에서도 손끝은 가장 예민하고 가장 섬세하며 가장 감각적이다. 손끝 감각은 혹독한 환경에서 살아남기 위해 바깥 환경과 접촉하고 다양한 정보를 받아들이기 위해 발달시켜 온 진화의 첨단 산물이다.

아이는 태어난 지 4개월부터 물체를 손 전체로 잡는 동작을 할 수 있고 9개월부터는 집게손가락으로 사람을 가리키고 쥠쥠 곤지곤지가

가능하다. 생후 1년 정도 되면 손가락 끝으로 물건을 잡을 수 있는 능력이 생기고 만 2세부터는 크레용을 잡을 수 있어서 온 방바닥과 벽이 낙서로 뒤덮인다. 드디어 3세가 되면 동그라미나 X자형 그림을 그리며 초보적이나마 손가락팽이를 돌릴 수 있다. 이는 엄지 사용이 원활해지는 것을 의미하는데 다른 손가락과 맞붙일 수 있는 엄지의 발달은 어떤 동물도 흉내 낼 수 없는 '신의 축복'이라고 『손의 신비』의 저자인 진화생물학자 존 네이피어는 말하고 있다. 이때부터 비약적인 두뇌 발달이 이뤄진다는 의미다. 구슬치기, 공기놀이, 실뜨기는 손 발달에 매우 좋은 손끝놀이다. 특히 우리나라 실뜨기는 서양 실뜨기와는 달리 주로 엄지와 집게손가락을 사용한다는 특징이 있다.

우리는 손 안에 운명을 움켜쥐고 있다

손을 많이 쓰는 것은 어른들한테도 필요하다. 이미 수십 년 동안의 익숙한 행동이 아닌 새로운 손동작을 많이 하면 뇌 건강에 좋다. 뇌는 반복되는 동작이나 행동은 에너지 소모를 막기 위해 '자동화'시키는데 일상적인 걷기 또는 칫솔질하기를 신경(뇌) 안 쓰고도 능숙하게 할 수 있는 이유다. 나이가 들수록 '낯설게 하기'를 통해 잠자던 뇌에 자극을

주고 깨어나게 하는 게 필요하다. 왼손으로 밥을 먹어 본다든가 왼손으로 칫솔질을 해 보면 아이가 처음 배우는 것처럼 낯설고 서툴다. 일상 활동에서 치매 증상은 감각이 둔해지고 무뎌지는 걸로 나타난다. 현대인들이 암보다 더 두려워하는 치매 예방을 위해서는 손을 한시도 내버려 두지 말고 부지런히 놀려야 한다. 손을 주로 쓰는 공예가나 화가에게 치매가 거의 없는 이유는 끊임없이 손(뇌)을 움직이기 때문이다.

뇌체조라고 하는 것 중 쉬운 걸 하나 소개하면 1단계는 두 주먹을 모은 뒤 어른주먹 애기주먹(엄지를 감싼)으로 번갈아 쥐었다 폈다 한다. 2단계는, 한쪽은 어른주먹 다른 쪽은 애기주먹을 동시에 쥐었다 폈다를 노래에 맞춰 반복한다. 3단계, 걸어가면서 2단계를 해 본다. 이 단계는 난이도가 다소 높은데 주먹이 정지된 상태가 아니라 팔을 휘두르면서 주먹을 엇갈리게 쥐었다 폈다 해야 하기 때문이다. 잘 안 된다고 포기하지 말고 한쪽 주먹을 어느 정도 자동화시킨 후 단계별로 시도해 보면서 평소 안 쓰던 뇌를 자주 사용하는 습관을 들여 보자.

손에는 오장육부가 다 모여 있다. 합장박수 칠 때 생기는 마찰 진동으로 손바닥의 14개 기맥과 345개의 경혈이 자극을 받아 내장 기능과 혈액 순환이 좋아진다. 거동이 불편하다면 손뼉치기 놀이라도 즐겁게 할 일이다. 빈손으로 왔다가 빈손으로 가는空手來空手去 존재가 인간이라고 말하는데 손놀이는 그 빈손 안에 우리의 운명(뇌 건강)을 움켜쥐고 있다는 생각이 든다. 쥐었던 빈손을 쫙 펴서 즐겁게 논다면 어제까지의 내 운명이 바뀔지도 모른다. 박수 치며 노는 건 동서고금 막론하고 남녀노소 인종 불문 이념 불문 인류의 공동 자산이다.

9.

왜 방방 뛰어야 하는가?

오래전 어느 아파트 앞을 지나가는데 자그마한 방방이(체육용어로 트램펄린)를 손수레에 싣고 온 할아버지가 계셨다. 속으로 생각하기를 '저게 장사가 될까? 청룡열차나 바이킹처럼 짜릿한 재미도 없고 지가 뛰어야 하는데?' 다시 그 길로 돌아오는데 방방이 앞에 꼬맹이들이 천 원짜리를 몇 장씩 쥐고 줄을 서서 기다리고 있었다. 그때는 미처 몰랐다. 아이들이 왜 방방 뛰는지를.

아이들은 뛰는 것이 즐겁다

아이들은 감각이 발달돼야 운동능력이 생기고, 운동능력이 발달돼야 인지능력이 발달된다. 신경생물학자로서 아기를 기르며 엄마 뱃속에서 5세까지 아이의 뇌 발달에 대해 쓴 뇌과학 육아 지침서 『우리 아이 머리에선 무슨 일이 일어나고 있을까?』의 저자인 리즈 엘리엇은, 아기들은 태어나는 그 순간부터 자신들이 움직이고 있음을 느끼고 싶어 하는데 그 이유는 몸의 평형과 움직임을 감지하는 감각인 전정계가 잘 발달

된 상태에서 태어나기 때문이라고 말한다. 전정감각은 아주 오래된 감각으로, 이는 지구상에 존재하는 생물이라면 지구 중력과 자신의 움직임에 대응하여 몸의 위치를 정해야 하기 때문에 매우 중요하다.

아이들이 뛰는 건 바로 이 전정계와 관련되는데 전정자극이 충분히 되어야 아이들의 뇌와 정신 발달이 이뤄지기 때문이다. 어른과 달리 아이들은 뛸 때 쾌감(재미)을 느낀다. 앞서 '놀면 왜 즐거울까'에서 언급한 것처럼 성장과 발달에 도움이 되기 때문에 그렇게 진화된 것이다. 재미가 없어 더 이상 뛰지 않는다면 어떻게 되겠는가. 아이들이 뛰는 건 생존을 위한 본능이다. 그래서 아이들은 매우 강렬한 자극을 스스로 반들어서 즐긴다.

아이가 제대로 성장하려면 방방 뛰는 행동이 꼭 필요하다. 위아래로 뛰는 동작을 반복하면서 평형감각을 익히며 발바닥의 성장판을 자극하여 키가 큰다. 뿐만 아니라 점프를 하면서 공간감각을 키우고 넘어지지 않으려고 다리에 힘을 주고 버티면서 다리 근육을 키우며 순발력을 키우게 된다. 유감스럽게도 트램펄린은 아이의 평형감각이나 성장판하고는 상관없다는 주장도 있다. 원시적인 맨땅에서 뛰는 게 가장 효과적이라는 것이다. 아이들이 트램펄린을 좋아하는 것은 놀이의 재미 요소 중 하나인 현기증(일링크스)을 만들어 쾌감을 즐기는 것이다. 가장 성숙한 감각 가운데 하나인 전정계를 자극시켜 주는 건 뇌 발달의 지름길이다. 아이에게 뛰지 말라고 야단치는 건 성장을 멈추고 뇌 발달을 정지시키라는 말이나 다름없다.

층간소음의 근본적인 해결책은 놀이 중심 교육과정

서울시는 몇 년 전 『층간소음 걱정 그만!』이라는 제목의 층간소음 예방교육 만화 교재를 발간했다. '층간소음 예방교육이 가능한 교과 시간'을 현장에서 교사가 수업과 연계하여 활용할 수 있도록 제작했다고 한다. 층간소음 발생 원인의 70% 이상이 아이들의 뛰는 소리이거나 발걸음이라는 통계가 있어서, 초등학교 저학년 및 유치원생들을 대상으로 교재를 제작하여 아이들에게 예방교육을 하겠다는 것이었다. '이웃을 먼저 생각하게 하고 함께 더불어 사는 공동체라는 것을 아이들에게 깨우쳐 주는 교재'라고 했는데 소기의 목적을 달성했다는 소식을 아직까지 듣지 못했다. 여기서 우리는 다른 측면을 생각해 봐야 한다. 아이들이 아무리 야단쳐도 되돌아서면 또 뛰는 건 이성적인 판단에 의해서 행동할 정도의 인지능력이 없기 때문이기도 하고, 본성에 의해서 시도 때도 없이 뛰어노는, 말 그대로 철부지이기 때문이다. 왜 아이들은 천방지축으로 방방 뛰는지, 그 시기의 아이들은 당연히 뛰어놀아야 한다는 데서 출발하여 대책을 세워야 한다.

층간소음 분쟁은 주로 조용하게 수면을 취하는 밤에 일어나는데, 아이가 밤이 되어도 잠들지 못하고 뛰는 이유는 뭘까? 혹시 하루 종일 좁은 실내에 앉혀 놓고 공부나 독서지도만 하지 않았는지 되돌아보아야 한다. 아이들은 한시라도 뛰지 못하면 좀이 쑤시고 힘이 남아돌아 어떻게든 뛰어야 한다. 유치원이나 학교, 학원 어느 곳에서도 마냥 뛰어노는 걸 허용하지 않는다. 아이들이 맘 놓고 뛰어놀 수 있는 곳은 운동장이나 공원일 텐데 그럴 기회가 없었기 때문에 엄마 아빠가 지켜 주는 가장 안전한 집에서 뛰게 된다. 처음에는 소파 위에서 뛰다가 시원찮으면 피아노 위까지 올라가서 뛰어내린다. 아이의 안전과 소음 흡수를 위한 매트를 깔아 놨지만 소용이 없다. 급기야 아래층에서 전화가 오고 제발 잠 좀 자자고 찾아오기도 한다.

굳이 뛰는 걸 말리고 싶다면 "제발 뛰지 좀 마!"라거나 "뛰는 거 이제 그만!"이라고 해 봐야 별무소용이다. '코끼리는 생각하지 마'라고 했는데 우리 뇌는 코끼리를 생각하듯 아이들에게는 '뛴다'라는 언어가 활성화된다. 인지언어학의 개념인데 궁여지책으로 '뛴다'는 단어의 반대말인 '살금살금'이나 '도둑발' 등의 단어를 사용하고 엄마 아빠가 구체적인 행동을 보여 주면서 '도둑발' 놀이나 '황새다리뱁새다리' 놀이로 유도하는 방법도 있겠다.

층간소음의 근본적인 해결책을 한마디로 말한다면 학부모와 교육기관(학교, 유치원), 지자체가 모여 성장기의 아이들이 마음껏 뛰어놀 수 있도록 누리과정, 교과과정 등 모든 것을 놀이 중심으로 바꾸면 90% 이상 해결된다. 〈2019 개정 누리과정〉이 유아, 놀이 중심으로 바뀌었는데, 아이들을 원래대로 되돌려 놓는 대책의 일환으로 평가된다. 낮에 맘껏 뛰어놀게 하면 아이들은 8시 뉴스 시작하기 전에 곯아떨어질 것이다.

10.
왜 바깥놀이인가?

한때 무균질이란 말이 유행한 적이 있었다. 이는 소비자의 건강에 대한 관심을 상품화한 것이었다. 무균질 정치인임을 표방한 어느 정치인은 혼탁한 정치판에서 감염되지 않은 깨끗한 이미지를 내세웠다. 그런데 무균질이란 말은 문학이나 예술적 상상력으로는 가능할지 모르지만 현실적으로는 불가능하다. 세상은 온갖 균, 즉 세균, 바이러스, 박테리아 천지로 이뤄져 있다는 게 과학적 진실이다. 세균이 사람 몸속으로 침투하면 질병을 만들고 싸워 이기지 못하면 죽기도 한다. 그래서 인간은 끊임없이 더 깨끗하고 청결한 환경을 찾아 헤맨다. 이런 심리는 급기야 가습기살균제 사건까지 일으키게 했다.

도시 아이들의 질병은 흙과 멀어졌기 때문이다

A형 간염은 선진국형 질병일까 후진국형 질병일까? 근래에 많이 발생하여 선진국형으로 오해할 수 있는데 A형 간염은 공중위생 상태가 좋지 않고 영양 섭취를 제대로 하지 못해 생기는 전형적인 후진국형 질

병이다. 우리나라가 이미 선진국 대열에 올랐다고 생각했는데 A형 간염은 갈수록 많이 발병하여, 급기야 2015년부터는 영유아에게 백신을 무료로 접종해 주고 있다.

바깥놀이 얘기한다더니 왜 느닷없는 질병 얘기인가 의아해할 수 있겠다. A형 간염에 대한 연령대별 항체 보유율을 보면 20대는 11.9%에 불과하고, 30~44세는 46.6%, 45세 이상은 97.8%로 어린이나 젊은이들보다 나이가 많을수록 현저하게 높게 나타난다.^{2017년 통계} 왜 같은 나라에 사는데 이런 현상이 일어날까? 그 이유는 도시화로 흙하고 멀어졌기 때문이다. 요즘엔 놀이터도 매트를 깔아 놓아 흙 구경하기가 힘들다. 운동장도 죄다 인공잔디로 덮었다가 발암물질 파동으로 다시 걷어 내느라 법석을 떨었다.

A형 간염이 흙하고 무슨 관계가 있다는 말인가. 인류는 질병에 대항하고 싸우기 위해 끊임없이 항체를 만들며 진화해 왔는데, A형 간염 항체는 흙 속에 있는 박테리아가 사람의 호흡기를 통해 몸속에 들어가 만들어지는 것으로 알려졌다. 그런데 산업화와 도시화로 모든 길과 공간이 아스팔트와 시멘트로 뒤덮여 항체를 만들어 낼 길이 원천적으로 차단되어 버린 것이다. 위 통계에서 45세면 2017년 기준으로 1972년생이다. 즉, 1970년대 이후의 급격한 산업화, 도시화와 관련이 깊다는 걸 알 수 있다.

놀이는 원래 흙 위에서 시작되었으며 흙 위에서 끝내기를 반복했다. 흙은 아이들을 키우고 그 아이가 노인이 되어 끝내 그 흙 속으로 들어가 영원한 휴식을 취한 인류의 품이었다. 그래서 '대지의 어머니'라는 말이 만들어지기도 했다. 우리의 전래놀이는 흙 위가 아니면 존재성을 발휘할 수 없는 관계, 즉 놀이와 흙은 불가분의 관계다. 요즘 아이들에게 각종 신체적·정신적 질병이 창궐하는 건 바로 흙과 멀어진 역사와 비례한다. 흙은 어쩌면 인류가 탄생하고 생존해 온 수백만 년 동안 인간과 함께해 온 가장 친근한 자연의 벗이자 놀이의 벗인지도 모르겠다.

서울대병원 김붕년 교수가 『아이의 뇌』에서 얘기하는 내용을 보면, 2007년 미국 세이그대 도로시 매튜 박사팀이 발표한 흙 속에 다량 포함되어 있는 '마이크박테리움 박카이'라는 다소 긴 이름의 이 박테리아가 바로 행복 바이러스라는 것이다. 요지는 이 세균이 호흡기를 통해 체내로 들어간 후 혈류를 따라 뇌를 통과하여 세로토닌(행복전달물질) 분비를 자극한다는 것인데, 세로토닌을 활성화하는 박카이는 아이의 인지기능과 학습능력을 향상시킨다는 주장이다. 스트레스와 같은 위협 상황이 올 때 분비되는 코르티졸과 반대로 세로토닌은 기억력과 학습 능력에 도움이 된다는 것이 뇌과학의 상식이다. 박카이가 인체에 흡수되면 자연히 정서가 안정되고 불안감이 해소된다. 흙 속의 박카이균은 알러지성 질환을 예방하고 치료 효과까지 있을 뿐만 아니라 결핵균에 대한 방어력을 길러 주는 역할도 한다.

밖에 나가 놀자

자연과 벗이 되어 어릴 때부터 자연계의 면역물질에 많이 노출될수록 알러지성 비염이나 피부염, 천식 등에 면역이 높아진다. 청결과 위생을 유난히도 강조하는 현대 사회가 위생상태가 불량한 환경에서 발생하던 질병인 A형 간염 등에 취약하다는 건 매우 역설적이다. 이탈리아의 교육학자 몬테소리는 초기 아동기는 민감기로 감각 지향적이며 흙

이나 나무 등 천연물질을 만질 때 편안함과 기쁨을 느낀다고 주장했다. 자연이 주는 편안함은 스트레스 완화에도 도움을 주며 정서적 안정감을 준다. 날씨가 덥거나 춥거나 눈이 오나 비가 오나 바깥에 나가 놀아야 할 이유이다.

바깥놀이와 관련 있는 중요한 연구 하나를 소개하면, 스웨덴에서 아이들 놀이방을 대상으로 관찰을 하였는데 한 곳은 빌딩숲 안에 있는 놀이방이었고, 또 다른 하나는 숲속에 있는 놀이방이었다. 북유럽 나라 아이들이 그렇듯이 두 곳 모두 아이들은 매일 바깥놀이를 한다. 출발선에 있었던 아이들은 모두 지능이나 운동기능에서 차이가 없었다. 그런데 1년 뒤 평가해 보니 생각 이상으로 많은 차이가 났다고 한다. 과연 집중력과 안정감, 운동신경이 빠르게 발달한 아이들은 어느 곳에서 놀았던 아이들일까? 답은 뻔하다.

　마지막으로 하나 더 짚고 넘어갈 게 있다. 1988년 88올림픽 때 잠실운동장에서는 진귀한 풍경이 만들어졌다. 해외에서 온 관람객들이 하나같이 무슨 해수욕장에라도 놀러 온 양 일광욕을 즐기던 모습이다. 봄볕에 며느리 내놓고 가을볕에 딸 내놓는다는 구름 한 점 없는 대한민국의 가을을 그들은 맘껏 즐기도 있었다. 햇볕은 인류에게는 물론 생명체에게 없어서는 안 될 가장 소중한 것 중 하나이다. 우리에게 필수 영양소인 비타민D는 햇볕이 만들어 낸다. 그럼 한국 사람은 비타민D가 충분할까? 유감스럽게도 절대 아니다. 대한민국 성인의 90% 이상이 비타민D가 부족하다. 비타민D가 부족하면 공격성이 증가하고 우울증, 비만, 당뇨병, 폐병, 심장병의 발병률이 높으며 암에 대한 저항력이 떨어진다. 반면에 비타민D는 몸속에서 활성화되면 항염증 역할을 하여 콜레스테롤을 감소시키고 골다공증과 노화 방지, 암 예방에 도움이 된다고 알려져 있다. 왜냐면 비타민D는 세로토닌, 엔도르핀, 멜라토닌 등을 활발하게 분비하여 뇌를 쾌활하게 만들어 질병에 대한 면역성을 높이고 생체리듬을 원활하게 하여 건강을 유지시켜 주기 때문이다. 이런 조건일 때 우리의 두뇌는 활발해지고 지능이 향상된다.

　햇볕이 만드는 비타민D는 우리에게 알려진 것보다 훨씬 이롭다. 우리나라 아이들은 초등학교 고학년에서 중학교, 고등학교로 올라갈수록 비타민D가 점점 부족해지고 있다. 요즘 미세먼지 때문에 엔간하면 체육관 등 실내에서 땅에 금 긋고 노는 놀이인 달팽이놀이나 사방치기를 하는데 이건 바깥놀이가 아니다. 이렇게 보면 실내에서 4시간 놀이활동을 하는 것보다 바깥에서 30분 노는 게 훨씬 효과적이고 건강과 장수 그리고 지능 향상을 약속해 준다고 말할 수 있겠다. 영국이나 캐나다에서는 걸을 수 있는 유아들에게 매일 3시간 이상의 신체활동을 권유하고, 핀란드와 스웨덴에서는 바깥놀이를 추운 겨울에도 하루 2시간 이상 반드시 하도록 규정하고 있다. 그건 아이들에게 필요한 중고강도의 신체활동이 꼭 필요하기 때문이다. 미세먼지와 자외선에 대한 걱정 때문에 바깥으로 나가라고 하기도 그렇고, 비타민D 결핍에 대한 걱정 때문에 바깥놀이는 해야겠고, 고민이 많아지는 대한민국 놀이 환경이다.

〈밖에 나가 놀자〉

2013 국악방송 추천 아이들 노래

밖에 나가 놀자 씩씩하게
밖에 나가 놀자 씩씩하게
친구들 함께 선생님 함께 멍멍이 함께
여럿이 함께

밖에 나가 놀자 씩씩하게
밖에 나가 놀자 씩씩하게
해님도 놀고 바람도 놀고 나무도 놀고
여럿이 함께
밖에 나가 놀자 씩씩하게
밖에 나가 놀자 씩씩하게

11.

왜 몸(스킨십)놀이인가?

20세기 초 불황기에 세계 각국의 많은 고아원은 유아 사망률이 매우 높았는데 유독 독일의 한 지역에서 유아 사망률이 현저하게 낮은 고아원이 있었다. 그래서 미국의 학자가 독일로 날아가 탐방을 하게 된다. 환경시설이나 영양 등에서 특이점을 발견하지 못하던 그는 보모가 아이들에게 우유 먹이는 모습을 보고 해답을 찾게 된다. 미국의 다른 고아원과 달리 그 고아원은 보모가 아기를 한 명씩 껴안고 우유를 먹이고, 하루에 세 차례씩 아기를 가슴에 안고 말을 걸면서 엄마의 손길을 느끼게 해 주었던 것이다. 바로 아이와의 피부 접촉이 사망률의 현저한 차이를 낳았던 것이다. 그 후 이처럼 가슴에 안고 우유를 먹이는 방법을 '마더링'이라고 부르게 되었다.

놀이는 스킨십이다

피부는 제2의 뇌다. 생명체가 만들어질 때 엄마의 자궁 안에 태아의 배엽이 형성되는데 3층 구조로 되어 있다. 내배엽은 내상을 만들고 중배엽은 뼈를 만들며 외배엽은 피부를 만든다. 그러면 뇌는 어디에서 만들까? 언뜻 내배엽에서 만들 것 같은데 뇌를 만드는 것은 피부를 만드는 외배엽이다. 피부와 뇌는 조상이 같은 형제인 셈이다. 우리 온몸을 감싸고 있는 피부는 외부 정보를 가장 먼저 받아들이고 그 정보를 에돌거나 어디를 경유하지 않고 즉각 뇌로 전달한다. 그래서 피부를 제2의 뇌 또는 바깥뇌라고 부른다. 피부 자극은 아이의 두뇌 건강은 물론 신체 발육에 필수적이다. 피부에 햇볕이나 바람 등의 자극을 주면 기분이 좋아지고 쾌감뇌가 된다. 그래서 기분이 울적하면 기분 전환을 위해 '바람 쐬러' 나가는 것이다. 관절염으로 바깥출입을 못하게 된 노인들에게 치매가 급속하게 오는 이유도 바로 피부와 뇌의 관계라는 게 밝혀졌다.

놀이는 피부 접촉, 즉 스킨십 자체라 해도 과언이 아니다. 그만큼 놀이에서 스킨십은 중요하다는 얘기고 어쩜 스킨십을 위해 놀이가 생기지 않았나 싶다. 왜냐면 인류는 손을 사용하기 시작하면서 서로 손을 잡거나 상대의 가려운 등을 긁어 주면서 진화해 왔으니까.

1940년 일본에서 만들어진 조어였던 스킨십(순수 우리말은 다솜짓이라는데, 생소하여 유감스럽지만 스킨십이라는 말을 사용한다)은 나라마다 문화에 따라 천차만별인데, 서양에서 스킨십이 꽤 많을 거라고 생각하는데 꼭 그렇지만은 않다. 각 나라의 정상들끼리 만나거나 공항에서 서양인들의 깊은 포옹을 보기 때문에 그런 선입관을 갖게 된 것이다. 물론 500년 이상 유교의 영향을 받은 한국 사람들보다야 스킨십이 상대적으로 많지만 한마디로 말하면 '인사치레'이자 문화적 관습이다.

『스킨십의 심리학』을 쓴 미국의 필리스 데이비스 박사 얘기는 이를 증명해 준다. 그녀는 스킨십의 중요성을 역설하고 많은 사례들을 남겼는데, 사람들을 스킨십까지 유도하는 데 꽤 많은 어려움을 토로한다. 그런데 필자가 볼 때는 한국에서라면 아무것도 아니다. 왜일까? 바로 놀이를 하면 자연스럽게 스킨십이 되기 때문이다. 놀이를 통한 스킨십은 가장 자연스럽고 가장 원초적이기 때문에 누구한테나 어색하지 않게 가능하다. 물론 놀이에 대한 경험과 약간의 기술적인 절차를 활용하면 더욱 효과적이겠다. '스킨십은 좋은 것이다'라는 당위로 하게 되면 오히려 어색하고 쑥스러워질 수 있다.

서양이나 미국에서 놀이(play, game)라는 개념은 도구와 기구 중심이다. 이와 달리 우리 놀이는 사람 중심이라는 근본적인 철학과 발생 배경이 다르다. 예를 들어 공놀이가 있다면 공을 중심적으로 사고하고 행동하게 만든다. 그러나 우리 놀이는 대부분 아무것도 없이 맨손으로 노는 게 많다. 물론 땅에 금(영역)을 긋는다든가 자연의 일부인 돌멩이나 막대기를 이용하여 노는 것도 있지만 손을 잡든가 몸으로 부딪히면서 노는 게 절대적으로 많다. 특히 우리의 공동체놀이나 강강술래 같은 대동놀이는 대규모의 집단적인 스킨십이다.

오감을 자극해야 두뇌가 발달한다

스킨십은 살과 살이 맞닿을 때 느끼는 좋은 감정인데 나라나 문화에 따라 꽤 많은 인식의 차이를 보인다. 현대 사회에서는 성sex에 대한 부정적인 면이 부각되면서 법으로 처벌하기도 한다. 미국의 어느 주에서는 교사가 학생의 머리를 만지는 것을 금지했다. 언젠가는 북한 유엔대사가 미국 여자 어린이 머리를 쓰다듬어 줬는데 그다음 날 성추행했다

는 기사가 나오기도 했다. 스킨십은 개개인마다 천차만별이며 가장 주관적이라 말할 수 있다. 하지만 공감대나 연대감 또는 소속감을 느끼기 위해 사람은 손을 잡는다. 객관성을 확보하기 위한 행동으로 이는 진화의 산물이다. 놀이에서 스킨십은 가장 자연스러운 행위이며 급속도로 친밀한 관계를 만들어 준다. 스킨십이 없는 놀이는 게임이거나 무대 위배우들의 연기를 구경하는 서양의 플레이play이다. '여러 사람이 모여서 즐겁게 노는 일'이라고 정의하고 있는 '우리 놀이'는 스킨십 없이는 이뤄질 수 없다.

누군가 만진다는 건 부정적이거나 비밀스러운 행동이라는 생각도 들겠지만 현대인들에겐 스킨십이 없어 온갖 질병들이 생긴다. 그래서 "섹스 없이는 살 수 있어도 스킨십 없이는 살 수 없다"라고 필리스 데이비스 박사는 주장한다. 피부는 제2의 뇌라고 했듯이, 피부 자극은 뇌에 즉각적인 자극을 주기에 매우 필요하고도 필수적인 행위다.

『아이의 뇌는 피부에 있다』를 쓴 일본의 야마구치 하지메 박사는 뇌를 키우기 위해서는 피부를 직접 자극해야 한다고 역설한다. 그는 보육원의 아이들을 놀이를 통해 실험했는데, 실험군에게는 친구들끼리 손을 잡고 둥글게 원형놀이를 3개월간 하게 했다. 통제군은 실내에서 장난감을 가지고 놀게 했다. 3개월 뒤 결과가 어떻게 나왔을까? 실험군은 공격성이나 폭력성이 현저하게 떨어진 반면 통제군은 오히려 조금 올라갔다.

스킨십의 중요성은 일찍이 심리학자에 의해 밝혀졌다. 미국 위스콘신대학교의 심리학자 해리 할로우는 원숭이를 대상으로 '헝겊 엄마, 철사 엄마' 실험을 했는데, 각각 철사와 헝겊으로 가짜 원숭이 모형을 만들어 놓고, 태어난 지 얼마 되지 않은 새끼 원숭이를 넣었다. 이때 철사 엄마에게는 우유가 있고, 헝겊 엄마는 따뜻한 담요로 싸여서, 새끼 원숭이가 어느 엄마에게 가는지를 관찰했다. 많은 사람들이 새끼 원숭이는 '생존'을 중요시하기 때문에 당연히 철사 엄마 쪽으로 갈 것이라고 예상했다. 그러나 실험이 시작되자 새끼 원숭이는 따뜻한 헝겊 엄마에게로 가서 헝겊 엄마를 꼭 안고 있었다. 이렇게 생물학적 욕구보다 엄마의 따뜻한 품을 더 많이 찾는 것을 '접촉위안Contact Comfort'이라고 부르게 되었다. 접촉위안은 아이들의 지적 호기심에도 영향을 미친다. 우리 안에 있던 새끼 원숭이는 어느 엄마와 함께 있느냐에 따라 새로운 장난감에 보이는 호기심의 정도가 달랐다. 즉, 접촉위안을 받은 원숭이는 새로운 장난감 등에 호기심을 보이지만 철사 엄마한테만 있게 한 원숭이는 무기력에 빠져 있었다.

뇌과학 분야의 최고 권위자인 교토대 명예교수인 오시마 기요시는 『아이의 두뇌력 9살까지 결정된다』에서 이렇게 말한다.

> "어릴 때 두뇌를 발달시키려면 오감을 자극해야 합니다. 오감, 즉 시각, 청각, 후각, 미각, 피부감각이 전두엽을 자극하면 머리가 좋아지는데 책을 통한 지식보다 훨씬 효과적입니다."

생명을 살리는 '접촉'의 힘

스킨십과 포옹은 치유력을 갖고 있기도 하고 생명을 살리는 기적을 보이기도 한다. 쌍둥이 중 미숙아로 태어난 동생을 인큐베이터에 형과 같이 넣어 두었더니 형이 동생을 꼭 껴안아 기적적으로 살아났다는 얘기를 들은 적 있을 것이다. 이와 비슷한 기적적인 사례들은 바로 '접촉'의 힘이다. 스킨십이 많은 아이는 포용력이 넓고 이해심이 많으며 긍정적이고 사회성이 풍부해진다는 연구 결과도 있다.

2017년 미국의 노스캐롤라이나주에 있는 5학년 교사 베리 화이트가 아이들과 '악수놀이handshake'를 한 게 화제가 되어 ABC, NBC 방송을 탔다. 더욱더 심각해지는 미국 사회의 폭력적인 공격성을 수업 전 이런 접촉놀이를 통해 완화시켜 주는 역할을 했으리라고 본다. 많이 접촉하고 손을 잡고 많이 놀아 본 아이들은 자신의 내면에 잠재된 공격성과 폭력성을 조절, 통제할 줄 알며 넘치는 에너지를 어떻게 써야 더 재미있는지를 안다. 스킨십인 촉각은 인간에게 형성되는 첫 번째 감각이자 죽음이 임박했을 때 미약하게나마 존재하는 마지막 감각이기도 하다. 접촉은 서로를 연결하고 서로를 가깝게 하며, 서로 손을 잡고 있는 사람들은 직접적으로 관계를 맺게 된다. 대다수 나라에는 원형으로 서서 손을 잡는 풍습이 퍼져 있다. 이런 풍습은 강강술래처럼 공동체의 보편적 의식으로 간주되고 무언가를 함께 이뤄 낼 수 있는 에너지와 감정을 증폭시킨다.

친밀한 인간관계를 만들고 상대방과의 거리감을 좁히기 위해서는 반드시 피부와 피부가 맞닿아야 한다. 따라서 만지는 것을 금지하는 방법이 아니라 제대로 접촉하는 방법을 먼저 가르쳐서 문제를 해결해야 한다. 이를 위해서는 어릴 때부터 부모나 친구와의 놀이를 통해 가능한 한 신체 접촉을 풍부하게 체험하여, 적절한 스킨십 방법을 습득하도록 하는 것이 무엇보다 중요하다.『애무: 만지지 않으면 사랑이 아니다』, 야마구치 하지메

12.

왜 공동체놀이인가?

어쩌면 몇백만 년 전일지도 모르겠다. 불과 5만 년 전이라도 좋다. 인간은 서로가 손을 잡으면 상대방의 체온이 전해 오면서 두려움이 없어지고 안정감과 더불어 용기가 생긴다는 걸 알았다. 서로서로가 손을 잡고 원을 만들었을 때 그걸 언제부턴가 '우리'라고 했다. 자연이 준 수확을 함께 나누며 감사할 줄 알았고 '우리'를 침범하는 무리에게는 손 맞잡고 공동체를 지키는 것이 바로 '우리'이다. '우리'는 너와 내가 하나된 놀이공동체이자 생산(노동)공동체이다.

한국인의 정체성은 공동체 정신

우리나라에 전해 내려오는 격언 중에는 '우분투'라는 것이 있다. 인간은 혼자서는 살아갈 수 없는 존재라는 것이 바로 우분투의 핵심이다. 우분투는 우리가 서로 얽혀 있다는 점을 강조한다. 홀로 떨어져 있다면 진정한 의미에서 인간이라고 할 수 없고, 우리는 사실 서로 이어져 있으며 '우리'가 하는 일 하나하나가 세상 전체에 영향을 미친다. 우리가 좋을 일을 하면 그것이 번져 나가 다른 곳에서도 좋은 일이 일어나게 만든다. 남아프리카공화국 성공회대주교 데스몬드 투투

마치 '우리'라는 단어를 우분투로 옮겨 놓은 느낌이다.

우리나라 언어를 보면 '나'보다는 '우리'라는 말이 중심을 이룬다. 내 딸은 '우리 딸'이며 내 남편은 '우리 남편'이고 등기부등본에 아버지 소유로 되어 있는 집도 '우리 집'이다. 그러나 근대화와 자본주의는 '우리'를 더 이상 필요로 하지 않았기에 '우리'를 해체했고, 뿔뿔이 흩어진

'개인'들은 예전의 '우리'를 그리워할 뿐 더 이상 힘을 모으거나 정情을 나눌 수 없게 되었다. '우리 공동체'에서는 서로서로 대면하며 얼굴을 알고 있기에 법이 따로 필요하지 않았으며, 다른 사람에게 해를 끼치며 자신의 이기심을 나타내는 걸 절제할 줄도 알았다.

한국 사람들은 나보다는 우리를 우선시하거나 강조한다. 어느 나라보다 공동체를 복원하고 회복할 유전자를 타고났다 할 수 있겠다. 미국인에게 최고의 긍정감정은 자긍심(자기자랑)이지만 한국인에게 최고의 긍정감정은 연대감이다.

2002년 한국의 월드컵 경기를 보면서 서구인들은 집단적으로 열광하는 우리의 모습을 괴이하게 생각했다. 집에서 편안하게 TV 중계를 보는 대신에 굳이 광장으로 나가 모여서 본다. 집단은 기쁨을 배가시킨다. 이에 반해 우리에게 최고의 부정감정은 거절감, 즉 왕따이다. 왕따 때문에 우울증에 빠지며 심지어는 자신의 목숨을 버리기도 한다. 학교든 직장이든 한국에서 최고의 폭력은 왕따라 해도 지나친 말이 아닐 것이다. 그만큼 우리는 '우리'에서 제외되거나 거절당할 때 좌절감과 소외감, 외로움으로 괴로워한다. 이와 같은 한국인의 공동체 정신을 한국인의 정체성이라고 표현해도 과언이 아닐 것이다.

아주 오래전 맹수나 다른 동물에 비해 매우 약한 존재인 인간이 살아남아 전 지구에 고루 퍼져 만물의 영장이 된 이유는 '공동체'에 있다. 직립보행이 생존에 치명적일 수도 있는 단점을 극복하기 위해 인류가 상상해 낸 것이 바로 '공동체'라는 도구였다. 공동체는 집단이란 말로도 표현할 수 있는데 세 명 이상 모여서 놀 때 공동체놀이 또는 집단놀이라 한다. 여기서 셋, 3이라는 숫자가 중요하다. 세 사람 이상이 모이면 집단이라는 심리가 생긴다. 3인의 법칙도 여기에서 나왔다. 집단을 형성하여 사회적 동물로 생존해 온 인류의 오래된 진화심리학이 만들어 낸 법칙이다.

우리 옛이야기에 삼형제를 둔 아버지가 화살을 가져오라고 하여 부러뜨려 보라고 하는 얘기가 나오는데, 화살 1개나 2개는 쉽게 부러지지만 3개는 부러뜨리지 못한 것을 직접 경험하게 하여 싸우지 말고 화합하여 살아갈 것을 당부하는 내용이다. 이런 내용은 몽골이나 인디언 부족뿐만 아니라 이솝우화에도 나온다. 고사성어에 '삼인성호三人成虎'라는 말도 있는데, 3명의 사람이 모이면 없는 호랑이도 만들어 낼 수 있다는 집단, 공동체의 힘을 얘기하고 있다. 공동체는 인류 생존의 법칙임을 알 수 있다.

공동체 속에서 함께 삶을 즐기는 이들의 놀이

미국 펜실베이니아주의 로제토 마을은 공동체에 대한 우리들의 생각을 곱씹어 보게 만들고 공동체의 중요성을 환기시킨다. 1800년대 후반 로제토 마을은 기근과 가난을 피해 이탈리아의 한 마을 사람들이 집단적으로 이주한 곳이다. 그들은 이탈리아에서 부르던 그들 마을의 이름까지 미국에 옮겨 놓았다. 1960년대 미국은 심장병으로 사망하는 사람들이 많았는데, 그 연구의 일환으로 펜실베이니아주 로제토 마을을 조사하던 의사들은 신기한 현상을 발견한다. 심장병으로 사망한 주민이 65세 미만에서는 단 한 명도 없었다는 점이다. 도대체 어떻게 이런 일이 일어날 수 있단 말인가? 혹시 로제토 마을 사람들은 '식습관'이 좋았던 게 아닐까? 그들의 주식은 이탈리아 음식이었고 심지어 심장병에 안 좋은 술과 담배를 즐기거나 비만인 사람도 많았다. 그럼 이 마을 사람들은 좋은 '유전자'를 가지고 태어난 것일까? 조사해 보니 마을 외부에 사는 로제토 출신 사람들의 심장병 비율은 미국인 평균과 같았다. 아니면 좋은 '자연환경'을 지니고 있었을까? 로제토 마을과 비슷한 환경의 사람들을 조사해 보니 로제토 마을에 비해 3배나 심장병 환자들이 많았다.

답을 못 찾던 의사들은 뜻밖의 행동에서 해답을 찾았다. 바로 '삶을 즐기는' 그들 특유의 생활방식이었다. 주민들은 길을 가다가 멈춰 서서 이웃과 한없이 수다를 떨고, 음식을 만들어 같이 나눠 먹고 같이 놀았다. 또한 마을에는 3대가 함께 사는 대가족도 많았다. 친밀한 사회적 유대가 건강과 장수를 지켜 준 셈이다. 이처럼 공동체적 요인이 건강에 좋은 영향을 미치는 현상을 이후 '로제토 효과'라고 불렀다. 그러나 미국의 황금만능주의가 마을에 침투하면서 로제토 마을의 공동체는 붕괴되기 시작했다. 이후 마을 사람들은 공동체에 대한 기여보다 개인의 삶을 우선시하는 개인주의에 빠지게 되어 주민들의 심장병 사망률은 점차 상승해 1970년에는 1940년보다 두 배 가까이 높아졌다는 안타까운 사례이다.

세계 최고 장수촌 중 하나인 그리스의 이카리아 마을은 TV에도 몇 번 소개된 적이 있다. 이들도 노인이 되면 여느 나라 노인들과 마찬가지로 걱정거리가 생긴다. 즉, 경제적 어려움과 건강에 대한 것이다. 그런데 한국과 이카리아 노인들을 비교해 봤더니 이들은 '외로움'이란 단어를 모를 정도로 이웃과 어울리며 살아간다. 100살이 넘은 사람이 유럽에 비해 10배나 많으며, 한 할아버지는 매일 4킬로미터를 걷는다고 소개되었다. 건강을 지키기 위해 운동을 하는 걸까? 물론 그렇기도 하겠지만 오전 오후에 한 번씩 카페로 놀러 가기 위한 발걸음이다. 카페에서는 동년배나 젊은이를 불문하고 끊임없이 대화를 한다. 또한 이카리아에는 특이한 현상이 있는데, 바로 한 달에 한 번 있는 '불금'이다. 마을 사람들은 밤새 춤추며 놀고, 그다음 날인 토요일 오전엔 늦잠을 자느라 사람의 종적을 찾아볼 수가 없는 마을이기도 하다.

공동체가 유지되려면 참여하는 모든 구성원들이 공동체가 정의롭고 공평하다고 느껴야 하며 그런 공정성이 담보되어야만 지속가능성을 보장받는다. 부당하게 대우받았을 때나 부도덕한 행동을 봤을 때는 당연히 분노하고 개선할 수 있는 힘도 공동체에서 나올 수 있다. 그걸 담보해 주는 필요충분조건은 바로 공동체놀이다. 그런 의미에서 원시성과 생산성의 원형인 강강술래가 그려 내는 원은 모두가 평등하고 공평하게 손을 맞잡은 관계성을 보여 준다. 무한한 힘인 무극을 나타내기도 하고, 얼마 전 잃어버린 인류의 신화적 전설과 오래된 미래를 얘기하고 있다.

인간은 밥을 나눠 먹고(식구), 같이 붙어서 산다(가족). 여기까지는 동물 중 가장 조직화가 잘되어 있다는 늑대와도 비슷하다. 그런데 인간이 동물과 전혀 다른 점은 '갈등을 풀거나 줄여 왔다'는 것이다. 이방언의 〈하여가〉에 '만수산 드렁칡'이라는 구절이 나오는데 드렁칡은 등나무와 칡을 말하며 한자로는 갈등葛藤이다. 칡은 나무를 왼쪽으로 감으며 올라가고 등나무는 오른쪽으로 감으며 올라간다. 그런데 이 둘이 만나면 서로 얽혀 쪼아 매는데 결국 말라 죽어 버린다. 공동체가 유지되려면 갈등을 풀어 주는 놀이가 있어야 한다.

13.
인간 최초의 놀이는?

인간이 태어나 최초로 하는 놀이는 무엇일까?

아이가 태어나자마자 놀이를 할 수는 없다. 태어난 지 4개월 이후부터 아이에게는 대상영속성이라는 게 생기기 시작하는데 10개월 정도에 거의 획득된다. 물체가 어떤 것에 가려져서 보이지 않더라도 그것이 사라지지 않고 지속적으로 존재하고 있다는 사실을 기억장치에 저장할 수 있는 능력이 대상영속성인데, 엄마가 주도하여 놀아 주는 까꿍놀이는 아이의 대상영속성을 키워 준다. 짝짜꿍이나 죔죔곤지놀이는 손과 눈의 협응이 나타나기 시작하는 9개월 이후 엄마가 주도하고 아이가 스스로 몸(손)을 움직이며 노는 최초의 놀이라 할 수 있다.

흥미로운 세상으로 이끄는 놀이정신

그럼 아이의 옹알이는 놀이일까 아닐까?

옹알이는 영아가 구체적인 단어를 말하기 이전에 내는 소리로, 되풀이하여 내는 혼잣소리라고 정의하고 있다. 아이는 태어나서 4개월이면 입모양과 음소를 일치시킬 수 있는 능력이 생긴다. 모국어는 이런 자연스러운 과정을 통해 습득된다. 아이 어르는 소리는 바로 그러한 음소가 아이들의 신경 발달에 맞도록 짜여 있다. 옹알이는 생후 4~6개월의 영아가 구체적인 단어를 말하기 이전에 되풀이하여 내는 동일한 소리를 말하는데, 이는 단순한 울음소리가 아닌 일종의 음성놀이로서, 영아는 자신이 내는 옹알이 소리에 재미를 느끼고, 이것이 강화 자극이 되어 계속해서 옹알이를 하게 된다. 재미와 기쁨을 주는 옹알이는 영아에게 빼놓을 수 없는 놀이다.

아이들의 성장과정에서 보육자의 반응이 매우 중요한데, 옹알이는 점차 상대방의 반응에 따라 달라지며 엄마의 말소리를 듣고 흉내 내는 과정에서 다양한 소리로 나타난다. 그래서 엄마는 알아듣지 못하는 아이에게 끊임없이 이야기를 하는 것이다. 옹알이는 언어 습득과 가장 관련 깊은 초기 음성으로 상대방의 반응이 없을 경우 옹알이의 빈도가 줄어들거나 옹알이가 아주 적게 나타난다.

1920년대 인도에서 늑대에게 키워진 소녀 자매 이야기가 있는데, 이들은 각각 2살과 7살로 추정되었고 인간세계로 데려와 각고의 노력을 했지만 끝내 인격체로 성장하지 못하고 겨우 45마디의 말밖에 못했다. 학자들은 이걸 모글리 현상이라 이름 붙였는데, 동물과 달리 인간은 타고난 두뇌가 미성숙하기 때문에 후천적인 영향이 결정적이라는 것이다. 즉, 인간 형성에 '결정적인 시기'를 놓치면 안 된다는 교훈이다. 결정적인 시기에 해당하는 활동이 바로 놀이활동이다.

심리학자 올러D. Kimbrough Oller는 옹알이의 특성과 시기를 기준으로 옹알이를 총 5단계로 나누었다. 중요하게 여겨지는 쿠잉 단계cooing stage(2~3개월)와 배블링 단계babbling(6~8개월)를 보자면, 쿠잉 단계는 비둘기 소리를 닮았다는 말인데 '구~'나 '쿠~'처럼 연구개자음이나 혀가 어디에 닿지 않은 홀소리인 '우~'와 같은 단순한 목울림 소리를 말한다(음성학적으로 모음은 공기의 흐름을 방해받지 않고 입모양으로 내는 소리이고 자음은 혀나 입술 등을 조작하여 내는 소리인데, 연구개자음은 혀끝이 입천장의 안쪽에 닿아서 내는 소리를 말한다). 이어 6~8개월이 되면 '마마'나 '바바' 같은 반복된 음절의 옹알이가 나타나는데 모음과 자음이 어떻게 다른지 구분하게 되고 음절은 말을 조금씩 흉내 내기 시작한다. 이후는 비반복 옹알이 또는 혼합 옹알이가 나타나는 단계로, 이전의 '가가gaga'와 같은 반복 옹알이와 달리 '마-바-가' 등의 다양한 옹알이가 나타난다. 배블링은 재잘재잘 와자지껄 시끄럽게 수다를 떠는 단계라는 뜻이다.

유튜브에서 'babbling'으로 검색하면 2억 몇 번째로 해외의 쌍둥이 아빠가 올린 재미있는 동영상을 볼 수 있을 것이다. 쌍둥이가 서로 주고받으며 재잘거릴 수 있는 능력이 생긴 건 옹알이 때 보육자가 반응을 해 주며 놀아 주었기 때문에 가능하다. 반응을 그때그때 잘해 줄수록 언어 습득이나 뇌 발달에 도움이 된다. 쌍둥이들은 정확히 주고받는 순서를 지켜 놀고 있다. 아다다다 다다다다? 말의 끄트머리를 올리며 정확히 물어볼 줄도 안다. 어느 유튜버가 이 동영상에 자막을 붙여 '아기들의 옹알이 자막 버전'이라는 한국판 동영상을 만들어 올렸는데, 상상의 스토리와 재미를 보태 훨씬 재밌게 볼 수 있다. 놀이정신은 이렇게 꼬리에 꼬리를 물고 더욱 흥미로운 세상을 만든다.

14.

재미가 없으면 놀이가 아니다

메추리알을 까는데 아이들이 달려들어 자신들도 까 보겠다고 한다. 요령을 일러줬더니 제법 야무지게 까기 시작한다. 미끌미끌한 껍질이 벗겨지는 게 신기하기도 하고 재미있는 모양이다. 그런데 몇 개 까다가 한 놈 두 놈 자리를 떠 버리고 만다. 왜 그랬을까? 메추리알 까기가 처음에는 놀이였는데 반복된 작업이 어느새 일로 바뀌었기 때문이다. 놀이가 의무가 되는 순간 더 이상 놀이가 아니기에 아이들은 일하는 자리를 떠난 것이다. 그래서 일은 억지로 할 수 있지만 놀이는 억지로 할 수 없다는 말이 생겼다. 인류는 이를 일찌감치 알고 식량이나 임금이라는 노동의 대가를 지불하며 일을 지속시켜 왔다.

재미있고 신바람 나는 놀이의 요소들

재미가 없으면 놀이가 아니다. 로제 카이와는 저서 『놀이와 인간』에서 재미를 주는 놀이 요소로 네 가지를 얘기하는데, 하위징아가 『호모 루덴스』에서 말한 것을 더욱 체계화하고 발전시킨 이론이다.

가장 먼저 얘기하는 재미의 요소는 경쟁이다. 그리스어로 '아곤'이라 하는데, 시합이나 경기를 통해 승부를 판가름하는 데서 인류는 재미를 느낀다. 무슨 시합을 할 때 내기를 해야 재미있지 그냥 하면 밋밋한 까닭은 경쟁적인 요소가 약하기 때문이다. 전래놀이 중 편놀이와 금을 긋고 노는 놀이가 이에 해당하는데 금을 긋는다는 것은 경계를 말하며 금을 넘어서거나 밟으면 죽는다는 의미이기도 하다. 이를 진화심리학적으로 보자면 인류는 끊임없는 경쟁을 통해 생존, 번식해 왔고 경쟁에서 승리했을 때의 환희와 희열이 DNA 속에 새겨진 것이다. 경쟁은 일정한 규칙에 의해서 공정하게 이뤄져야 하는데, 불공정하다고 느낄 때 항의하거나 기권하는 이유는 자신의 힘이나 기량이 제대로 평가받지 못하기 때문이다.

그다음으로 '알레아', 즉 행운이나 우연성으로 그리스어로 주사위놀이를 뜻한다. 우리의 윷놀이가 이에 해당하겠다. 운이 좋게 작용함으로써 느낄 수 있는 재미로 알레아가 강하면 공평하다고 느낀다. "윷이야!" 하면서 윷을 던졌는데 정말로 윷이 나오면 손뼉을 치며 환호성을 지르며 재미를 만끽한다. 이는 현실법칙을 초월하는 것으로 아이와 어른이 겨루기를 하면 힘으로는 아이가 어른을 도무지 이길 방법이 없는데, 주사위나 가위바위보로 겨루면 현실법칙이 전복됨으로써 더욱더 큰 재미를 느낄 수 있다. 전 세계적으로 도박이 성행하는 이유도 우연이라는 행운에 기대는 심리가 있기 때문이다. 현실 세계에서는 죽었다 깨어나도 수십억 원을 벌 수 있는 방법이 없다. 운이 따라 주어 로또에 당첨된다면 인생역전이 가능하기에 확률적으로는 거의 없는 가능성에 희망을 걸고 로또를 사고, 이런 인간 심리를 이용하여 국가에서는 공공연하게 도박 사업을 한다.

세 번째로 '일링크스'라는 요소가 있다. 우리말로 현기증으로 번역해 놓았는데 적절한 표현은 아닌 것 같다. 그리스어로 소용돌이를 뜻하는데 위험한 순간의 아찔함에서 느낄 수 있는 재미나 몰입을 통한 판타지를 말한다. 독특한 우리말인 신바람이나 신명으로 표현하는 게 오히려 적절하지 않겠나 하는 생각이 든다. 어린이들은 뛰고 돌면서 하는 놀이를 통해 일링크스를 느끼는데 강강술래나 대동놀이에서 일종의 스릴을 느끼는 것은 뇌과학적으로 말하면 전정계의 작용이기도 하다. 무당굿을 보면 위아래로 펄쩍펄쩍 뛰면서 춤을 추는데 이를 통해 접신을 한다고 한다. 이런 행위가 전정계를 자극하여 보다 빨리 일링크스를 가져다주는 게 아닐까 싶다.

네 번째는 '미미크리'로 흉내 내기나 모방을 뜻한다. 어린이들의 소꿉장난이 이에 해당하는데 간접경험을 통해 발생하는 재미다. 7살 아이가 의사가 되어 멀쩡한 동생을 환자로 만들어 장난감 청진기로 진찰을 하고, 가짜 약을 처방하여 먹는 시늉을 하며, 현실 세계에서는 불가능한 세계를 모의하고 창조하며 자아실현을 꾀하는 놀이다. 미미크리가 강하면 몰입감을 느끼게 되어 재미가 배가된다. 의정부고등학교의 졸업사진 찍기도 이에 해당한다.

아이들, 자유스럽고 자발적인 놀이의 기쁨 속으로

필자는 이 네 가지 재미 요소에 '이케아'를 하나 더 추가하고자 한다. 일련의 심리학자들이 너무 편리해진 현대 사회에서 '불편'을 판매하는 이케아 가구처럼 직접 노동을 하면 결과물에 대한 애정이 생기는 인지적 편향 현상을 '이케아 효과IKEA effect'라고 불렀다. 놀이에는 도전과 성취감을 느끼는 재미와 모험 요인이 있다. 일반적으로 사람들은 구매할 때 완제품을 원하지만 상품을 체험하는 과정을 즐기면 완제품을 원하지 않게 된다. 이케아는 고객이 가구 탐색, 물류, 조립 과정에 직접 참여하면서 즐거움을 느끼게 하면서 고객이 체험하는 고객 가치를 높여 준다. 놀이에서는 직접 놀잇감을 만든다거나 퍼즐이나 레고 조립 또는 신체놀이를 표현해 보고 놀이규칙을 같이 만들면서 자아실현감과 효능감을 느끼게 된다. 요한 하위징아의 지적대로 인간은 도구를 사용하는 호모 하빌리스Homo Habilis, 도구를 만드는 호모 파베르Homo

Faber를 넘어서 작업에서 재미를 느끼는 호모 루덴스Homo Ludens이기 때문이다.

놀이란 '여러 사람이 모여서 즐겁게 노는 일'인데 첫째도 재미 둘째도 재미 셋째도 재미 요소가 핵심이다. 아무리 많은 사람이 모인다 한들 재미가 없으면 놀이가 아니다. 놀이에는 집단적 신명인 공감력과 자유, 그리고 무목적성의 가치 추구와 현실법칙의 전복을 위한 '직접적 참여'가 특징적으로 나타난다. 여기서 특히 중요한 건 자유스러움과 자발성이다. 누가 시켜서 하는 자발성이 없는 놀이는 가짜 놀이로 금방 시무룩해지거나 다른 놀이로 바뀐다. 아이들은 축구나 피아노 치기를 놀이라고 생각할까, 일이라고 생각할까? 어른들이 볼 때 분명 수학이나 영어 수업 같은 공부가 아닌 노는 거라고 생각하는데 아이들은 축구나 피아노 연습 때문에 놀 시간이 없다고 말한다. 아이들에겐 '하고 싶은 건 뭐든지 할 수 있는 자유로운 시간'이 필요하다. 미리 정해져 있는 시설이나 이미 짜인 놀이가 아닌 아이들 스스로가 자유롭게 변화시키고 고칠 수 있는 놀이 공간에서 아이들은 놀이를 창조하고 발견하는 기쁨을 맛볼 수 있다.

15.
놀이는 동심童心=動心=同心이다

　어른들도 놀면 동심으로 돌아갈까? 사람의 뇌는 10살까지 그 환경에 맞게 최적화된다. 성인을 대상으로 설문조사를 해 보면 평생 가장 즐거웠던 때가 언제였냐는 질문에 대부분 어렸을 적 놀았던 기억을 떠올린다. 그럼 어린 시절 놀이가 없이 지냈다면 보통 사람이 느끼는 동심이란 걸 못 느낄까? 아마 그럴지도 모르겠다. 프로파일러인 표창원 박사가 잔혹한 범죄를 일으킨 사람들에게는 공통점이 있는데, 살아오면서 가장 즐거웠거나 행복한 적이 언제였냐고 물어보면 하나같이 대답을 못한다는 것이다.

놀이는 동심童心이다

　동심은 무엇에 때 묻지 않은 순진무구함을 뜻하며 호기심으로 가득 차 있다. 별것 아닌 거에 깔깔거리며 즐거워한다. 사람은 평생 50만 번 정도 웃는데 어린이는 하루에 400번쯤 웃는다고 한다. 그럼 어른은 하루에 몇 번이나 웃을까? 고작 하루 평균 10번 웃는다는 통계다. 많이 웃으면 건강하고 장수하는 것으로 알려져 있다. 그래서 웃자고 하는 소리인데 많이 웃는 어린이가 어른보다 훨씬 오래 산다는 게 의학계의 진실이다.

놀이의 즐거움을 배우려면 아이들이 노는 걸 보라. 어린이는 놀이할 때 자신을 잊어버리고 놀이하는 것에 빠져들며 몰입한다. 주변 세상은 다 사라지고 '놀이'와 '아이', 그 둘만 남게 된다. 주변도 사라지고 '그것'과 '나'만이 존재한다. 시야는 좁아지고 시간도 멈추고, 심지어 '나'조차 사라지게 된다. 우리는 이런 걸 삼매경 또는 몰아지경이라 표현하는데, 심리학자 미하이 칙센트미하이가 만들어 낸 개념인 몰입Flow이다.

> 몰입이란 잡념이나 불필요한 감정이 끼어들 여지는 티끌만큼도 없기 때문에 자의식은 사라지고 자신감은 커지고 시간감각도 사라지게 된다. 자신의 모든 것을 여한 없이 무엇인가에 온전히 쏟아부을 때의 그 즐거움과 쾌감을 맛본 사람이 가장 행복하고 이때 창의성이 최고조로 발휘된다.

노벨상 수상자나 예술가 등 위대한 인물 중에 이런 경험을 한 사람들이 적지 않다는 사실은 몰입의 중요성을 증명한다.

아이들은 노는 동안 지칠 줄 모른다. 놀이의 힘이다. 또한 놀이하는 어린이를 보고 있노라면 탁월한 창의성에 감탄하기도 한다. 어린 시절 우리는 놀이를 좋아했다. 그런데 나이가 들면서 우리는 점점 놀이와 멀어지고 퇴화하여 노는 법을 잊어버렸다. 쓸데없이 진지하고 심각하며 우울해지기도 한다. 웃음은 사라지고 왜 사는지 인생이 슬퍼지기까지 한다. 우리가 인생에서 터득해야 할 삶의 기술 중에 하나는 즐거워하는 기술'이다. 놀이는 순수한 즐거움을 추구한다. "적게 기대하고 많이 즐기는 법을 아는 것이 성공의 비결이다"라고 한 괴테의 말에 귀 기울여 볼 일이다. 오래하기 위해서 또는 무언가 성취하기 위해서는 즐거워야 한다. 내가 즐거워야 다른 사람도 즐겁다. "내가 춤출 수 없다면 혁명이 아니다."

놀이는 동심動心이다

본질적으로 놀이는 동심이다. 움직이고 싶어 몸이 근질근질하는 마음이다. 놀이는 동심으로부터 비롯되고 놀이는 움직여야 가능하다. 물고기가 노닐지 않는다면 병들었거나 죽은 것이다. 동물動物과 식물植物의 차이는 움직임의 유무로 구분된다. 한시도 가만있지 못하는 어린이는 자신의 몸을 놀려서(동물) 존재감을 나타내는 것이다. 몸을 놀리는 이유는 평생 살아가는 데 필요한 움직임을 습득하는 과정이다. 아이가 계단을 지루할 정도로 반복하여 오르락내리락하는 모습을 보았을 것이다. 아이는 그걸 즐겁게 느낀다. 왜일까? 생존에 필요한 기술을 습득하기 위해 그렇게 진화된 것이다. 두어 번 반복하다가 재미없다고 그만두어 버린다면 그 아이는 생존하는 데 지장을 받을 것이며 경쟁에서 패배하여 소멸할 수도 있다. 아마 재미를 못 느낀 조상은 생존경쟁에서 도태되었고 우리는 재미를 느꼈던 승리자의 후손일 것이다.

어린이는 동사고 어른은 명사다. 물론 둘 다 명사가 맞지만 움직임을 기준으로 본다면 어린이는 활기찬 명사이고 어른은 정지된 명사다. 어린(이)과 어른의 글자를 보면 '린'과 '른'의 차이로 나타난다. '린'의 모

음 'ㅣ'는 서 있는 모양이고, '른'의 모음 'ㅡ'는 누워 있는 모양이다. 어린이는 어떻게든 하늘을 향해 뛰면서 움직이려고 하고 어른은 틈만 나면 바닥에 누우려고 한다. 한글은 음양오행론이라는 우주의 법칙에 근거하여 만들어졌는데 모음 'ㅣ'는 처음으로 만들어진 글자라는 주장이 있다. 새로 시작하려는 사람의 심성을 나타내는 형상이라고도 한다. 반면에 모음 'ㅡ'는 온전함과 마무리를 의미한다. 글자로 본 어린이와 어른의 차이다. 자음 'ㄹ'은 하늘에서 사람을 거쳐 땅을 이어 가는 그림으로, 보이지 않는 미지의 세계를 향해 돛을 올리는 형상이라고 해석하기도 한다.

놀이는 동심同心이다

놀이란 여럿이 모여서 즐겁게 노는 것이다. 모여서 노는데 같은 마음이 아닌 딴마음을 먹는다면 놀이에 참여할 수 없고 놀이가 안 된다. 파튼M. Parten의 어린이의 사회적 놀이발달 이론에 의하면 방관자적 놀이에서 단독놀이-평행놀이-연합놀이-협동놀이 순으로 발달되어 놀이 본연의 의미인 여럿이 모여(동심으로) 즐겁게 노는 단계에 이른다. 이때 놀이자들 간 역할과 분담이 이뤄질 수 있고 모두가 한마음이 되어 공동체놀이도 가능해진다.

놀이는 소통과 공감이 전제되지 않으면 이뤄지지 않는다. 동물도 놀이를 하지만 인간처럼 공동체놀이나 집단놀이는 불가능하다. 인간에게는 다른 사람의 동작을 머릿속에서 재현하고 그 의도를 추측하여 정서心를 공유同하고 조율할 수 있는 거울뉴런이 발달되어 있기 때문에 서로 주고받기와 함께 행동하는 놀이가 가능하다. 같은 마음으로 서로 호흡을 맞추고 순서를 맞춰야 원활한 놀이가 될 것이다. 특히 우리나라의 놀이는 관계성을 중심에 둔 놀이가 대부분이기 때문에 동심同心이 매우 중요한 위치를 차지한다. 대동놀이인 줄다리기를 하는데 동심이 되어야 영차영차 힘을 한데 모아 줄을 당길 수 있으며, 강강술래를 하는데 모두가 하나같이 움직여야 흥겹게 놀 수 있다.

최첨단 과학기술 발달로 훨씬 편리해지고 훨씬 빨라진 세상을 살고 있지만 인류는 소중한 동심을 잃어버리고 살고 있지 않나 싶다. 놀이를 통해 순수했던 동심童心을 되찾고 놀이를 통해 동심動心으로 동심同心을 만들 수 있다면 세상이 좀 더 재미지고 좀 더 행복해질 것이다.

16.
놀이에서 창의성이 나온다고?

자기들만의 세상을 만드는 아이들

사례 하나

2010년쯤 경기도 포천에서 체험학습장을 운영하고 있을 때였다. 학교 어린이들 방문체험이 예정되어 있어 전날 놀이마당에 있는 돌멩이와 강풍으로 날아든 나뭇조각들을 한나절에 걸쳐 깨끗이 치웠다. 드디어 호기심으로 가득 찬 아이들에게 투호놀이와 굴렁쇠 굴리기, 널뛰기 등 민속놀이를 친절하게 설명해 주고 아이들은 땀을 뻘뻘 흘리며 즐겁게 놀았다. 뿌듯한 마음으로 쉬는 시간 20분. 아이들은 샘에서 바가지로 물을 퍼서 마시기도 하고 나무에 올라타기도 하면서 쉬지도 않고 놀았다. 그런데 마당에 가 보니 아뿔싸 어제 힘들게 치워 놓은 돌멩이들과 심지어는 바윗덩어리와 나무토막들이 그대로 와 있지 않은가. 아이들은 널뛰기판을 이용하여 고가도로를 만들어 길을 내고 자동차를 만들어 자기들만의 세상을 창조해 낸 것이었다.

사례 둘

학부모 커뮤니티에서 있었던 일이다. 아이들은 내버려 둬도 잘 논다 는데 참말일까? 네 가족이 모험을 감행하기로 했다. 일단 아이들을 데 리고 들판으로 나갔다. 목적지에 도착하여 아이들의 핸드폰을 수거하 고 아이들에게 맘껏 놀라고 했다. 그 순간 아이들에게는 멘붕이 왔다.

"뭐 가지고 놀아요?"

"응, 아무거나."

"어떻게 놀아요?"

"응, 너희가 알아서."

아이들은 투덜거리며 죄 없는 풀을 쥐어뜯고 발길질도 했다. 그러기 를 20여 분. 아이들이 뭔가 작당하더니 움직이기 시작했다. 어떤 아이 는 숲속을 뒤져 나뒹구는 나무뭉치를 끙끙대며 끌고 오고, 어떤 아이 는 돌멩이들을 모으고, 어떤 아이는 칡넝쿨을 한 아름 들고 오기도 한 것이다. 그러더니 자기들만의 집을 그럴싸하게 지어 들락거리며 어느새 웃음꽃이 넘쳐나는 세상을 만들었다. 그날 저녁 아이는 일기장에 "내 생애 가장 재밌는 하루였다"라고 쓰고는 금세 잠에 빠졌었다.

놀이터=미끄럼틀=어린이,
대학교=도서관=학문탐구,
대학교+미끄럼틀=?

아이들은 놀이 본성을 타고났다. 그냥 내버려 둬도 잘 논다. 아이들 에게는 놀 시간과 놀 수 있는 공간만 있으면 최고다. 아이들은 창의성을 타고났다. 그런데 창의성을 발휘할 시간과 공간이 없다. 놀이터에 가면 미끄럼틀이 있고 어린이가 있다. 대학에 가면 도서관이 있고 학문을 탐구한다. 세상은 우리들의 상식에서 크게 벗어나지 않고 무난하게 돌아간다. 그런데 느닷없이 대학 안에 미끄럼틀이 놓여 있다면? 35명의 노벨상을 배출한 독일의 뮌헨공업대학교TUM 수학컴퓨터공학 건물 안에 거대한 미끄럼틀이 있다. 여기서 우리는 '창의성'이란 무엇인가를 생각하게 된다. 대학 안에 설치된 미끄럼틀이라는 '프레임'은 느닷없고 낯설지만 공부에 지친 학생들에게 재미를 주기도 하거니와 틀에 박힌 학생들의 사고를 열리게 하여 다양성을 활성화시켜 주는 역할을 한다.

생각을 독특하게 하라. 새로운 틀에서 사고하라. 뒤집어 생각해 보라. 창의사고력 철저 반복. 요즘 아이들에게 가르치는 창의성 교육의 내용이다. 외워서 머리로는 다 안다. 그런데 창의적인 게 안 나오는 이유는 뭘까? '창의행동력'이라는 새로운 용어를 만들어 낸 조윤경 교수는 그의 저서 『창의행동력』에서 창의적 사고는 '행동'에서 나온다고 강조한다. 사고를 다르게 하는 게 아니라 행동을 다르게 하면 생각이 바뀐다는 것이다. 틀에 박힌 사고는 바로 '틀에 박힌 행동'에 있다. 어제와 똑같이 살면서 다른 미래를 기대하는 것은 정신병 초기 증세라고 아인슈타인은 일갈했다.

창의성이란 하늘에서 뚝 떨어진 것이 아니다. 새롭고 독특한 기억의 조합이다. '익숙한 것을 낯선 맥락에 놓는 것', 즉 기존 사고의 낯선 조합 능력이다. 기존 사고(어린이=미끄럼틀/대학교=도서관)의 차별적인 조합(대학교+미끄럼틀)으로 익숙한 것을 낯선 맥락에 놓음으로써 '익숙하지만 낯선' 새로움(대학교 미끄럼틀)을 재창조한 것이다. 이런 사고는 많이 놀아 봐야 하고, 나는 사람의 '다름'을 받아들이고, '존중'해야 가능하다. 발로 차는 제기(기존 사고)와 손으로 하는 배구를 조합하여 낯설지만 새로운 '보자기 제기 대회'를 만들어 낸다. 이렇게 서로 상관이 없는 2개 이상의 사항을 억지(인위적)로 관련시키는 발상법을 '강제결합법'이라고 말한다.

세계적인 로봇 박사인 데니스 홍이 공원에서 할머니가 손녀 머리 땋아 주는 걸 보고 스케치해 두었다가 로봇과는 전혀 상관없는 댕기머리와 로봇을 조합하여 3개의 다리로 걷는 '스트라이더STriDER'를 만든 것도 익숙한 것에 낯선 것을 조합한 창의성이다. 스탠퍼드대학교 생명공학과 마누 프라카시 교수가 가난한 아프리카에서 의료 활동을 하면서 200만 원이 넘는 값비싼 원심분리기를 사는 대신에 실팽이를 응용하여 값싼 200원짜리 종이 원심분리기를 만들어 낸 것도 어렸을 적 놀아 봤기에 가능한 낯선 조합을 통한 창의성이다.

새로운 것의 창조는 놀이 충동에서 생겨난다

창의성의 근원은 놀이에서 비롯된다. 놀이는 재미를 찾아 호기심으로 가득 찬 욕망을 실현하기 위해 모험과 도전을 마다하지 않는다. 필자가 체험학습장을 운영하면서 겨울에 눈이 오면 언덕에 썰매장을 만들어 놓고 아이들에게 예전에 놀았던 것처럼 비료포대 한 장씩 나눠 주고는 타는 방법을 시범 보여 주었다. 아이들이 처음에는 가르쳐 준대로 타더니 얼마 안 가 모두가 제각각 멋대로 타기 시작했다. 비료포대 봅슬레이부터 상상하지 못했던 방식에 아이들은 도전하고 모험을 즐기는 것이었다.

놀이는 본질적으로 창의성이라고 말할 수 있다. 정해진 틀이 아니라 멋대로 바꿔 보고 변형, 창작해 보면서 스스로 생각하고 스스로 결정하여 스스로 행동할 수 있는 것은 놀이이기 때문이다. 칼 융은 "새로운 것의 창조는 지성이 아니라 놀이 충동에서 생겨난다. 창조하는 마음은 좋아하는 대상과 함께 논다"라고 말했다. 놀이는 우리 안에 잠재된 창의력이 드러나도록 도와준다.

아이들이 썰매타기에서 멋대로 바꿔 보며 창의성을 발휘할 수 있는 것은 그런 환경과 조건이 갖춰졌기 때문에 가능하다. 규칙에서 어긋난 것이 허용되지 않는 정답만 요구하는 억압적인 분위기에서는 창의성이 나올 수 없다. 또한 위험성이 크다면 모험에 도전할 수 없을 것이다. 엎어지거나 넘어져도 웃고 일어날 수 있는 '안전성'이 확보되어 있어야 창의성이 나올 수 있다. 큰 부상을 당할 위험성이 있다면 무모하게 도전하지 않을 것이기 때문이다. 한번 실패하면 두 번 다시 일어설 수 없는 '이생망(이번 생은 망했어)'의 사회에서는 창의성이 나올 수 없다. 죽었다가도 살아나는 놀이처럼 언제라도 재기할 수 있는 사회의 시스템이 갖춰져야 창의성을 기대할 수 있다.

> "한국 교실에 실패를 두려워하지 않는 자세를 먼저 심어 줘야 한다고 봐요. 질문을 할 때 남의 시선을 두려워한다든가, 틀리는 것을 견디기 힘들어하는 학생들의 공통점은 장점이 분명한데도 항상 자신의 단점만을 생각해 두려워한다는 데 있죠."

어렸을 적 알아주는 개구쟁이였던 데니스 홍의 얘기다. 세상에는 실

패를 찬양하는 나라도 있다. 아이슬란드에서는 실패가 낙인이 되지 않는 나라다. 멋대로 노래 부르고 내키는 대로 그림을 그리고 글을 쓴다. 그래서 엉터리 작품이 세계에서 가장 많은 나라이기도 하다. 그래서일까 인구 대비 작가와 예술가 비율이 세계 최고 수준이다. 일 년 내내 축제가 펼쳐지는 놀이의 나라이기도 하다. 창의성과 놀이가 부각되는 시대다. 실패를 찬양까지는 아니래도 '괜찮아' 정도는 사회와 국가에서 만들어 줘야 '실패를 두려워하지 않는 창의성'이 나올 것이다.

17.

장자와 니체는 이렇게 놀았다

철학자들은 놀이를 어떻게 봤을까? 그리스 이솝우화에서 일(개미)과 놀이(베짱이)를 비교하여 놀이를 부정적으로 묘사하였듯 철학사에서도 마찬가지로 놀이는 지극히 부정적인 꼬리표를 달고 있다. 놀이는 심심풀이나 유치한 오락으로 여겨 노동의 고통을 완화해 주는 수단 정도로 이해될 뿐 놀이가 철학의 주제가 되는 건 애당초에 불가능했다. 철학은 사유의 세계를 논하는 형이상학이기 때문에 현실 세계(형이하학)의 구체물인 인간의 신체 감각기관이 행하는 놀이 따위는 관심 밖이었고 하찮게 여겨 온 역사이기도 하다. 근대에 와서야 '예술의 기원을 어떻게 볼 것인가'에서부터 놀이가 철학자들의 관심을 받기 시작했다. 놀이의 본질인 자유를 인간 본성으로 파악했기에 유희(본능)설이 나올 수 있었다. 놀이 자체를 연구하여 나온 결론이라기보다는 예술과 미학에 대한 관심으로부터 놀이가 철학자들의 사유 영역에 들어온 것이다.

나는 도랑의 미꾸라지처럼 놀면서 유쾌하게 지내겠다

동서양의 고대 철학을 단순하게 도식화하면 동양에서는 노자와 공자, 장자가 서양에서는 플라톤과 디오게네스, 헤라클레이토스가 서로 양립하는 모양새를 보인다. 모두 기원전 6세기에서 4세기에 걸쳐 활동했던 철학자들이다.

동양에서는 천자天子의 절대적 지배가 흔들리면서 춘추전국시대가 되는데 공자는 시대가 혼란한 이유를 인간성의 상실에서 찾았고, 노자는 한 가지 체계로 강제하려는 인위적 통치 방식 때문이라고 진단했다. 결과는 효와 충을 기본 이념으로 한 공자의 군자론이 지배 이념으로 자리 잡게 된다. 이후 시대는 노자나 장자의 이름을 거명하는 것조차 금기시되었지만 기층민들의 가슴속에는 노장사상이나 신선사상으로 남아 이어져 왔다.

서양에서도 비슷한데 당시 도시국가 건설이 주목적이었던 시대상을 대변한 플라톤의 철인정치哲人政治가 교과서처럼 자리 잡게 되고 빵과 물만 있다면 신도 부럽지 않다는 에피쿠로스나 전통적인 관습을 버려야 한다고 주장한 디오게네스 등은 변방으로 밀려나게 된다.

동양의 장자와 서양의 디오게네스는 각각 유명한 에피소드를 남겼다.

초나라 왕이 장자의 명성을 듣고 나랏일을 해 달라는 요청을 했다. 장자는 "재물도 좋고 벼슬도 좋은데 나는 임금에게 몸을 속박당하는 일을 하지 않겠다. 차라리 도랑의 미꾸라지처럼 놀면서 스스로 유쾌하게 지내겠다"라고 말했다.

거의 동시대에 지구 반대편인 서양에서는 알렉산드로스 대왕이 명성이 자자한 디오게네스를 면담하고 있었다. "나는 알렉산드로스 대왕이다." "나는 디오게네스다." "내가 무섭지 않은가?" "그대는 선한 자인가?" "그렇다." "그렇다면 뭣 때문에 선한 자를 두려워하겠는가?" 이에 알렉산드로스 왈 "소원이 있으면 말하라." 하니 디오게네스가 대답하기를 "햇빛을 가리지 말고 비켜 달라"라고 했다. 그는 양지 바른 곳에서 일광욕을 즐기고 있었던 것이다. 둘 다 누구에게 의존하는 삶이 아닌 스스로가 만들어 낸 자신만의 고유한 쾌락과 즐거움을 누리겠다는 것이 공통점이다. 서양의 장자 격인 디오게네스와 동양의 디오게네스 격인 장자는 바로 놀이정신으로 자유와 자주적인 삶을 실천한 철학자였다.

서양의 지배적인 철학을 정립한 플라톤은 화가나 시인의 창작 행위를 이데아(진리)의 모상인 사물을 다시 모방하거나 뮤즈에 홀린 헛된 짓으로 보아 이후 철학자들이 놀이에 대해 소극적이고 부정적인 생각으로 자리 잡는 데 결정적인 역할을 했다. 그에게 놀이란 유아들이 사회성을 습득하는 하나의 수단일 뿐이었다. 기나긴 신 중심의 중세 시대가 한계를 보이자 눈을 돌린 건 그리스와 로마 문화였다. 인간에 대한 새로운 이해를 촉발시킨 르네상스는 인간의 감성과 상상력, 자유에 대한 예술적인 본능을 되돌아볼 수 있는 눈을 주었는데 바로 놀이정신이라 할 수 있겠다.

근대에 들어와 칸트나 실러 등이 과학적 판단과 도덕적 판단 이외에 '미적 판단'이 가능하다는 걸 얘기하는데, 미적 판단은 이성이 아닌 개인의 감성과 취향에 기초한다는 사실이다. 이때 우리의 인식은 과학적 판단이나 도덕적 판단과 다른 놀이의 성격을 띤다. 근대는 인간의 본질로서 유희와 자유라는 인간의 본질을 밝혀내는 시대이기도 하다. 미학사에 생겨난 유희설의 이론적 근거는 취미(심미)판단으로 무이해의 쾌감과 무목적의 목적으로 칸트의 미학에서 구체화된다. 그러나 칸트는 놀이가 독립적인 지위를 가졌다기보다는 필연과 자유를 연결하는 수단으로 인식하고 있었다.

놀이정신, 아이의 정신으로 새롭게 시작하는 인간

놀이에 대한 서양의 통찰적 선구자는 니체다. "나는 위대한 과제를 대하는 방법으로 놀이보다 더 좋은 것을 알지 못한다"라는 말을 했던 니체는 놀이적 사유 양식이 주도권을 행사한 시대를 소크라테스 이전의 그리스 문화로 보며, 서양의 니힐리즘을 극복하는 돌파구를 놀이에서 찾는다. 신은 죽었다고 선언한 니체는 서양 전통의 모든 철학과 사상의 중심에 기독교 사상이 있다고 보았다. 신이 죽었다는 건 소크라테스로부터 헤겔에 이르기까지 플라톤주의로 대표되는 서양 철학 전체가 죽었다는 것을 의미한다. 이는 서양 전통의 도덕과 가치의 죽음일 뿐만 아니라 서양 전통의 철학과 사상의 죽음이다.

니체는 플라톤과 기독교가 부정했던 현실을 인정하며 현대 철학의 문을 열었다. 현실의 삶을 긍정하고 자신의 운명을 개척하는 아모르파티는 위버멘쉬(초인, 극복자)가 되는 것인데 주인의 역할을 하는 인간, 자신과 세계를 긍정하는 인간, 허무주의를 넘어선 인간, 가치 창조를 하는 인간, 능동적으로 행동하는 인간, 결단을 내리는 인간, 디오니소스적인 긍정의 힘을 가진 인간, 아이의 정신으로 새롭게 시작하는 인간으로 기존의 도덕과 가치에 얽매이지 않는 사람을 말한다. 바로 놀이정신이다.

그래서 니체가 찾아낸 철학사가 만물의 근원은 불이라고 했던 고대 철학자 헤라클레이토스다. 헤라클레이토스는 삶의 본질을 목적이나 인과관계 또는 도덕이 아닌 놀이에서 찾았는데 그의 〈B52〉라는 단편에 등장하는 '놀이하는 아이'에서 주체, 목적, 인과, 선악과 무관하면서도 의미 있는 삶의 형식을 본다. 따라서 놀이를 철학적 주제로 삼은 최초의 철학자는 헤라클레이토스라 할 수 있다. 근대에 와서 놀이에 대한 관심이 증폭된 건 근대 계몽주의가 파탄 나면서 이를 극복하기 위한 대안 찾기에서 비롯된다. 하이데거와 가다머, 핑크 등 일련의 철학자들은 놀이의 존재론을 통해 놀이에 담긴 무無의 속성에 주목하여 전통 형이상학을 극복하려고 했다. 그러나 놀이의 통찰적 선구자라 할 니체조차 놀이철학에서 다루었던 주제는 놀이 자체라기보다는 예술의 탄생과 예술의 본질을 규명하기 위함이었다.

노동의 효율성이냐, 인간성의 실현이냐

한편 동양의 공자나 맹자의 철학을 보면, 인간이 도달해야 할 이상理想을 설정해 놓고 인간은 그 이상理想의 단계에 도달하기 위해 끊임없이 노력하는 것이 삶의 목적이자 사명이라고 보았다. 공자의 수신제가 치국평천하나 극기복례克己復禮는 학습과 수양을 거쳐 개개 인간을 집단적이고 체계적인 질서 속에 편입시키려는 '이상'을 제시하는 세계관이다. 반면에 노자는 이미 규정된 것에 끌려가거나 멋있다고 합의된 유행하는 옷을 입으려 하지 말고 바로 지금 입고 있는 옷을 아름답게 여기고 다른 곳에 있는 풍속을 따르려 하지 말고 바로 지금 네가 살고 있는 풍속을 좋은 것으로 여기라고 설파한다. 이런 자발성에 기초하여 자신의 구체적 삶이 소중하고 가치 있다는 것을 발견하여 자기 자신과 자신의 삶을 조화시키는 게 참된 삶이라고 말한다. 그래서 노자는 소국과민小國寡民, 즉 나라를 소규모로 유지해야 한다고 말하는데 현대 사회의 지방자치권이나 연방으로 해석할 수 있겠다.

장자는 소요유를 가장 높은 경지라고 생각할 정도로 독립적인 삶과 나만의 고유한 쾌락自快을 중시 여겼다. 장자 철학에서 가장 앞선 주제이자 핵심 개념은 소요유逍遙遊다. 건들건들 어슬렁거리는 소逍, 분명한 목적 없이 발길 닿는 대로 돌아다니는 요遙, 즐기며 노니는 것이 유遊다. 세 글자 모두 쉬엄쉬엄 간다는 착辶을 공통으로 갖고 있는 동양적 놀이 정신이다. 그러나 앞서 얘기했듯이 동양은 유교가 중심 이념이 되면서 근면과 수행을 중요하게 여기게 되고, 또 한편의 동양인 우리하고도 관련이 깊은 북방 유목민은 샤머니즘이라는 태초의 종교를 통해 놀이정신을 이어 왔다고 보이나 철학사상이나 이념적으로 정립되지는 않았다.

요약해 보면 놀이에 대한 사유가 서양에서는 예술의 기원은 무엇인가라는 물음처럼 객관적인 측면에서 사유하는 방식을 취했고, 동양에서는 내 인생이 어떻게 도道와 하나가 될지道通에 관심을 갖고 주체적인 측면에서 접근했다. 화랑도의 풍류風流도 높은 경지에 도달하고자 하는 주체적인 측면에서 나온 사상(철학)이라 할 수 있겠다. 동양이나 서양이나 자유를 인간의 본성이라고 파악한 것은 본질적으로 같다.

현대에 들어와서 놀이의 가치가 급격하게 떨어지고 모든 가치가 노동으로 귀결된 것은 산업혁명이라는 세계사적인 변화 때문이다. 물질적인 욕망과 정신적인 욕망은 상품화되고 급기야 세계는 노동의 효율성을 높이는 방향으로 재편되는데, 자본주의를 반대하며 새로운 이념으로 탄생한 사회주의도 자본주의와 마찬가지로 생산성 향상과 노동의 효율성을 강조하는 아이러니에 빠진다. 사회주의가 몰락한 건 자본주의와 싸워서 이길 수 있는 수단을 다른 데서 찾지 않고 자본주의가 잉태한 자기모순에서 찾았기 때문으로 보인다. 근대의 가치관이 극단화하여 나치즘으로 대표되는 몰락하는 사회를 보면서 '놀이야말로 인간다움을 실현하는 토양'이라고 주장하는 학자가 나타나는데, 철학자가 아닌 네덜란드의 문명사학자 하위징아였다.

18.
엽기적인 멍게와
골이 비어 가는 코알라

뇌가 존재하는 이유는 무엇일까?

1. 생각하기 위해서
2. 인지하기 위해서
3. 기억하기 위해서

답은 모두 다인 것 같은데 모두 다 아니다.

뇌는 '놀기' 위해서 존재한다

뇌신경학자 다니엘 울퍼트는 의외의 답을 내놓는다. 뇌가 존재하는 이유는 단 하나 움직이기 위해서라고 말한다. 다른 말로 표현하면 '놀기' 위해서 뇌가 존재한다고 말할 수 있겠다. 엥? 뇌의 존재 이유가 기껏 움직이고 놀기 위해서라고? 그의 주장에 따르면 만약 생각하는 것, 인지하는 것, 기억하는 것이 미래의 움직임에 아무런 영향을 미치지 않는다고 뇌가 판단한다면 두뇌활동에 중요하지 않은 것으로 간주하여 생각하거나 인지하고 기억할 필요가 없어져 퇴화하리라는 것이다. 그러면서 그는 멍게의 예를 든다. 단순 동물인 멍게는 처음 유생 때 바닷속을 헤엄쳐 다니다가 특정 시기에 이르면 바위에 달라붙는다. 멍게가 바위에 달라붙고 더 이상 움직일 필요가 없어지면 어떻게 될까? 생각하거나 기억하고 인지하는 건 움직이기 위한 것인데 이제 더 이상 생각하거나 인지하고 기억할 필요가 없어진다. 즉, 뇌가 필요 없어졌다고 말할수 있다. 그래서 멍게는 아무짝에도 필요 없는 뇌를 영양 보충을 위해 먹어 버린다. 그래서 멍게에겐 뇌가 없다.

다니엘 울퍼트가 멍게를 예로 든 건 매우 기발한 발상이다. 필자는 동물動物과 식물植物의 차이로 설명하겠다. 움직임을 결정하고 좌우하는 것은 뇌다. 동물은 움직이고 식물은 움직이지 못한다. 뇌는 동물에게만 존재하며 동물과 식물의 차이는 뇌의 존재 유무로 구분된다. 멍게는 이제 동물의 속성을 잃어버린 식물과 다름없다. 뇌가 없기 때문이다. 의식이 없어 전신을 움직일 수 없는 채로 대사라는 식물적 기능만을 하는 인간을 뇌는 있지만 속칭 식물인간이라 말하는 이유다. 움직임이 필요 없어진 순간 멍게에게 뇌는 이제 거추장스러운 사치품에 불과하다. 뇌는 멍게가 바닷속을 노닐고 '움직'여야 하는 동물(유생)일 때 필요했던 것이다. 우리가 술안주로 맛있게 먹는 멍게는 식물화된 동물인 것이다.

움직임이 아주 적은 다른 동물을 살펴보자. 포유류 동물 중 코알라는 세상 걱정 없이 하루 종일 얼마만큼 움직이는지 모를 정도로 느릿느릿 유칼립투스 나뭇잎을 뜯어 먹으며 살아간다. 코알라의 뇌는 40%가 뇌척수액으로 가득 차 있는데 이 빈 공간은 예전 코알라의 조상들이 지금보다 더 큰 뇌를 가지고 있었다는 것을 말해 준다. 점점 몸을 움직이지 않는 한가한 생활에 적응한 코알라에게 에너지만 잡아먹는 큰 두뇌가 필요 없어진 것이다. 예전 코알라 조상들은 포식자를 피해 도망 다니고 먹고살려고 여기저기 뛰어다니기 위해서 머리 쓸 일이 많았지만 지금은 나무에 붙어 배고프면 먹고 똥 마려우면 싸는 일만 반복하기에 그다지 머리 쓸 일이 없어진 것이다. 뇌는 움직이기 위해서 필요한데 그다지 움직임이 필요 없다는 건 뇌가 필요 없어져 퇴화하여 골이 비어 간다는 말이다.

반대로 인간이 다른 동물에 비해 엄청나게 큰 두뇌를 갖게 된 이유는 무엇일까? 인간은 생존하기 위해 복잡하고 다양한 움직임이 필요했기 때문이다. 현재 우리가 물려받은 유전자나 두뇌는 사바나 시대와 크게 다르지 않다고 하는데 수렵채집 시절엔 생존을 위해 하루도 빠짐없이 바삐 움직이는 것이 필수적이었다. 음식을 얻기 위해 숲속을 휘젓고 다니고 맛있는 과일이 열리는 곳을 기억해 뒀다가 다시 찾아가기도 하고 사자 등 맹수가 자주 출몰하는 지역은 우회하여 이동해야 했으며 사냥할 때는 사냥감의 이동 속도와 방향을 예상하여 움직이고 먹잇감을 잡기 위해서는 손가락 끝의 신경까지 동원해야 했다. 이를 위해 인간은 복잡하고 큰 두뇌가 필요했던 것이다. 동물들의 단순한 놀이와 달리 인간의 놀이가 다양하고 복잡한 이유다. 여기서 기억력과 인지력은 우리의 움직임을 돕는 보조 역할을 한다. 인간의 뇌는 복잡하고 정교한 움직임을 위해 기능한다는 것을 알 수 있다.

최첨단 로봇과 다섯 살 어린애 중 누가 더 똑똑할까? 복잡한 수학문제나 어마어마한 정보를 척척 해결하는 로봇이 훨씬 똑똑해 보이지만 걷는 것을 보면 로봇은 젬병이다. 다섯 살 어린애가 로봇보다 훨씬 잘 움직이는 건 복잡하고 다양한 움직임을 처리할 수 있는 뇌가 있기 때문이다. 과학기술이 제아무리 발달되었다지만 아직 다섯 살 어린애만 한 뇌(로봇)도 못 만들고 있는 것이 과학의 현주소다.

숲 유치원 아이들은 머리가 좋다

인류의 뇌는 2만 년 전에 비해 테니스공만큼 작아졌다고 하는데, 그 까닭은 농업과 목축을 통해 예전처럼 하루 종일 움직이지 않아도 되었고 현대의 과학기술 발달로 걷기와 달리기 같은 움직임이 획기적으로 줄어들어서가 아닐까 한다. 뇌의 입장에서 보면 운동을 하면 뇌가 커진다(좋아진다)고 표현해야 할 것이다. 뇌를 깨우기 위해서는 독서보다 더 좋은 방법은 몸을 움직여 노는 것이다.

독일에서 초등학교를 대상으로 연구한 결과가 있는데, 1년 이상 숲 유치원에 다닌 1학년 학생들은 일반 유치원 졸업생보다 다방면에서 머리가 좋다는 것을 알 수 있었다. 즉 숲 유치원에서는 읽기·쓰기 등 공부보다는 숲속을 헤집고 다니며 사시사철 변화하는 나무나 흙, 돌멩이 등을 벗 삼아 자연 속에서 맘껏 뛰어노는 활동을 한다. 그래서 상상력과 창의력이 월등히 뛰어났으며 인내심과 집중력, 사회성, 협동심도 높게 나타났다.

그럼 움직임(운동=놀이)이 우리 뇌를 어떻게 건강하고 좋게 만드는지 한 발짝 더 들어가 보자. 첫째, 기억력을 증가시킨다. 놀이를 하면 나이트릭 옥사이드Nitric Oxide라는 강력한 혈관이완물질이 분비된다. 이 호르몬은 산소와 영양분 공급을 활발하게 만드는데 놀이 중에서도 특히 뛰고 달리는 유산소놀이가 가장 효과적이다. 울창한 밀림의 수목 위를

쫓고 달리며 놀던 아이들이 성인이 되어 사냥을 위해 짐승을 쫓는 아주 오래전 모습을 상상하면 되겠다.

수험생들은 거의 하루 종일 책상에 가만히 앉아 중노동(공부)을 하는데 오랜 인류의 역사로 보면 매우 느닷없는 행위다. 그래서 학령에 따라 몇 분 수업 뒤에 쉬는 시간이 주어지는데 '움직'이라는 것이다. 분초를 다투는 수험생이라 하더라도 주기적으로 놀이 삼아 운동을 하면 시간 뺏기는 것 이상으로 공부에 도움이 될 것이다. 왜냐하면 산소와 영양분이 뇌에 활발하게 공급되어 기억을 담당하는 해마체(히포캠퍼스) 기능을 촉진시켜 새로운 신경세포의 수를 2~3배로 증가시킨다는 것이 밝혀졌기 때문이다.

만 5세 아이들이 42.195킬로미터를 완주하여 유명해진 일본의 마라톤 유치원 세이시 유치원장 테츠무라 가츠오는 졸업식 행사 준비 때문에 일주일 동안 마라톤을 중단했더니 아이들이 연극 대사를 잘 못 외우더라는 얘기를 했다. 그래서 다시 마라톤을 재개했더니 아이들의 기억력이 원래대로 돌아왔다는 사례가 있다. 일본의 시노하라 키쿠노리 뇌신경과학과 교수는 말한다. "몸을 활발히 움직이는 유산소운동을 하면 뇌세포가 늘어나 기억력과 학습력을 향상시킨다."

둘째로, 새로운 뇌세포를 만든다. 30년 전까지만 하더라도 뇌세포는 죽어만 갈 뿐 새로 생기지 않는다고 보았다. 그러나 1990년대 스웨덴에서 운동을 한 쥐의 해마에 줄기세포가 생성된다는 놀라운 사실이 확인되었다. 이제 뇌세포도 새롭게 생성될 수 있다는 것이 현대 뇌과학의 정설이다. 운동을 하면 두뇌성장호르몬인 BDNF(Brain-Derived Neurotrophic Factor)라는 호르몬이 분비되어 망가진 세포를 재생시키기고 두뇌줄기세포가 필요한 두뇌세포로 변형하는 역할을 한다는 것이 밝혀졌다. 뇌가 좋아지는 원리는 뇌의 가소성으로 설명할 수 있는데, 뇌에 자극을 주면 정보를 전달하기 위해 가지를 뻗어 나가는 것이다. 나무가 무성해지려면 가지가 많이 생겨야 하듯 뇌세포를 이어 연결시키는 뇌신경 시냅스라는 게 새롭게 생성되고 강화되면 좋은 뇌가 될 수 있다. 시냅스는 쓰면 쓸수록 연결망이 복잡해지고 선명해져서 머리가 좋아진다. 운동을 하면 하지 않은 사람보다 치매 발병률 50%, 알츠하이머 60%, 중풍을 57%나 감소시킨다는 연구 결과가 이를 입증한다.

우울증과 스트레스를 이기는 놀이

놀이는 또한 우울증을 이기게 한다. 놀이는 천연 항우울제 역할을 하는 세로토닌, 아드레날린, 도파민 등을 분비한다. 세로토닌은 안정감을 주고 아드레날린은 집중력을 증가시키며 도파민은 쾌감을 주는 역할을 한다. 현대 사회에서는 과로나 극심한 경쟁 또는 가정불화 등으로 스트레스를 많이 받는데 스트레스는 우울증을 유발시킨다. 특히 지속된 만성 스트레스는 뇌의 크기와 뇌의 구조, 뇌의 기능 그리고 유전자 수준에까지 악영향을 끼친다. 하버드대 심리학과 연구진[2016년 〈인지와 정서〉 저널 게재]이 두 모둠으로 나눠 각각 달리기와 스트레칭 후 슬픈 영화 관람을 시켰는데 두 모둠 모두 우울한 기분에 빠져들었다. 그러나 기분 회복을 하는 데 차이가 나타났는데 달리기를 한 모둠이 훨씬 빨리 회복되었다는 보고다. 운동 중에서도 달리기 등 유산소운동이 정서 회복에 효과적이라는 것이다. 놀이로 설명하면 쫓고 쫓기는 잡기놀이가 최고라는 얘기다.

스트레스에 대해 좀 더 설명하면, 뇌가 스트레스를 받는 상황을 인지하면 시상하부-뇌하수체-부신 축이 활성화되어 코티졸이라는 호르몬을 분비해 몸이 즉각적으로 반응을 일으킨다. 오랜 기간에 걸친 코티졸 분비는 뇌를 손상시킨다. 왜냐면 코티졸은 외부의 적에 맞서 자신을 지키기 위해 신체가 최대의 에너지를 만들어 낼 수 있도록 하는 중요한 역할을 하는데, 예를 들어 맹수가 나타나면 살아남는 게 최우선이기 때문에 다른 데 신경을 모두 차단하고 대근육세포를 최대한 가동하여 재빨리 도망치는 게 상책이다. 그런데 이것도 한두 번이지 만날 그렇다면 아마 신경쇠약으로 말라 죽을 것이다. 만성 스트레스는 뇌의 공포 중추인 편도체 내의 신경망 수를 증가시키고 활성화시킨다. 따라서 코티졸 분비 수치가 증가하면 학습과 기억, 그리고 스트레스 조절과 관련된 뇌의 부분인 해마와 전기신호는 기능이 저하된다. 그렇게 되면 뇌의 크기를 줄어들게 할 수도 있다는 것이다. 너무 많은 코티졸의 분비는 뉴런 사이의 시냅스 연결을 손상시키고 전전두엽의 피질을 줄어들게 하기 때문이다. 전전두엽 피질은 집중과 의사결정, 판단, 사회적 상호작용과 같은 행동들을 조절하는 중요한 부분이다. 만성 스트레스가 지속되면 학습과 암기(기억력)를 힘들게 할 뿐만 아니라 심각한 정신적 문제를 일으키기도 한다.

그러나 절망할 필요는 없다. 다행히 코티졸이 스트레스를 받은 뇌에 끼친 영향을 되돌리는 방법이 있기 때문이다. 운동을 하면 된다. 운동과 놀이활동은 스트레스를 감소시키고 해마의 크기를 증가시킨다. 해마가 커진다는 건 기억력이 좋아진다는 증거다. 건강한 몸이나 두뇌 발달을 위한 억지 운동보다 자발적인 놀이활동이 쾌감뇌를 만들어 주고 이때 한바탕 크게 웃기라도 한다면 몸속의 650개 근육 중 231개의 근육과 얼굴 근육을 움직여 어마어마한 효과를 가져다준다는 것도 과학적 진실이다. 나이가 들면 뇌세포에 산소와 에너지를 공급하는 뇌 속의 피 흐름이 점점 줄어들고 미세한 혈관들이 막히고 사라지기도 하는 건 어쩔 수 없는 생체 현상이다. 뇌의 혈류량을 늘려 건강을 유지하고 싶다면 놀이활동이나 운동을 꾸준히 하면 된다. 운동을 하면 혈류량만 늘어나는 게 아니라 뇌혈관도 형성된다는 보고도 있다.

뛰고 달리는 놀이는 마법의 치료약

그럼 어떤 놀이활동(운동)이 효과적일까? 모든 운동이 다 좋다고 말할 수 없다는 게 쥐 대상 실험에 의해 밝혀졌다. 고강도 운동은 장기적인 뇌 건강을 위해서는 최선이 아닐 수 있다고 한다. 핀란드 연구진은 다 자란 수컷 쥐를 3개의 집단으로 나눠 실험을 했는데 힘쓰기만 시킨 쥐에게서는 근력은 강해졌지만 신경세포 증가는 관찰되지 않았다고 한다. 인간으로 치면 역기나 아령 등 근력운동인데 아마 스트레스가 작용한 게 아닐까 생각된다. 쳇바퀴돌기 등 오래 달린 쥐에게 신경세포가 가장 많이 생겼는데 가만히 있는 쥐에 비해 무려 2배나 많이 생겼다. 쥐가 오래 뛸수록 두뇌성장호르몬인 BDNF 물질이 많이 생겼다. 달리기와 힘쓰기 등 두 가지를 시킨 쥐에게서는 달리기 쥐보다 신경세포가 적게 생겼다.

위에서 알 수 있듯이 앉아서 하는 정적인 놀이보다는 잡기놀이 등 달리고 뛰는 동적인 신체놀이가 두뇌를 훨씬 발달시킨다는 걸 알 수 있다. 이를 증명하는 또 하나의 실험은 미국 마이애미대학교 연구팀

2016년 〈신경학 저널〉 게재이 평균 나이 71세 노인 866명을 대상으로 5년간 인지력 변화를 비교했는데, 요가와 같은 저강도 운동보다 달리기 등 적당한 강도의 유산소운동을 한 사람들의 뇌가 더 젊었다는 것이다. 연구진은 적당한 운동이 두뇌의 노화를 무려 10년이나 늦춰 준다고 밝혔다. 특정 형태의 운동, 즉 뛰고 달리는 유산소운동이 가장 효과적이라는 것이다.

국내에도 소개된 『운동화 신은 뇌』의 저자인 하버드대 존 레이티는 운동을 하면 심장박동수가 올라가고 신체균형이 맞춰지면서 뇌가 작동하기 시작한다고 말한다. 복잡한 수학원리 등을 공부할 준비가 된다는 것이다. 미국 일리노이주 네이퍼빌 센트럴 고등학교 학생들을 한 학기 동안 0교시 체육수업을 실시한 결과, 읽기능력이 17% 증가하였고 전 세계 23만 명의 학생들이 치른 시험에서 수학 6위, 과학 1위로 뛰어올랐다. 아침체육이 잠자고 있는 뇌를 깨우는 역할을 한 것이다. 아침체육은 공격성, 폭력성을 감소시키기도 하는데, 뇌의 화학작용을 변화시켜 자기 통제력을 키워 주기 때문이다. 감정이나 충동을 조절할 수 있는 '감정통제' 작용은 매우 중요한데 공부에서 가장 중요한 집중력과 관련되기 때문이다.

우리나라에서도 0교시 체육을 시도한 바가 있는데 결과는 놀라웠다. 체육이 성적을 떨어뜨린 게 아니라 오히려 부쩍 올라가는 결과를 가져다준 것이다. 수업 느낌이 드는 체육보다는 '아침놀이' 등으로 명칭을 바꿔 쉽고 즐겁게 접근하게 하면 훨씬 효과적일 것이다. 잠이 부족한 아이들에게 0교시가 아닌 1교시에는 모두 놀이활동을 한다면 대한민국 아이들은 신체 건강과 두뇌 건강을 얻는 일거양득의 효과를 가져올 것이다. 현실은 학생들의 체육시간이 주당 2시간 또는 4시간이다. 발육이 왕성한 청소년들은 최소한 하루에 1시간 이상 몸을 움직이는 활동을 해야 신체 발달과 뇌 발달에 지장이 없다.

운동(놀이)을 하면 세로토닌, 아드레날린, 도파민 등 뇌를 활성화시키고 즐겁게 하는 호르몬이 분비되고 더 나아가서 두뇌성장호르몬인 BDNF까지 만들어 낸다는데 왜일까? 운동중독이란 말을 들어 봤을 것이다. 또는 달리기를 하는데 숨이 차서 고통스럽기까지 한데 어느 순간을 넘기면 고통이 사라지고 나도 모르게 흥분되는 느낌을 경험한 사람이 있을 것이다. 아주 오래된 진화의 산물이 아닐까 추측해 본다. 먼 옛날 사냥을 위해 사슴을 쫓는데 얼마나 뛰었는지 거의 쓰러질 지경에 이르렀다. 온몸은 땀으로 범벅이 되었고 얼굴은 붉게 달아올랐다. 사슴도 숨을 헐떡거리다 지쳤는지 수풀 속에 머리를 박았다. 드디어 화살을 겨누어 명중시켰다. 이때 요구되는 것은 침착성(=세로토닌)과 집중력(=아드레날린)이다. 힘들었던 사냥 결과는 가족들과 음식을 즐겁게 나눌 수 있다는 기쁨(=도파민)으로 흥분되었을 것이다. 숨찬 고통 속에서도 행복감을 느끼는 건 이런 까닭이 아닐까 생각해 본다.

필자는 뒷동산을 산책할 때 맨발로 걷기도 하는데 신발을 신고 걸을 때와 확연히 다른 기분을 느낀다. 왜 더 좋은 기분이 들까. 혹시 우리 조상들이 오랫동안 그랬던 원시성을 되찾아서일까? 위에 언급한 일본의 마라톤 유치원은 맨발로 달리는 것으로도 유명하다. 평발이었던 아이의 발이 맨발 마라톤을 한 뒤 정상으로 돌아왔다. 제2의 심장이라 불리는 발바닥은 심장과 가장 멀리 떨어져 있으면서 심장에서 받은 혈액을 다시 올려 보내는 곳이기도 하다. 마라톤 유치원 보육교사는 "맨발 달리기 덕분에 머리에 산소 공급이 잘되는지 굉장히 활발하게 집중해서 책을 읽는 것 같다"라고 말한다. 맨발 달리기는 특히 아이들의 균형이 좋아지고 운동신경이 높아진다는 평가다.

어른들에게는 별것 아닌 아이들이 평형을 잡는 이런 과정이 매우 중요한 학습과정이라고 강원대 유아교육학과 김득란 교수는 강조한다.

『맨발학교』라는 책을 쓰고 맨발학교를 만든 대구교대 특수교육과 권택환 교수는 맨발 전도사로 유명하다. 그는 맨발걷기로 자폐를 극복한 세계지적장애인올림픽 금메달리스트의 어머니가 쓴 수기를 보고 맨발걷기를 시작했다.

대체의학의 선구자 전세일 박사는 이렇게 말한다. "맨발에 흙이 닿으면서 세로토닌이 분비돼 기분이 좋아져요. 뇌를 자극해 오감을 일깨우고 혈액순환이 잘되어 두통, 불면증 해소, 치매 예방, 고혈압, 당뇨가 개선됩니다."

뇌신경학자들은 운동(놀이)이 현존하는 어떠한 약도 흉내 낼 수 없는 마법의 치료약이라고 말한다.

2.

오래된 미래,
놀이를 재발견하다

1.

너 자신을 알라
_까꿍놀이와 숨바꼭질

때는 바야흐로 조선시대. 인조가 궁녀들이랑 술래놀이를 하다가 드디어 술래가 되었다. 임금에게 벌칙을 줘야 하는데 감히 임금에게 군밤을 때릴 수도 팔을 때리기에도 마땅치 않아 난감했던가 보더라. 하여 가마에 태워 소나무를 한 바퀴 돌아오기로 하였는데 앞선 궁녀가 그만 발을 접질려 고꾸라지고 말았다. 그 바람에 인조는 두세 번 땅을 굴러 이마엔 혹이 나고 어깨를 크게 다쳐 의원에게 대침을 맞아야 하는 고통을 당했다는 숨겨진 얘기가 전해 온다. 술래잡기놀이는 임금도 좋아할 만큼 중독성이 강한 재밌는 놀이였던가 보더라.

숨바꼭질,
자기 존재와 타인의 존재를 알아 가는 첫 단계

술래잡기와는 다르지만 숨바꼭질놀이를 한 번이라도 안 해 본 사람은 없을 것이다. 마치 자라면서 거쳐야 하는 통과의례 같은 놀이가 숨바꼭질이다. "숨바꼭질할 사람 여기 붙어라." 하며 팔을 높이 들어 놀이 동참자를 부르면 여러 아이들이 몰려들어 숨바꼭질이 시작된다. '가위바위보'로 술래를 정하고, 술래가 두 손으로 눈을 가리고 대문이나 전봇대에 머리를 박고 하나부터 백까지 세는 동안 숨는다. 어떤 아이는 한놈 두시기 석삼 너구리 오징어 육개장 칠칠이 팔다리 구들장 쨍그랑 하고 말장난으로 세기도 했다. 이것이 언제부터인가 나라의 꽃인 '무궁화꽃이 피었습니다'로 바꾸어 놀다 보니 이제는 모든 놀이 시작에 '무궁화꽃'이 들어간다. 술래가 숨은 사람을 찾으면 머리를 대고 있던 곳을 손으로 탁 치면서 "만세!" 또는 "찾았다!" 하고 소리를 지르면 술래에게 들킨 아이가 술래가 된다.

아이들이 정말로 꼭꼭 잘 숨어 술래가 만약 못 찾겠다 싶은 경우에는 "못 찾겠다 꾀꼬리"를 외쳐서 숨은 아이들이 나오도록 하는데 이러면 술래가 진 것을 인정하는 것이다. 물론 우리 땐 이런 경우가 거의 없었다. 꾀꼬리는 울창한 숲속에 살기 때문에 어디서 노래하는 소리는 나는데 여간 찾기가 쉽지 않다. 그래서 "못 찾겠다 꾀꼬리"란 말이 나왔다. 부산 지역에서는 "춤추고 나오면 살려 준다"라고 했다고 한다. 춤을 추지 않아도 어차피 산 거지만 진짜 춤을 추고 나오면 숨바꼭질은 더욱 재밌어진다. 대구 지역에서는 "못 찾겠다 꾀꼬리, 깨금발 짚고 나와라"라고 하여 살고 싶으면 외발로 나와야 했다.

인터넷에서 숨바꼭질을 검색하면 노벨상을 휩쓸고 있는 유태인과 숨바꼭질 얘기가 많이 나오는데, 요지는 숨바꼭질놀이가 교육적 효과가 매우 크다는 것이다. 물론 맞는 얘기다. 우리나라에는 이미 숨바꼭질 이전에 까꿍놀이나 단동치기놀이 등 아이들 성장과정에 필요하고도 적합한 놀이가 거의 다 있다. 숨바꼭질은 까꿍놀이의 확장으로 볼 수 있다. 숨고 찾고 하는 과정에서 놀이 상대와 애착을 형성하고 관계를 이루어 나갈 수 있는 놀이다. 뿐만 아니라 아이들 스스로 숨을 곳을 찾고 자신의 몸을 숨기는 과정에서 아이가 가지는 사고의 특징인 자기 중심적 사고에서 벗어나 타인의 관점에서 자신을 볼 수 있는 타인 조망 능력을 키울 수 있다. 소크라테스의 유명한 말 '너 자신을 알라'와 의미가 다르긴 하지만 자기 존재와 타인의 존재를 알아 가는 첫 단계인 셈이다.

12~24개월 아이는 다른 사람을 따라서 하는 숨바꼭질 흉내 내기가 가능하다. 그러나 4세까지의 아이는 자신의 관점이 세상의 관점이라 생각하는 피아제가 말한 전조작기로 타인의 관점을 생각할 수 있는 두뇌의 형편이 아직 안 된다. 어린아이들의 숨바꼭질에 나타나는 유형의 특징이 하나같이 급하면 도망가다가 땅이나 수풀에 머리만 숨기는 꿩처럼 자신의 눈만 가리는 건 이런 연유에서다. 아이들은 숨바꼭질을 하면서 내 몸을 숨길 수 있는 곳과 그렇지 않은 곳을 구분하며 관찰 능력을 키워 나간다. 7세 정도가 되어야 다른 사람의 관점이 있다는 것을 비로소 알게 된다. 자기 눈을 가린다고 해서 술래가 자신을 찾지 못하는 게 아니라는 것을 알게 되는데, 즉 타인의 시각에서 자신을 돌아볼 수 있는 능력이다.

찾고 들키고를 반복해서 만들어지는 타인 조망 능력

이와 같이 다른 사람의 관점이 있다는 타인 조망 능력은 어떤 순서로 형성될까? 아이들의 뇌는 부모의 욕심과 달리 차례를 매우 잘 지키면서 성장, 발달한다. 감각 지능, 신체 지능, 인지 지능 순으로 발달되기에 아이들에게 놀이가 꼭 필요한 것이다. 영아기에 가장 중요한 인지 발달 과업은 대상영속성을 획득하는 것이다. 이때 필요한 놀이가 까꿍놀이다. 아직 대상영속성을 획득하지 못한 분리불안 시기일 때는 애착을 형성한 엄마 얼굴이 안 보이면 엄마가 없다고 느끼기에 한시라도 떨어지면 불안하여 운다. 까꿍놀이를 통해 사라졌던 엄마가 나타나는 순간 아이는 분리불안이 해결되면서 긴장감과 두려움이 희열감으로 바뀐다. 이때 까르르 터지는 웃음과 동시에 온몸에 엔도르핀과 세로토닌 등 행복 호르몬이 생성되며 두뇌를 자극한다. 까꿍놀이는 지루할 정도로 반복해도 영아들이 좋아하는 까닭이다.

대상영속성을 키워 주는 놀이 방법으로 아이가 갖고 놀던 장난감을 보자기 밑에 숨겨 보자. 그러면 아이는 장난감이 보이지 않으므로 존재하지 않는다고 느끼기에 찾을 생각을 못 한다. 그러다가 차츰 숨겨진 장난감을 찾을 수 있는 능력이 생기는데, 이번에는 장난감을 숨긴 장소의 위치를 바꾸면 또 못 찾는다. 아이의 눈에 보이지 않게 숨긴 물건의 위치를 옮기면 아이는 물건이 사라진 위치에서만 찾을 뿐 다른 장소에서 찾으려고 하지 않는다. 따라서 아이가 장난감의 위치 이동을 인지하고 다른 곳에서 장난감을 찾도록 소리를 낸다든가 장난감의 일부분만 노출한다든가 하여 도와주면 좋다. 대상영속성을 획득해야만 완전히 숨겨진 대상이라도 어딘가에 존재하고 있음을 알고 찾을 수 있다. 까꿍놀이는 대상영속성을 획득하도록 도와주는 최고의 놀이다.

숨바꼭질놀이는 까꿍놀이와는 차원을 달리하는 놀이다. 대상영속성을 획득한 뒤 엄마와 인형찾기 놀이를 하면서 탐색하고 찾기 과제를 완수하면서 희열을 느낀 아이는 스스로가 숨어 보는 숨바꼭질놀이로 발전해 간다. 물론 상당 기간 앞에 얘기한 것처럼 머리만 숨기겠지만 아

이들은 이 놀이를 하며 숨을 장소를 찾고 숨을 곳과 그렇지 않은 곳을 구분하며 관찰 능력을 키운다. 이때 관찰력과 함께 공간지각 능력과 방향 감각도 발달된다. 또한 긴장감을 가지고 숨어 있으면서 무수히 많은 상상력이 아이의 머릿속에서 일어난다. 숨바꼭질을 통해 찾고 들키기를 반복해야 드디어 타인 조망 능력이 만들어진다. 이른바 자기인식(자아개념)이 생겨야 타인 조망 능력이 생기는데, 아이가 4개월 이후부터 거울을 보면 미소를 짓지만 자기 자신이란 걸 아직 깨닫지 못하다가 20개월 이상이 되면 자기 자신을 완전 인식하는 획기적인 변화가 이루어지는데 이는 자아개념이 생겼다는 것을 의미한다. 침팬지는 지능이 꽤 높은데 3살 아이와 비슷한 자기인식 능력이 있는 아이큐 70~80으로 알려져 있다. 머리만 박고 나 없다고 하던 꼉에서 침팬지 지능까지 발달시키는데 필요한 건 요즘 유행하는 값비싼 도구놀이가 아닌 까꿍놀이와 같은 보육자와 아이의 친밀한 유대관계와 소통, 공감하는 놀이다.

숨바꼭질의 어원

숨바꼭질이라는 말이 어떻게 생겼는지 한번 살펴보자. 두세 가지의 주장이 있는데 아직 정설은 없는 거 같다. 먼저, 숨는 것과 연관되기 때문에 '숨바꼭질'의 '숨'은 '숨다'의 어간 '숨-', '바꼭'은 '박꼭'이 변한 말로 '박'은 '박다'의 어간 '박-'이기 때문에, '숨박'은 '숨어 박혀 있다'는 뜻이고, '꼭'은 '곳處'의 변한 말이거나 '꼭꼭 숨어라'의 '꼭'이라는 주장이다. 또 다른 주장은 '숨바꼭질'은 '순바꿈질'에서 온 말인데 그 뜻은 '순巡을 바꾸어 나가는 놀이'라고 주장하기도 한다. 즉 순라를 바꾸어

나가는 놀이라는 것으로 술래잡기나 강강술래가 순라에서 왔다고 하는 주장과 같다. 마지막으로 '숨막질'에서 왔다는 주장이다. 이는 '숨바꼭질'이 출현하기 이전의 초기 형태는 숨막질이었다가 19세기에 와서 '숨박금질', '숨박곡질' '슘박슘질' 등이 출현한다는 데 근거한다. 즉, 숨바꼭질은 '숨+바꿈+질'에서 온 것으로 이때의 '숨'은 '숨다'의 '숨-'이 아니라 '숨 쉬다'의 '숨'으로 숨 쉬는 것을 바꾸는 일이니까 소위 자맥질과 같다는 것이다. 물속에 들어가서 어린이들이 물속으로 숨고, 다시 숨을 쉬기 위해 물 위로 올라오곤 하는 놀이라는데 선뜻 이해가 안 간다.

한편 북한에서는 '숨박곡질'이라고 표기하는데 『조선어어원편람』에서 이렇게 설명하고 있다.

"'숨'은 '숨다'의 줄기 '숨'이며 '박곡'은 '바꾸다'의 줄기 '바꾸'에서 생겨난 것이다. '바꾸 → 바꼬 → 바꼭 → 박곡'으로 변화된 것이다. '질'은 '손질, 물레질'과 같이 반복하여 하는 일이나 행동을 가리키는 뒤붙이이다. 술래, 숨기, 찾는 일이 엇바꾸어지며 반복된다."

언어학자들이 좀 더 전문적으로 연구해서 머리카락밖에 안 보이는 숨바꼭질의 어원을 찾을 수 있길 바란다.

2.
세계 최고의 육아법 소개

세계 최고의 육아법 소개라고 하니 어느 나라에서 들어온 육아법인가 하고 기대했다가 실망할까 봐 결론부터 말한다. 우리나라의 포대기와 단동치기가 세계 최고의 육아법이다. 한때 비접촉 육아법이 유행한 적이 있었다. 필자도 어렸을 때 미국이나 서양에서는 아이들이 잠잘 때 따로 떼어서 재우고, 울어도 아이가 스스로 그칠 때까지 내버려 두기 때문에 독립심과 자립심이 강하다고 생각했다. 포대기로 업어서 키우고 엄마 품에 안고 재우는 게 얼마나 낙후한 것인가 생각하기도 했다. 그래서 어린 마음에 따로 떨어진 외딴 방에서 혼자 자 보기도 하였지만 무서웠다는 기억만 남아 있을 뿐 오히려 엄마나 식구들과의 거리감만 생겼던 것 같다.

만지고 안고 보듬고 토닥이는 접촉 육아

비접촉 육아법은 1928년 행동주의심리학자 왓슨John Broadus Watson에게서 비롯되었다. 아직도 이렇게 아이를 키우는 엄마들도 있다고 한다.

왓슨의 책 『행동주의Behaviorism』는 누구든 본성과 상관없이 교육을 통해 원하는 방향의 인간으로 만들어 낼 수 있다고 주장한다. 인간 발달에서 끝없는 논쟁거리 중 하나인 '본성과 양육'에서 그는 본성을 철저히 무시하고 '양육'의 중요성을 강조한다.

백지상태로 태어난 인간의 최초의 마음(생각)은 피부 접촉을 통해 생긴다. 다양한 체험의 결과로 생각이 넓어지고 정서가 형성되는 것이다. 영국에서 제2차 세계대전 때 있었던 일이다. 전쟁으로 어린이들을 보호하기 위해 먼 지역으로 보냈고 미나먼 타국으로 아이들을 이주시키기도 했다. 세월이 흐른 뒤 고향으로 돌아온 아이들의 상태는 정상이 아니었다. 불안, 우울증, 두려움, 공감 정서의 차단, 이기심 등 아이들은 이미 예전의 아이들이 아니었다. 아이들에게 생이별의 고통은 평생 트라우마로 남으며 엄마를 다시 만난다 해도 이전 상태로 회복이 안 되고 이상행동을 하게 된다.

이런 현상을 애착손상이라고 한다. 애착손상은 변연계와 전두엽 사이에 위치한 원시대뇌피질에 부정적인 영향을 준다. 이런 아이는 공감능력의 결여로 사회적 관계를 잘 못 맺고 상황파악 능력이 떨어지며 충동조절 능력과 주의력 결핍이 생긴다. 영유아는 애착(스킨십)의 유무에 따라 생명을 잃기도 한다. 몇백 년 전 신성로마제국의 황제인 프레데리크 2세는 십자군 전쟁의 와중에 부모와의 스킨십이나 정겨운 말소리를 듣지 못하고 자라면 아이들이 어떻게 되는지 알아보려고 잔인한 실험을 했다. 젖먹이 몇 명을 부모에게서 격리시킨 다음에 보모들에게 맡겨 젖을 먹이고 목욕을 시켜 주는 등 기본적인 욕구만 채워 주는 실험이었다. 어떻게 되었을까? 놀랍게도 부모와 격리된 아이들은 얼마 살지 못하고 모두 죽고 밀었나.

'샌버그 쥐 실험'에서도 밝혀진 바 있다. 듀크대학교의 생물심리학자인 손 샌버그는 생쥐를 어미 쥐에게서 격리시키면 생쥐가 성장을 멈춘다는 사실을 발견했다. 어미 쥐가 생쥐를 핥아 주지 않으니까 성장호르몬 면역 시스템(오르니틴 탈탄소효소)이 50%나 감소했다.

인류가 아이를 키우는 과정은 쉴 새 없이 만지고 안고 보듬고 토닥이는 접촉 육아였다. 수천 년도 아닌 수십만 년 이상 된 오래뒤 접촉 육아를 교육이라는 이름으로 행동주의심리학은 어느 날 갑자기 엄마의 손길을 끊어 버린 것이다. 최근에 애착육아라는 말이 뉴욕에서 불고 있다. 유모차 대신에 포대기를 써 본 이들은 입을 모아 실용적이며 아이와 잘 밀착되어 좋다고 칭찬을 한다. 우리나라에선 촌스러운 구닥다리로 치부되어 포대기가 사라져 가는데, 지구 반대편 맨해튼의 육아용품점에서 포대기 사용법에 대한 강의가 인기리에 진행되고 있는 이유가 무엇일까? 미국에서 포대기podeagi가 한국식 이름 그대로 불리며 유튜브에는 '포대기 매는 방법' 동영상이 올라오고, 인터넷 쇼핑몰에서는 포대기 상품을 전면에 내세우고 있다.

포대기는 아이를 뒤로 업고 집안일을 할 수 있어 실용적이라는 점과 아기가 엄마의 시각을 그대로 따라가며 세상을 배울 수 있어 교육적 효과가 뛰어나다. 무엇보다 아이가 엄마의 심장 소리를 가까이에서 들으며 안정감을 느낄 수 있다. 포대기는 우리나라 전통 육아, 교육 방법이다. 포대기는 아이뿐만 아니라 아이를 업고 있는 엄마도 아이와의 친밀감이 증대된다. 포대기 애착육아는 부모와 아이를 신체적으로나 정서적으로 좀 더 긴밀하게 만들고 각종 조절계의 능력을 발달시키는 데 효과적이라는 연구 결과다. 엄마와의 충분한 신체 접촉은 아기의 지각 발달과 뇌 발달도 촉진시킨다는 사실도 밝혀지고 있다. 늘 엄마 등에 업혀 있으면 독립심이 적어질 것 같지만 엄마와 충분한 소통과 친밀감을 나누며 자란 아이들이 오히려 사회성과 독립심이 크다고 한다.

전통 육아법이야말로
우리 아이들에게 가장 잘 맞는 미래의 육아법

아기를 따로 재우고 우는 아이를 무시하고 말을 듣지 않으면 벌을 세우는 것은 미국식 육아법이다. 국제애착협회는 이런 방식을 '잔인한 육아'라고 지적한다. 급속한 현대 문명과 지식이 엄마들의 육아 본능을 잃어버리게 한 결과다. 손 샌버그의 연구 결과에 대해 연로한 그의 할머니가 한마디 했다는 말이 가슴을 찔리게 한다. "대학에 가서 의사가 되고 박사학위까지 받아 가며 고작 배운 게 '아기를 만져 주는 게 좋다'는 게냐?" 할머니들은 이미 오래전부터 알고 있었던 상식이라는 것이다.

창원대학교 유아교육과 최재욱 교수는 영유아를 위한 '놀이굿 단동십훈 도리도리 짝짜꿍'을 만들어 보급하고 있다. 『천부경』에서 비롯되었다고 하는 단동십훈은 열 가지 놀이로 구성한 전통 육아 방법인데, 원명은 단동치기십계훈이다. 최근 그 과학성이 증명되면서 '전통 육아'에 주목하는 분위기다. 신체 발달은 물론 두뇌 발달에 도움을 주기 때문에 아이를 키우는 엄마들이 관심을 많이 갖는 것 같다. 이와 더불어 베이비 마사지도 뜨고 있는데 양방 치료법이 생기기 전에는 대부분 나라에서 이 마사지 치료법을 이용했다는 것이 역사적 사실이다. 예전에는 별다른 육아 기구가 없어 아이를 업거나 안고 만질 수 있는 기회가 많았는데, 최근에는 보행기나 유모차 등 육아용품들이 많아지면서 아이와의 접촉 빈도가 점점 줄어들어 베이비 마사지가 더 중요해지고 있다. 일본에서는 '가요코 영유아 교육법'을 창시한 구보타 가요코 할머니의 '똑똑한 아이 만들기 마사지법'이 인기를 끌면서 엄마들이 줄을 서고 있다고 한다.

우리나라의 죔죔곤지곤지는 케케묵은 구닥다리가 아니라 오히려 과학적인 육아법이다. 할머니, 할아버지가 손자를 무릎에 앉혀 놓고 가르치던 단동십훈 놀이는 특히 손가락을 많이 사용해 소근육 발달을 돕고 나아가 두뇌 발달을 돕는다. 다섯 손가락을 쥐었다 폈다 하는 죔죔과 오른손 집게손가락으로 왼손 손바닥을 누르는 곤지곤지, 손바닥을 마주치는 짝짜꿍은 손가락을 사용하는 대표적인 놀이다. 손가락을 많이 움직이면 뇌신경 발달에 도움이 되므로 두뇌 발달이 폭발적으로 이뤄지는 0~3세 시기에 활용하면 효과적이다. 캐나다의 뇌의학자 와일드 펜필드의 인체뇌지도와 호문쿨루스를 보면 손이 가장 크다. 캘리포니아대 신경생리학자인 프랭크 윌슨 교수는 『더 핸드: 손의 사용이 어떻게 뇌, 언어, 인간 문화를 만들었나?』에서 손의 진화가 뇌의 진화를 가속화시켰다고 강조한다. 그는 손의 진화는 뇌 용량의 급속한 팽창을 이끌었으며 이 과정에서 언어를 처리하는 부분이 생겨났을 것이라고 주장했다. 그는 진정한 지식은 순수한 사고에서 오는 것이 아니라 외부 세계의 적극적인 조작, 즉 행동과 감성의 결합에 의해 만들어진다고 보았다. 따라서 손으로 자꾸 만지고 조작하는 기회가 많아지도록 양육, 교육 환경을 개선해야 한다는 것이다.

단동십훈 중 도리도리는 서울대병원과 한국뇌과학연구원이 2년간 공동연구를 통해 2010년에 신경과학 분야 국제학술지 〈뉴로사이언스 레터Neuroscience Letter〉에 발표했는데, 고개를 좌우로 흔드는 것만으로도 뇌파를 안정시키고 머리가 맑아지면서 집중력과 기억력이 좋아진다는 내용이다. 도리도리는 아이의 성장에만 좋은 것이 아니라 어른들에게도 필요한 운동이다.

전통 육아법은 우리 아이들에게 가장 잘 맞는 미래의 육아법이다. 아이들이 전통 동요를 들었을 때 더 안정감을 느낀다는 연구 결과도 있다. 이는 호주에서 아이를 대상으로 실험한 결과와도 일치하는데, 아이를 재울 때 말없이 손으로 토닥거려 주는 것보다 자장가를 불러 주면서 토닥거렸을 때 가장 먼저 잠든다는 것이다.

1970년 음악의 도시 오스트리아 빈에서 세계 자장가 대회가 있었는데 한국의 할머니가 "자장자장" 몇 번 불러 주니 국적 불문 모든 아기들이 꿀잠에 들어 단연 1등을 했다는 얘기가 전해진다. 숭실대 소리공학연구소장인 배명진 교수는 아이에게 불러 주는 자장가가 신체 맥박수와 비슷하면서 졸음과 관련된 뇌파인 세타파나 델타파를 유발하는 소리이기 때문이라고 그 과학성을 입증해 주고 있다. 토닥토닥하면서 1초에 한 번씩 발성(노래)하면 아이의 머리에서는 1초에 한 번씩 졸음 유발 뇌파가 나온다. 시간이 갈수록 천천히 두드려 주는 것은 아이의 혈액순환 주기를 느리게 만들어서 아이가 가장 편하게 잠들 수 있게 하는 과학이 한국의 육아법에 숨어 있는 것이다.

우리는 거의 모든 영역에서 '우리 것'을 잃어버리고 스스로 팽개치지는 않았는지 반성이 된다. 아이들에게 '나가 놀아라'고 하던 전통적인 아동관은 하찮아 보이고 서양이나 미국의 '무슨 교육'이라고 하면 대하는 태도가 달라진다. 이런 현상은 생각이나 삶에서 '나'는 없고 항상 다른 사람 중심으로 살아왔기 때문이다. 우리 것은 하찮게 여기고 소위 선진국이나 큰 나라 것은 대단하다고 여기는 사대주의는 결국 나를 바보로 만들게 된다. 아이가 포대기에서 벗어나면 마당과 마을로 나온다. 드디어 놀이를 통해 세상을 경험하며 아이를 어느 집 한 아이가 아닌 온 마을의 아이로 자라게 하던 것이 우리의 전통 육아법이다.

3.
방정환의 혁신적인 아동 교육관

필자는 근대 교육의 가장 혁신적인 교육자로 방정환 선생을 꼽고 싶다. 물론 서양에서는 그보다 훨씬 이전에 장 자크 루소로부터 시작하여 우리나라 교육에 큰 영향을 미친 존 듀이, 그리고 대안교육으로 많이 알려진 발도르프의 슈타이너와 몬테소리를 거쳐 인지발달이론의 대가로 1980년대부터 유명세를 타기 시작한 비고츠키까지 쟁쟁한 교육자들이 많다. 위에 거론한 서양의 교육사상가들은 대부분 식민지를 경영한 제국의 출신들로 소위 선진국의 학자들이다.

판에 찍어 내놓는 교육을 거부하다

이들에 반해 방정환 선생은 시대의 담론을 생산할 토양이 채 갖춰지지 않은 식민 지배하에 있었고, 왕성한 활동을 할 시기에 타계함으로써 완성된 사상이론적 업적을 남기지 못한 안타까움이 있다. 그럼에도 필자가 아동교육사상사에서 가장 혁신적인 교육자로 방정환을 꼽는 이유는 '어린이'라는 말을 대중화했고 '어린이날'을 제정하여 실전적인 활동을 할 수 있었던 그의 사상적 토대가 매우 근대적이고 혁신적이라고 보기 때문이다(방정환 선생이 '어린이'라는 말을 처음 사용한 것으로 알고 있는데, 1914년 『청춘』 창간호 「어린이의 꿈」이라는 권두사에 최초로 어린이라는 말이 사용되었다. 『청춘』 잡지는 최남선이 주도하여 만들었다).

잘 알다시피 방정환은 1922년 5월 1일을 어린이날로 선포했다. 5월 5일이 어린이날이 된 것은 노동절과 겹치기 때문이었고, 북한 등 사회주의권에서는 6월 1일 아동절이 우리의 어린이날에 해당된다. 그에 앞서 1920년 4월 23일을 어린이날로 지정한 터키가 세계 최초로 어린이날을 기념하기 시작했다고 볼 수 있다. 그런데 이날은 터키 독립기념일이기도 하다. 우리 식으로 말하면 8월 15일을 광복절이자 어린이날로 기념하는 셈이다. 따라서 순수하게 어린이만을 위한 날을 처음 만든 건 우리나라로 봐야 할 것이다. 우리보다 산업화가 200년이나 앞선 영국에서 어린이를 노동 착취로부터 보호하자는 취지에서 생긴 세계아동헌장이 1922년에 만들어졌던 것을 보아도 어린이날 제정이 얼마나 선구적인지 알 수 있다. 1923년부터 어린이날 행사와 더불어 최초의 월간 아동잡지 〈어린이〉를 발간하기 시작했는데, 1925년 당시 서울 인구가 30만 명이었는데 10만 부를 발행할 정도로 폭발적인 호응이었다.

방정환의 이런 실천 활동이 나올 수 있었던 배경은 과연 무엇이었을까. 아래 편지글의 일부를 보면 어떤 생각을 했는지 조금은 알 듯싶다.

지금 우리들 부모는 무지한 사랑을 가졌을 뿐이며, 친권만 휘두르는 권위일 뿐입니다. 화초 기르듯 물건 취급하듯 자기 의사에 꼭 맞는 인물을 만들려는 욕심밖에 있지 아니합니다. 지금의 학교는 기성 사회와의 약속하에서 그에 필요한 인물을 제조하는 밖에 이상도 계획도 없습니다. 그때 그 사회 어느 구석에 필요한 어떤 인물의 주문을 받고 그대로 자꾸 판에 찍어 내놓는 교육이 아니고 무엇이겠습니까.

거의 100년 전의 편지글로 말투만 낯설 뿐이지 현재 우리가 처한 상황을 그대로 이야기하고 있다는 착각이 들 정도다. 전통 사회에서 채 벗어나지 못한 시대임에도 불구하고 방정환은 근대 교육의 본질을 꿰뚫고 있었다.

어린이는 한울님이다

근대 교육의 태동은 한마디로 요약하면 산업화의 요구에 맞는 시민을 양성하기 위한 것이다. 존 듀이가 주장한 근대 교육의 핵심 기조인 '사회적 효용성'과 '좋은 시민성'은 미국의 산업화 요구와 대거 몰려든 이민자들과 더불어 살아가야 할 덕목을 갖추는 것이 시대의 요청이었다. 즉, '교육을 통해 이웃으로 살아갈 유능함을 갖고 국가에 충성하고 의무를 다하는 좋은 시민'을 국가적으로 양성해야 세기의 과제인 산업화를 원활하게 달성할 수 있기 때문이었다. 이런 교육 과제는 낡은 봉건적인 요소를 일소하고 민주주의를 확립하는 것과 맞물려 있다. 문제는 방정환이 말한 "그때 그 사회 어느 구석에 필요한 어떤 인물의 주문을 받고 그대로 자꾸 판에 찍어 내놓는 교육"에서 크게 벗어나지 못했다는 것이다. 근대 교육이 담당해야 할 절실한 요구이면서 동시에 그로부터 발생하는 근대 교육의 근본적인 한계라 말할 수 있다.

방정환의 아동관은 '어린이는 한울님'이라는 것이다. 아들놈, 딸년, 애놈, 애자식, 자식놈 등 지금 들으면 쌍소리에 다름없는 말 대신에 '어린이'라는 말을 일상어로 대중화하고, 당시에는 상상하기 힘든 어린이날을 만든 건 어린이를 한울님으로 보았기 때문이다. 또한 당시 식자들이 많이 쓰던 한자어인 유년幼年이나 아동兒童이 아닌 순수 우리말을 썼던 점도 유의해 봐야 한다. 방정환의 시상적 기반은 '사람이 곧 한울'이라는 동학(1905년 천도교로 개칭)이다. 동학사상을 인내천 사상으로 전개한 천도교 3대 교주 손병희의 사위가 된 것도 아마 이런 연유일 것이다. 당시 방정환과 함께 아동운동의 선구자였던 김기전의 글을 보면 "수천 년간 장자長子(어른)들은 우리 유년(어린이)의 인격을 말살하여 자유를 박탈한 역사적 죄인이다. 그 원인을 한마디로 말하면 구 윤리도덕의 잔폐이자 소위 오륜 중의 하나인 장유유서의 말폐"라고 일갈하고 있다.

당시는 물론 지금까지도 유교적 사상의 찌꺼기가 인간의 보편적인 자유와 평등을 저해하고 있는데, 조선시대의 대표적인 아동 학습 교재인 『동몽선습』에서 '장유는 천륜'이라고 가르치고 있는 것을 말한다. 주자의 『동몽수지』는 "항상 나직이 숨을 낮추어 말하고 어른의 책망이 설사 잘못이 있더라도 따져서는 아니 된다"라고 훈계하고 있다. 유교의 뿌리 깊은 차별 윤리는 어른에 대한 아동의 복종은 이유가 있을 수 없는 무조건적인 복종을 강요하고 있다. 따라서 전통의 아동 교육은 어른 공경이라는 예의에 중점을 두고 성인聖人의 가치관과 기성세대의 생각을 전수받는 게 핵심적 내용이다. 공자의 "옛것을 전할 따름이지 새로운 것을 짓지 아니한다"라는 유교의 수구적 태도는 "어린이는 이상세계인 하늘나라의 성품을 가진, 한울의 뜻 그대로의 산 한울님"이라는 방정환의 사상과 전면적으로 배치된다.

방정환의 아동관은 또한 어린이를 성인의 축소판이나 부모의 예속물이 아닌 '완전한 하나의 인격체'로 보았다는 게 핵심이자 혁신적이라 할 수 있다. 그러므로 교육은 어린이 스스로 자율성에 따라 삶을 살아갈 수 있도록 도와주는 것이고, 교육 목적으로 전통적인 목적관인 입신출세와 성인 표준 위주의 관점을 단호히 반대했다. 즉, 어린이는 자신들의 세계가 있고 그 세계에서 독자적인 삶을 영위해 갈 수 있는 성장력이 있다고 믿었기에 교육 내용은 기성세대가 옳다고 생각하는 것을 그대로 전달해서는 안 된다며, 〈어린이〉 잡지에서 수신 강화나 교훈담, 수양담 같은 것은 어린이의 성장을 방해한다며 아예 싣지 않았다. 대신에 어린이의 성장과 활동을 돕는 과정으로 동화나 동요, 미술 등이 필요하며 교육 내용은 지적인 것과 감성적(정의적) 내용이 조화를 이뤄야 '빠진 구석 없이 완전한 좋은 사람'이 될 것이라고 주장했다. 이것은 1950~1960년대 이탈리아에서 시작된 존 듀이, 피아제, 비고츠키 등의 교육론에 기초한 레지오 에밀리아의 발현적 교육법과도 일맥상통하는 내용이다.

"여기서는 그냥 재미있게 하고 놀자"

어른의 역할은 어린이의 본성인 잠재적이고 자율적인 성장 가능성인 '싹'을 보존하고 키워 주면 되는 것이다. 기성세대의 사람들이 기성 생각으로 만들어 놓은 기성 사회 일반을 덮어씌우려는 것은 크나큰 잘못이다. 또한 이 사회 이 체노밖에 절대로 다른 것이 없다 하여 그 사회 제

도 밑으로 끌어넣으려 하는 대신에 불합리하고 불공평한 제도에서 고생하지 않도록 해 줘야 한다. 어린이는 재미있고 기운껏 활활 뛰면서 훨씬훨씬 자라나게 해야 한다고 방정환은 역설했다. 이와 같은 방정환의 사상은 어리고 미숙한 존재요 어리석은 존재이기에 계몽해야 할 대상으로 본 전통 아동관하고는 천지차이가 난다. 이의 실천적 행동으로 그는 어린이의 올바른 성장을 도와줄 환경을 만들기 위해 예술문화운동과 소년단체운동을 했는데, 어린이의 성장발달을 방해하는 장애를 타파하는 민족해방운동으로까지 발전하게 되어 고초를 겪기도 했다. 이렇듯 방정환은 아동운동가이자 독립운동가였다.

방정환의 근대적 아동교육사상은 서구의 교육사상을 무비판적으로 수입한 게 아니다. 근본적으로 우리 전통의 동학인 천도교사상에 근거하여 창조적으로 계승, 발전시킨 혁신적인 교육사상이다. 이런 바탕이 있었기에 어린이에게 흥미의 요소를 감안해서 지식을 전달하고, 동화를 지을 때는 교육적 문제보다 흥미를 우위에 둬야 한다고 주장했다. "교육적 가치문제는 셋째 넷째 문제고 첫째는 기쁨(흥미)을 줘야 한다"라고 한 것을 보면 방정환은 어느 철학자나 사상가보다 어린이의 세계를 가장 정확하게 파악한 선구자였다.

> 교훈이나 수양담은 학교에서 많이 듣기 때문에 여기서는 그냥 재미있게 하고 놀자. 그러는 동안에 모르는 동안에 저절로 깨끗하고 착한 마음이 자라게 하자.〈어린이〉 남은 잉크(후기)

방정환의 아동관을 요약하면 자발성과 흥미를 통한 교육으로 이는 놀이를 통한 교육을 말한다. 어린이를 '생각할 수 있는 능력을 가진 독립된 인격체'로 보았기에 어린이에게 존댓말을 사용하고 칭찬과 대화를 통한 교육을 강조했다. 능동적으로 개척해 나갈 수 있는 능력이 있는 어린이를 위한 어른의 역할은 발달 수준에 맞는 환경을 조성해 주는 것이다. 따라서 전통 교육관의 주입식 교육과는 차원을 달리하며 '체벌'은 있을 수 없다. 어린이들의 자발성을 중심에 둔 서양의 발현적 교육방법은 1990년내 들어 국내 유치원에서 도입하기 시작했고, 〈2019 개정 누리과정〉에 반영된 유아 중심, 놀이 중심의 교육관을 거의 100년 전에 이미 방정환이 설파하고 있었다.

그러나 대한민국의 현실은 마치 산업혁명기 영국의 아동들이 가혹한 노동에 시달렸듯이 우리 아이들은 가혹한 공부에 시달리고 있다. 아이들이 이토록 공부를 많이 하고 이토록 놀이가 배제된 역사는 단군 이래 없을 것이다. 방정환은 "자기 자신의 생각이나 현실을 꾸밈없이 느낀 대로 표현해야 하고, 남의 흉내나 어른들의 꾀는 아주 몹쓸 것"이라고 책망했는데, "부모는 무지한 사랑을 가졌을 뿐으로 화초 기르듯 물건 취급하듯 자기 의사에 꼭 맞는 인물을 만들려는 욕심"밖에 없는 부모가 점점 줄어들어야 100년 전 어린이라는 말과 어린이날을 세상에 선포한 방정환 선생에 대한 응답이 아닐까 생각된다.

4.
세계 최고최고最古最高의 윷놀이

세상에서 가장 오래되고 더 이상 업그레이드가 필요 없을 정도로 재미있는 윷놀이를 소개하고자 한다. 윷놀이는 세 가지(윷판, 윷, 말)로 구성되었는데, 이는 우리의 고유 사상인 천지인 삼신三神 사상을 바탕에 두고 있다. 윷놀이는 설이 지나고 정월 대보름에 절정을 이뤘는데 윷놀이를 하려면 우선 윷판이 있어야 한다. 윷판에는 한가운데 방이 있고 28개의 자리가 빙 둘러 있다. 즉, 북극성을 중심으로 한 천체의 별자리 28수를 상징한다. 그래서 윷판을 하나의 천문도로 보고 여기에 태양의 주기와 음양오행의 이치를 붙여 설명하기도 한다. 한마디로 윷놀이는 우주여행인 셈이다. 그러나 실제 말이 가는 길은 앞밭, 뒷밭 등을 농사지으며 사방팔방으로 사계절을 한 바퀴 돌아오는 생태여행이나 농사여행 같기도 하다.

윷놀이는 우주여행이다

윷놀이할 때 서울·경기 지역에서는 가락윷을 쓰는데 우리 고향인 전라도 지역에선 일명 깍쟁이윷이라고 부르는 종지윷을 쓴다. 직사각형의 덕석(=멍석)을 깔고 가운데에 윷판을 그린다. 종지에 손가락 마디만 한 윷을 넣어 손가락으로 막고 흔들면서 놀리다가 종지를 터 주면서 윷판 너머로 "윷이야!" 소리치면서 던진다. 이때 꼭 필요한 동작이 있는데 바로 자신의 허벅지를 힘차게 때리면서 "윷이야"를 외치는 것이다. 아니나 다를까 오톨도톨한 덕석 위의 윷이 그 힘을 받았는지 몸을 굴려 '사리(윷이나 모)'가 나오면 금세 난리법석으로 변한다. 윷놀이에서는 사리가 나오는 것도 중요하지만 말을 잘 써야 이길 수 있다. 이 대목에서 같은 편끼리 업어 가야 하느니 한 동이라도 빨리 가야 하느니 옥신각신 시끄러워지곤 한다. 그래서 윷놀이는 주사위나 로또같이 절대적인 운에만 맡길 수 없는 예측 불가성을 어떻게 조직하고 운영하는가에 판가름이 나는 두뇌 게임이기도 하다. 가장 빠른 길은 모, 걸로 방궈서 사려 나오는 길이지만 어떤 경우엔 뒤꽂이로 가서 훈련밭을 거쳐 한 바퀴 빙 돌아 나와야 하는 것처럼 어쩜 우리네 인생 행로와도 같은 게 윷놀이다.

말은 네 동씩 갖고 겨루는데 앞밭을 지나 네 동 모두 날밭으로 나와야 이긴다. 여기서 동이란 단위는 100접이 1동인데, 1접이 100개이므로 낱개로 치면 무려 1만 개가 된다. 이는 풍성한 수확을 바라는 소망의 표현으로 생각된다. 도(도야지-돼지)는 한 발, 개는 두 발, 걸(결 goat, 양, 염소의 옛말)은 세 발, 윷(전라도에선 '윷'이란 말을 안 쓰고 '슷'이라 하는데 소의 옛말이 슈-슝-쇼)은 네 발, 모(말)는 다섯 발로 집에서 키우는 가축들의 빠르기에 따라 걸음을 정하여 농사와 목축업이 잘되길 기원하던 우리 선조들의 염원이 깃들어 있는 놀이다. 이렇게 보면 고조선 이후 최소한 부여, 고구려, 동예, 옥저 시대인 상고 시대에 윷놀이가 성행했음을 알 수 있겠다.

윷놀이에선 재밌는 말들도 많이 생겨났는데 가장 많이 알려진 건 '도긴개긴'이다. 도로 남의 말을 잡을 수 있는 거리나 개로 남의 말을 잡을 수 있는 거리나 큰 차이가 없다는 뜻으로 '도토리 키재기'라는 말과 같다. '첫 도는 유복'이란 말은 처음에 던진 게 비록 한 걸음밖에 못 가는 도라 하여도 실망하지 않고 자신의 도는 복이 있다고 위로하는 말이다. '첫 도가 세간 밑천'이란 말도 같은 의미로 '첫딸이 살림 밑천'이라고 말과 맥락이 같다. '첫 모 방정에 새 까먹는다'는 말은 처음부터 잘된다고 촐싹대지 말라는 경고로 '첫끗발이 개끗발'이란 말처럼 경거망동하지 말고 끝까지 최선을 다하라는 인생 훈화이기도 하다. 말 쓰기를 보면, 두 동 이상을 업어 가는 것을 '볶아 간다'라고도 말한다. 개-걸로 모밭에 들어가 다시 걸로 방에 들어가는 것을 '방군다'고 한다. 여기서 상대방이 잡으려고 뒤따라오면 살짝 몸을 사려(구부려) 들어가면 어느 정도 안심이 된다. 마치 누가 때리려고 할 때 몸을 사리는 모양이다.

우리 생활사 3대 발명품인 온돌과 김치 그리고 윷놀이

윷에 대한 에피소드 하나 소개하면, 필자가 1980년대에 민주화운동을 하다가 감옥(구치소)에서 논 적이 있었는데 거기선 남아도는 게 시간이었다. 그래서 윷놀이를 많이 하는데 쓰는 용어 하나하나가 현실 반영이 아주 리얼하다. '업고 간다'는 '병합한다'라고 하여 여러 사건을 병합하면 유리하기 때문이다. 내 말이 잡히는 건 '체포'라고 했다. 당시엔 민주화운동으로 수배를 받다가(토낀다고 표현했다) 잡혀 들어간 학생들이 참으로 많았다. 한 바퀴 돌아서 나는 건 '석방'이고 소위 빽도(뒷도)를 하여 바로 날밭으로 가면 '집행유예'로 가장 원하는 바다. 그러나 시국사범에겐 거의 없었고 군대 가겠다고 하면 판사가 선고유예나 집행유예를 때렸다. 윷판에 '퐁당(지옥)'을 그려 넣기도 하는데 거기에 빠지면 '기각'이란 말을 써 최악의 상황을 피하고자 하는 심리가 놀이를 통해 적나라하게 드러나고 있다.

윷놀이를 세계 최고最高의 놀이라고 하였는데, 우선 우리나라 전역에서 발견되는 윷판형 암각화를 관련 전문가들이 1만 년도 넘었으리라고 추측하기 때문이다. 기록으로 보더라도 10세 단군 이야기에도 윷 이야기가 나온다고 한다. 윷놀이는 태평양 건너 북미 인디언 부족들에게까지 전파되었다는 게 최근 밝혀졌는데, 윷판이나 말이 우리와 거의 같으며 '윷'이라는 발음도 똑같은 데가 있다. 윷놀이는 북미의 30어족으로 분류되는 130개의 부족들이 즐기고 있고, 이 놀이가 존재하지 않는 지역이 없을 정도라고 한다. 이는 고대 문명의 발자취의 흐름이기도 하다. 그래서 재야 역사학자인 이이화 선생은 우리나라 생활사에서 세계에 자랑할 수 있는 3대 발명품을 온돌과 김치 그리고 윷놀이라고 했다. 수년 전부터 이이화 선생을 비롯한 몇몇 뜻있는 사람들은 윷을 세계문화유산(유네스코)에 등재하려고 노력하고 있다.

이토록 우수한 윷놀이를 성리학을 받아들인 조선시대 양반들은 하층민들의 쓸데없는 놀이라고 멸시하고 천대했다. 그럼에도 윷을 학문으로 연구해서 그 철학적 의미를 밝힌 알려지지 않은 학자가 있었는데 김문표(金文豹, 1568~1608)라는 사람이다.

윷을 만든 분은 도를 알고 있었으리라. 하늘은 둥글고 땅은 네모지니 건곤이 정해지며, 성신星辰엔 궤도가 있어 경위가 세워지며, 태양의 운행에 법도가 있으니 밤낮이 나뉜다. 그러나 하늘은 지극히 높고 성신은 지극히 멀어 선기옥형의 도圖나 혼천의 의儀로 미뤄서 헤아려야만 알 수 있다. 지극히 간단하면서 쉽게 볼 수 있는 것은 오직 윷뿐이로다.『사도설柶圖說』

당시 지식인층인 사대부들이 모두 모화사상에 빠져 훈고만 하고 있을 때 이런 걸 연구한 조상도 있었다니 천만다행으로 반갑다.

이후 유득공(1748~1807)의 『경도잡지』와 최남선(1890~1957)의 『조선상식문답』에 의해 윷놀이에 대한 기록은 간신히 이어지고 있다.

마지막으로 외국인의 말을 인용해 보자. "한국의 윷놀이는 전 세계에 걸쳐 존재하는 수많은 놀이의 원형原形이다." 미국의 세계적인 민속학자 스튜어트 컬린(1858~1929)이라는 사람이 1895년에 저술한 『한국의 놀이』열화당에서 한 말이다. 인도의 힌두 게임인 '파치시pachisi'와 '차우자chausar'의 도형은 십자형이 있는 윷판을 확장한 형태이며, 윷놀이에서 발전된 놀이가 서양의 체스나 일본의 야사스카리 무사시八道行成라는 사실을 놀이 방식이나 판의 형상 등을 통해 조목조목 설명하면서 "고대 점술에 기원을 둔 윷놀이는 우주적이고 종교적인 철학도 담고 있다"라고 당시 조선인 이상의 지식으로 극찬했다. 과연 유네스코의 인류문화유산에 등재되고도 남을 만한 게 윷놀이다.

5.

계절 놀이의 진미 화전놀이

강남 갔던 제비가 날아온다는 삼월삼짇날은 음력 3월 3일로 삼짇(삼짇날의 준말), 삼샛날 또는 '여자의 날'이라고도 한다. 고려시대에는 9대 속절俗節의 하나였으며, 양의 수가 겹치는 삼짇날은 양의 기운이 가득한 날로 사람들은 이날 주로 교외나 산 같은 경치 좋은 곳에 가서 음식을 먹고 꽃을 보며 노는데, 지방에 따라서 화전놀이, 꽃놀이 또는 꽃다림(화류花柳, 회취會聚)이라 하기도 했다. 삼짇날이 언제부터 유래했는지 자세히 전하는 바는 없지만, 최남선에 따르면 신라 이래로 이날 여러 가지 행사가 있었으며, 이 풍속은 조선으로 이어져 오고 있다고 한다.

우리의 꽃놀이를 찾아서

삼월삼짇날은 양력으로 4월 초쯤인데, 어떤 시인은 4월을 잔인한 계절이라고 했지만 대한민국은 꽃놀이로 떠들썩해진다. 누구나 한 번쯤 해 봤을 꽃놀이는 여의도든 대공원이든 부담 없이 그냥 걸으면서 흩날리는 꽃을 감상하며 사진도 찍고 추억도 남기고 그러다 배고프면 요기

하다가 다리가 아플 때쯤 돌아오면 그날은 꿀맛 같은 잠속으로 빠져들어 건강에도 좋을 것이다. 더구나 우리나라에는 전국 곳곳에 벚꽃이 많아 지자체별로 '벚꽃축제'가 없는 곳이 없을 정도로 볼거리 먹을거리 즐길 거리들이 즐비해서 좋기도 하다. 그런데 몇 가지 문제의식이 생긴다.

먼저 질문 하나, 언제부터 벚꽃축제가 우리나라의 대표적인 꽃놀이처럼 되었을까? 우리가 즐기는 꽃놀이가 일본의 꽃놀이와 비슷하다고 하여 일부러 배격할 필요까지는 없을 성싶다. 그러나 현재 우리가 즐기는 꽃놀이는 일본의 하나미はなみ 花見와 거의 유사하다. 조경연구가이자 문화연구가인 시라하타 요지부로의 『하나미와 벚꽃』이라는 책과 울산대

노성환 교수의 「일본의 하나미와 한국의 화전놀이」 논문에 근거하여 하나미와 화전놀이의 공통점과 차이점을 간략히 정리해 보자.

먼저, 공통점은 두 나라 다 추운 겨울을 이겨 내고 피어난 새봄의 꽃을 보고 즐긴다는 것이다. 두 번째로는, 둘 다 아주 오래된 역사를 갖고 있다는 것이다. 일본의 하나미는 812년 사가천황이 신천원에서 개최한 파티를 시초로 보며 우리나라는 신라의 궁인들이 봄놀이하며 꽃을 꺾었다고 『교남지』에 기록되어 있을 정도로 오래되었다. 세 번째, 일본이나 우리나라나 고유명사가 아닌 '하나花미'라거나 '꽃놀이'라는 일반 명사로 부른다는 특징이 있다. 즉, 일본에서 말하는 하나花는 그 나라의 꽃인 벚꽃さくら을 말하는 것이고, 우리나라는 대표적인 참꽃(진달래)을 뜻한다. 이것을 풀이하면 일본은 '사쿠라미さくらみ'가 될 것이고 우리나라는 '참꽃(진달래)놀이'가 되겠다. 그런데 일반 명사화되었다는 것은 무얼 말할까? 바로 그 나라 사람이면 누구나 다 아는 꽃이고 어느 지역 상관없이 전국에 걸쳐 피는 '나라꽃'이라는 뜻이다.

필운대의 살구꽃, 북둔의 복사꽃, 동대문 밖의 버들…

필자의 문제의식은 여기에서 생겼다. 현재 우리가 즐기는 꽃놀이가 대부분 벚꽃놀이지 참꽃놀이가 아니라는 점이다. 왜 그리되었을까? 가장 먼저는 접근성과 관계가 깊지 않은가 하는 생각이 든다. 즉, 벚꽃은 도심 길거리나 공원이면 어디에나 있다. 반면에 참꽃은 산에 가야 볼 수 있다. 물론 여수의 영취산진달래꽃축제나 강화도 고려산진달래꽃축제 등 대표적인 꽃 축제들이 없는 건 아니지만, 이런 진달래꽃축제를 일반명사인 꽃놀이라고 부르지는 않는다. 이미 꽃놀이는 벚꽃놀이가 되어 버렸기 때문이다. 마치 음악(=서양 음악), 미술(=서양 미술), 병원(=서양식 병원)과 국악, 한국 미술, 한방병원 식으로 우리 것이 대표성과 일반성에서 밀려난 것과 같다.

하나미와 화전놀이의 차이점은 무엇일까? 먼저, 일본의 하나미는 남녀 구분이 없는 대신에 우리의 화전놀이는 여성 중심의 놀이라는 차이다. 이것은 아마 조선시대의 '남녀칠세부동석'이 만든 유교의 영향일 것이다. "삼월삼짇날이면 화전놀이를 하였는데 남자들은 화전놀이 대신에 편을 갈라 활쏘기나 닭싸움 등 역동적인 놀이를 하며 놀았다"라고 전해지는 것을 보아 알 수 있다. 두 번째, 하나미는 미리 집에서 준비한 도시락을 먹으며 즐기는데 우리나라는 꽃이 있는 산이나 계곡으로 찾아가 즉석에서 음식을 만들어 먹는다는 차이가 있다. 도시락문화와 천렵문화의 차이라고 하겠다. 세 번째로는, 하나미는 차번극(촌극)을 많이 하며 놀고 화전놀이에서는 풍물을 치며 논다는 차이다. 그다음 중요한 차이는 하나미는 인공적으로 조성된 벚꽃 군락지(메이지시대에 전국적으로 조성됨)에서 이루어지고, 화전놀이는 산에 올라가 야생의 진달래꽃이 있는 곳에서 꽃놀이를 한다는 점이다. 이것은 자연을 내부로 끌어들여 감상하는(마치 분재처럼) 일본 문화와 자연 속으로 들어가 감상하는 문화의 차이이자 일본의 정원문화와 우리나라의 정자문화의 차이로 이해해도 되겠다.

부모 세대들까지 즐겨 왔던 화전놀이에는 우리가 생각하는 것 이상의 풍류와 철학이 스며 있다. 기회가 된다면 화전놀이를 기획하거나 참여하면서 우리 식대로 놀아 보는 것도 좋을 듯싶다. 진달래 개나리 꺾어 화전도 부쳐 먹고 막걸리에 꽃잎 띄워 나름대로의 풍류를 즐기면서

재미를 만끽하다 보면 마치 무릉도원이 바로 내 옆에 와 있는 느낌이
들 것이다.

서울 풍속에 산언덕, 물굽이에 나가 노는 것을 화류花柳라
한다. 필운대(필운동 배화여고 뒤)의 살구꽃, 북둔(성북동)의
복사꽃, 동대문 밖의 버들이 가장 좋은 곳이고, 여기에 사람
들이 많이 모인다.유득공의 『경도잡지』

6.

단오도 좋지만 수릿날은 더 좋아

단오가 되면 본격적으로 여름이 시작된다. 단오에는 창포를 넣어 삶은 물로 머리를 감고 액을 물리치기 위해 궁궁이(천궁의 다른 이름)를 머리에 꽂았다고 한다. 궁궁이는 독특한 향기가 있기 때문에 이것을 머리에 꽂으면 액을 물리칠 수 있다는 속신이다. 신윤복의 〈단오풍정〉을 보면 아낙네들이 시냇가에서 머리를 감고 멱 감는 장면을 뒤에서 호기심 많은 까까머리 어린 중들이 훔쳐보는 모습이 재미있다. 예나 지금이나 훔쳐보기는 숨길 수 없는 호기심인가 보다.

태양이 머리 꼭대기 위에 오는 날, 단오

예로부터 단오는 큰 명절로 여겨 왔다. 강릉단오제는 2005년에 유네스코 인류무형문화유산으로 지정되어 세계적으로 알려졌으며, 영광 법성포 단오제는 조기 파시와 맞물려 예전엔 가장 규모가 큰 행사로 각종 판소리 경연대회와 그네뛰기 대회 등이 치러지기도 했다. 단오절이면 동네 아름드리 큰 나무에 그네를 매어 놓고 그네뛰기 대회를 하곤

했다. 구름 위로 박차고 올라 내려올 때면 얼마나 '호숩고' 짜릿했던지 겁 많은 아이들은 오줌까지 찌릿찌릿 저렸다. 그네 주변엔 아낙네 속곳이라도 훔쳐보려고 역시나 남정네들이 몰려들곤 했다. 단오선端午扇은 본격적인 여름을 맞이하여 임금이 신하에게 선물로 주던 데서 유래하여 민간에서도 건강한 여름나기의 바람을 담아 서로 주고받는 미풍양속으로 널리 퍼졌다. 어린이들에게는 오방색 실로 짠 장명루長命縷라는 팔찌를 만들어 선물했는데, 말 그대로 무탈하게 커서 장수하라는 의미를 담았다.

단옷날을 나른 말도는 천중설, 단양절, 중오절이라고 하는데 모두 한

자말이다. 단오端午의 단端이 '처음'이란 뜻이고, 오午에는 '다섯'이란 뜻이 있으므로, 단오端午는 첫 오初五의 뜻으로서 5월의 '첫째 5일', 즉 음력 5월 5일을 뜻하며, 태양이 머리 꼭대기(정수리) 위에 오는 날을 말한다. 즉, 단오는 해가 머리 꼭대기에 떠오른다는 것으로 단양端陽이라고도 하고, 단오의 또 다른 이름인 천중절天中節도 말 그대로 하늘天 가운데中에 태양이 지나는 절기라는 뜻이다.

태양절 수릿날의 유래

단옷날을 순수한 우리말로는 수릿날이라고 한다. 위에 설명한 한자 뜻하고는 전혀 상관없는 수릿날은 뭘까? 『삼국유사』에서 단오를 민간에서 '술의戌衣날'이라고 하였는데, 술의는 우리말로 '달구지'라는 뜻이다. 그리고 "오월五月 오일五日애 아으 수릿날 아침약藥은 즈믄 하 장존長存하샬 약藥이라 받잡노이다(5월 5일 수릿날 아침약은 천년을 장수하실 약이라 바칩니다)"라는 고려속요 「동동動動」에 '수릿날'이라는 고유어가 나타난다. 수릿날의 유래에 대해 단옷날에 수리취떡(수레바퀴 모양의 떡)을 해 먹은 데서 유래되었다고 주장하는데, 그렇다면 수리취떡을 해 먹게 된 유래나 까닭을 밝히면 수릿날의 유래가 더 확실해질 것이다.

수릿날은 수리와 날이 합쳐진 말로 수리+날=수리의 날을 말한다. 戌衣(술의)는 한글이 없던 시대에 한자(이두)로 표기한 것이다. 그럼 '수리'는 무슨 말일까? 수리는 산스크리트어인 surya(수리야)에서 온 것으로 추정되며 태양(신)을 뜻한다. 인도에는 힌두교의 대표적인 신들인 수리야, 브라흐마, 비슈누, 시바 신 등이 있는데 수리야는 태양신이다. '수리(sur(i))'는 둥근 '해(sun)'를 가리키는 말로 유사 이래 태양신을 숭배하였던 것은 인류의 공통점이기도 하다.

요가 중 수리야 나마스카라를 태양 경배라고 설명한다. 우리나라의 수로왕首露王이나 수릉首陵도 바로 태양이란 걸 알 수 있다. 인도의 국기는 한가운데 수레가 그려져 있는데 정확히 말하면 수레가 아닌 태양이다. 수릿날을 수레떡을 해 먹은 데서 유래한 것이 아닌 태양신을 향해 제를 올리고 태양처럼 생긴 수리떡을 해 먹었던 데서 유래되었다고 보는 것이 논리적으로 맞겠다. 그렇게 보면 수릿날은 태양절이라는 뜻이

된다.

 수리에서 파생된 것으로 보이는 말로는 술래잡기나 강강술래를 들 수 있다. 이 말의 어원도 거꾸로 해석하는 사람들이 많은데, 순라巡邏에서 술래가 유래되었다고 보는 것이 그 예다. 『해동죽지海東竹枝』란 책에는 "옛 풍습에 (통행금지를 알리는) 인경 종이 울린 뒤 나졸을 풀어 통금을 어긴 사람을 잡았다. 아이들이 이를 흉내 내어 놀이를 하였는데 이를 순라잡기라고 한다"라고 적혀 있는 것에 근거를 둔다. 그러나 더 거슬러 올라가면 고유의 우리말인 술래를 한자인 '순라'로 적은 걸로 보는 게 타당하다는 생각이다. 수리(태양)는 둥근 원 모양이다. 수리에서 유래되었을 술래(술라)도 원처럼 둥근 걸 뜻한다. 순라군은 물론 술래잡기나 강강술래는 주변을 빙빙 돈다는 특징이 있다.

 참고로 우리가 주문을 외울 때 우스개로 쓰는 말인 수리수리마수리는 천수경에서 유래된 건데 원래의 발음은 수리수리 마하 수리 수수리 사바하다. 삼족오 연구가인 정민수 씨의 주장을 인용해 풀어 보면 '태양이여 태양이여 위대한 태양이여 태양이 뜨면 새벽이 오나니'가 된다. 위에서 마하는 위대한 이란 뜻이고 수수리는 수리의 점층으로 해석하며 사바하는 사비성이나 샛별에서 알 수 있듯 새벽이나 아침을 말한다. '신이여 신이여 위대한 신이여 신께서 강림하시면 광명이 오나니'로 해석하는 게 오히려 당시 사람들의 사상 감정에 맞지 않을까 싶다. 왜냐하면 태양신을 믿는 종족이었으니까.

7.

추석보다 한가위가 더 즐거워

추석을 다른 말로 중추절 또는 한가위라고 한다. 다음 한가위를 잘 설명한 것은 무엇일까?

1. 가위 한 개
2. 큰 가위
3. 한가한(농사가 끝나서) 날
4. 큰 잔치
5. 보름달

한가운데 날에 벌어지는 큰 잔치와 놀이판

추석秋夕이나 중추절仲秋節은 한자 뜻으로 보아 '무르익은 가을', '가을의 중심' 정도로 이해된다. 그럼 한가위는 어디서 온 말일까? '한'은 한밭이 대전大田이란 것으로 보아 크다는 옛말이란 걸 알겠는데 '가위'는 도대체 어디에서 온 말일까? 가위란 '가배'에서 왔다. 가배란 '가부·가

뷔'를 한자로 쓰다 보니(음역-한글이 없던 시절 소리를 한자로 적었던 이두 문자) 가배嘉俳가 되었는데 '가운데'란 말이다. 지금도 영남 일부 지방에서는 '가운데'를 '가분데'라 하고 '가윗날'을 '가붓날'이라고 하는 걸 보면 '한가운데 날'이 한가위임을 알 수 있다.

한가운데 날은 팔월에만 있는 게 아니라 정월 대보름부터 시작하여 1년에 수차례 있는데, 팔월의 한가위는 그냥 한가운데가 아니라 다른 뜻을 내포하게 된다. 바로 '큰 잔치'나 '큰 놀이판'이라는 것이다. 『삼국사기』의 다음과 같은 내용이 이를 말해 준다.

> 신라 유리왕이 왕녀 두 사람을 시켜 6부의 여자들을 반으로 나누어 7월 보름달부터 6부의 뜰에 모여 베를 짜는데, 을야乙夜에 이르러서야 헤어지곤 했다. 이렇게 하길 8월 보름날까지 하여 그 성적을 평가하여 진 편에서 술과 음식을 마련하여 이긴 편을 대접했다. 이때 노래하고 춤추며 온갖 놀이를 다 했는데 이를 '가배'라 했다.유득공, 『경도잡지』

가배(가위)는 단순히 가운데를 가리키는 것을 넘어 큰 잔치와 큰 놀이판을 뜻하는 이름으로 의미가 확장, 전화되었음을 알 수 있다. 애석하게도 『삼국사기』 외에는 다른 역사서들이 없어서 알기 어려운데, 중국의 옛 기록에 근거하여 추측건대 영고나 무천 동맹이라는 이름의 큰 잔치와 놀이판이 성행했던 걸로 보아 한가위(추석)의 유래는 『삼국사기』 기록보다 훨씬 오래전 상고 시대까지 거슬러 올라가지 않을까 생각된다.

옛 기록을 더듬어 보면 이미 상고 시대부터 1년에 한 차례 제천대회 祭天大會로서 부족의식을 행하고 그곳에서 가무백희歌舞百戱, 즉 축제가 펼

쳐졌음을 알 수 있다. 부여_{夫餘}에서는 "정월이면, 하늘에 제사 지내는 국중대회를 치렀는데 연일 음식을 즐기고 노래하며 춤을 추었다. 이름 하여 영고라 했다. 이때에는 감옥을 열어 죄수들을 풀어 주었다正月祭天 國中大會 連日飮食歌舞 名曰迎鼓 於是時斷刑獄 解囚徒". 예濊에서는 "해마다 10월이면 하늘에 제사 지내고 밤낮으로 술 마시고 춤추며 노래했는데 이를 무천 이라 했다常用十月祭天 晝夜飮酒歌舞 名之爲舞天". 고구려에서도 마찬가지였다. "아침저녁으로 남녀 무리들이 노래를 불렀다. 시월이 되어 하늘에 제사 를 지내는 큰 모임을 갖는데 동맹이라 한다暮夜輒男女群聚爲倡樂 當十月祭天大 會 名曰東盟."

우리 민족은 잘 노는 '문화민족'

가무歌舞를 즐기는 모임을 옛날엔 '놀음'이라 하였는데 덧보기놀음이나 굿중패놀음이 그 예다. 이 이름의 유래는 아주 오래된 것으로 고대 사회의 놀음이란 현재 우리가 생각하는 놀이와 같이 한때 오락적 의미로 행하기보다는 신앙 공동체의 요구로 엄숙 경건하게 실행하였을 것이다. 이것이 정작 큰 놀음판이었다. 『삼국지』 「위지 동이전 마한」의 다음과 같은 기록으로 보면 대규모 대단위로 놀았음을 알 수 있다.

> 마한에서는 항시 5월에 모종을 끝마치고 나서 귀신에게 제사를 지냈는데 많은 사람이 떼를 지어 노래 부르고 춤추며 술을 마셔 밤낮을 쉬지 않았다. 그 춤추는 모양은 수십 인이 함께 일어나서 서로 따르며, 땅을 낮게 혹은 높게 밟되 손과 발이 서로 응하여 그 절주는 마치 탁무와 같다. 10월에 농사일이 다 끝나고 나면 또 같은 놀이를 했다 馬韓 常以五月下種訖 祭鬼神 群聚歌舞飮酒 晝夜無休 其舞數十人 俱起相隨踏地低昻 手足相應 節奏有以鐸舞 十月 農功畢 亦復如上.

옛 기록을 보면 우리나라는 고래로부터 추수가 끝나면 음식과 술을 빚어 놓고 모두가 손에 손을 잡고 하늘에 감사의 제를 올렸는데, '남녀노소男女老少 군취가무群聚歌舞 주야연일晝夜連日 음주가무飮酒歌舞'의 특징이 있었다.

즉, 남녀노소 신분에 관계없이 모두가 참여하였으며 하루 이틀이 아닌 수일간에 걸쳐 그것도 밤낮으로 술 마시고 노래 부르고 춤을 추었다. 얼마나 잘 놀았던 민족인가를 옛 기록이 말해 주고 있다. 분명 우리 민족은 잘 노는 '문화민족'이란 것을 알 수 있다.

8.
강강술래는 여성의 놀이인가?

한가위 하면 강강술래를 빼놓을 수 없다. 마치 바늘과 실처럼 짝을 이뤄 한가위는 둥근 보름달과 함께 큰 원을 그리며 노는 강강술래를 연상하게 만든다. 강강술래는 흔히 여성의 놀이로 알고 있다. 과연 그게 진실일까? 결론부터 말하면 한편으로는 맞고 한편으로는 틀리다. 『한국세시풍속사전』을 찾아보면 강강술래에 대해 이렇게 설명하고 있다.

"음력 8월 한가윗날 밤에 호남 지역에서 널리 놀았던 여성 집단 놀이. 현재는 전국적으로 이 놀이가 확산되어 굳이 호남 지역의 민속놀이라기보다는 전국화된 놀이라고 할 수 있다. 강강술래는 우리나라의 대표적인 여성 놀이로서 가장 여성적인 아름다움과 율동미가 넘치는 민속놀이요 민속춤이요 또한 민요이다. 가무악歌舞樂이 일체화된 강강술래는 주로 추석날 밤에 행해지며, 지방에 따라서는 정월 대보름 밤에 하기도 한다. 1966년 2월 15일에 중요무형문화재 제8호로 지정되었다."

강강술래는 2009년 유네스코 세계인류무형유산으로 지정되었는데, 다음과 같은 기준을 충족시켰기 때문이라 한다.

● R1 공연자들이 일체감을 가지고 있으며, 세대를 이어 온 여인

들의 자유로운 표현 경로를 제공했다.

- R2 강강술래의 등재는 인간들 간에 다정하고 조화로운 유대에
  대한 무형유산으로서의 예를 제공하며, 문화적 다양성과
  인간 창의성에 대한 경의를 제공할 것이다.
- R3 공연자들이 어느 정도의 인성을 겸비하고 있었으며, 예뻤다.

위의 사실들에 비춰 보면 강강술래는 '여성의 놀이'임에 틀림없다. 강강술래가 진도와 해남을 중심지로 한 여성들의 놀이문화로 알려져 왔던 건 사실이다. 그러나 최근 신안군 비금도 뜀뛰기강강술래가 알려지면서 그 역동성과 어울림에 학자들이 주목하고 있다. 비금도 강강술래는 지금까지 우리가 추상적으로만 알았던 강강술래의 역동적인 모습들을 드러내 주고 있는데, 여성 전용 놀이가 아닌 청춘 남녀들이 어울리는 성적 에너지가 넘치는 놀이라는 점, 그리고 이 놀이판에서 남녀의 역동적 짝짓기가 이루어진다는 점 등이 밝혀졌다.

강강술래는
황해도 연백에서 경북 영일까지 분포되어 있었다

일제강점기 일본 학자들이 조사하여 『조선의 향토 오락』[1941]을 펴냈는데 강강술래 분포 지역은 다음과 같다. 광주, 고흥, 보성, 화순, 장흥, 목포, 강진, 담양, 장성, 해남, 영암, 무안, 나주, 함평, 영광, 완도, 전주, 금산, 임실, 의성, 영일, 연백 등이다. 이를 보면 서남해역이 전승 중심지역이고 해로를 따라 전파되어 서해로는 황해도까지, 동해로는 영일만

까지 뻗어 있으며 광주, 화순, 담양, 장성, 전주, 금산, 임실, 의성 등 내륙까지 전승되고 있다. 이를 근거로 목포대학교 민속학과 교수인 나승만은 『비금도 강강술래의 사회사』[2003]에서 "강강술래는 해양실크로드를 따라 연행된 해양문화의 상징적 가무놀이로 판단된다"라고 평가하고 있으며, 비금도 뜀뛰기강강술래 복원을 직접 지도한 민속학자 이윤선 박사는 "이것이야말로 강강술래의 원형"이라고 주장하고 있다.

강강술래의 기록은 마한까지 거슬러 올라간다

강강술래의 유래를 살펴보면 임진왜란 연관설이 가장 많이 알려져 있다. 즉, 임진왜란 당시 이순신 장군이 침공해 오는 왜적에게 우리 군사가 많다는 것을 꾸미기 위해서 부녀자들을 동원하여 남장을 시키고 손과 손을 마주 잡고 둥그렇게 산봉우리를 돌게 했더니 이를 본 왜군들이 겁을 먹고 달아났다는 전설인데, 소위 위장술인 의병술擬兵術로 쓰였던 춤을 놀이화하여 강강술래가 시작되었다는 것이다.

이는 한자 기원설과 관련되는데 강강술래라는 말이 '강한 오랑캐가 물을 건너온다'는 뜻의 강강수월래强羌水越來라는 것이다. 그런데 이것은 한문의 어순도 틀릴뿐더러 억지로 한자를 끼워 맞춘 것이고, 우리말인 강강술래의 한자어 차음(이두)으로 생각된다. 오히려 '강강'은 둘레, 원을 뜻하는 전라도 방언이고, '술래'는 수레, 수리에서 온 말로 둥글다는 뜻이기에 원을 만들어 둥글게 돌며 노는 놀이라고 해석하는 게 강강술래 원형에 가까운 해석이라는 생각이다.

강강술래의 유래를 알기 힘든 것은 기록이 거의 없기 때문일 것이다.

많지 않은 기록 중에 조선 말엽 진도에 유배되었던 정만조라는 사람이
쓴 『은파유필』을 보면 다음과 같다.

　　높고 낮은 소리를 서로 주고받으며 느릿느릿 돌고 돈다. 한
　동안 섰다가 이리저리 돌아가네. 젊은 여인들의 마음에는 사
　내 오길 기다리네. 강강술래를 하니 때맞추어 역시 사내들이
　찾아오네. 이날 밤 집집마다 여자들이 두루 모여서 달을 밟으
　며 노래하는데, 한 여성이 선창을 하면 여러 여성들이 느릿느
　릿 소리를 받기늘 강강술래라 한다.

'남자를 부르는 노래'라고 칭한 정만조의 기록은 원시 고대 사회에서 성적 주술성을 갖고 있었던 춤의 속성이 강강술래에 담겨 있다는 걸 암시하고 있다.

더 거슬러 올라가면 고대사를 기록한 진수의 『삼국지』「위지 동이전 마한」에 이러한 서술이 있다. "그 춤추는 모양은 수십 인이 함께 일어나서 서로 따르며, 땅을 낮게 혹은 높게 밟되 손과 발이 서로 응하여 그 절주는 마치 (중국의) 탁무와 같다其舞數十人 俱起相隨踏地低昻 手足相應 節奏有以鐸舞." 이 문장으로 상상해 보면 누구나 강강술래가 그려질 것이다. 마한은 삼한 시대 최강국으로 오늘날 호남 지역과 많이 겹치는 땅이었다.

강강술래의 어원을 찾다

강강술래는 수메르말 '감간수힐라'라고 주장하는 학자도 있다. '감간수힐라'는 수메르말로 '구부리다, 숙이다'의 뜻을 가진 '감(gam)'과 '일어서다'의 뜻을 가진 간(gan), 그리고 손을 흔들어 제를 올린다는 뜻의 '수힐라(su~il~la)' 또는 '손을 맞잡다'라는 뜻의 '수할라(su~hal~la)'가 결합된 말이라는 것이다. 여기서 수(su)는 손이며 힐(hil)은 들어 올린다는 뜻이다. 이는 최초의 인류가 아프리카에서 기원했다는 아프리카기원설Out of Africa과 인류의 언어는 단일 언어에서 출발하여 분화되고 복잡해졌다는 언어일원설에 근거한 것이다. 히브리대학교에서 수메르어를 전공하는 조철수 박사의 "수메르어와 한국어는 같은 뿌리"「수메르어·국어고어 문법범주 대조분석」, 1997라는 주장에 동의한다면 감간수힐라가 오늘날의 강강술래로 변화되었다는 것인데, 말소리로만 본다면 가장 근접한 주장이라

할 수 있겠다.

1830년대 파리의 무도회장에서 유행한 캉캉이라는 프랑스 춤이 있는데 다리를 높이 차올리는 것이 특징인 서민의 춤이다. 강강술래와 유사성이 많이 발견된다. 첫째는 '뛴다'는 것이다. 그다음은 '강강'과 '캉캉'이라는 말의 유사성이다. cancan은 영어로는 '캉캉' 불어로는 '콩콩'으로 발음하는데 세계 어디를 가도 '캉캉' 또는 '콩콩'이라고 말하면 뛴다는 것을 표현하는 의성(태)어로 알아들을 것이다. 필자가 볼 때 강강술래를 할 때 첫 박 '강'을 강조하며 힘차게 내딛는 데서 나온 형태어가 아닐까 추측된다. 술래는 산스크리트어 수리야(surya)에서 온 것으로 '태양'을 말하며 또한 둥글다는 뜻이기도 하다. 뛴다는 강강과 '수리'에서 파생된 것으로 보이는 술래가 합쳐져 강강술래가 되지 않았을까 추측해 본다. 우리나라 사투리에 산스크리트어로 추정되는 말들이 생각 이상으로 많다는 게 최근 밝혀지고 있는 사실에도 주목하자.

좌우간 짧게 보더라도 강강술래는 마한 시대부터 놀았던 놀이임에 틀림없다. 또 분명히 여성만의 놀이는 아니었음을 알 수 있다. 강강술래는 시대에 따라 고대 사회의 풍요제, 남녀 짝짓기의 난장, 이순신 장군의 전쟁 활용 등으로 발전했다. 역사가 오래되고 역동적인 청춘 남녀의 짝짓기 놀이가 조선시대 유교 이데올로기의 압박으로 양반 마을에서는 여성 전용 가무로 제한된 것으로 보인다.

현재 우리가 알고 있는 진도 해남 지역 중심의 강강술래는 문화재로 등재되기 위해 원래의 강강술래(손잡고 도는 놀이)에 남생아, 청어엮기, 문지기 놀이 등 민간의 전래놀이를 조합, 연출하여 훨씬 다양하고 풍성하게 만들어졌다. 그리하여 유네스코에서 얘기한 '문화적 다양성과 인간 창의성에 대한 경의를 세상'하게 된 것이다. 경상도 지역에는 강강술래라는 명칭 대신에 '월월이청청'이라는 놀이가 있는데, 형태나 노는 모습이 강강술래와 거의 똑같다. 한자말인 월월이청청月月而淸淸이 둥근 달과 맑은 하늘을 뜻하듯 보름달 아래서 부녀자들 중심으로 놀았던 강강술래의 다른 이름으로 보인다.

9.

설날의 꿩 대신 닭놀이

설날이 되면 떡국을 만들어 먹는 것은 오래된 우리의 풍습으로 알려져 있다. 최남선은 『조선상식문답』에서 설날에 떡국을 먹는 풍속은 매우 오래된 것으로 상고 시대의 신년 제사 때 먹던 음복飲福 음식에서 유래된 것이라고 말한다. 떡국의 유래를 알 수 있는 문헌은 『동국세시기』와 『열양세시기』가 있는데, 떡국은 설날 차례와 세찬에 없으면 안 될 음식으로 설날 아침에 반드시 먹었으며, 손님이 오면 떡국을 대접했다고 한다. 떡국은 하얀 가래떡을 썰어서 만들었는데, 하얀색은 백의민족인 우리 민족을 나타내는 상징 색이자 태양을 숭배하던 오래된 신앙과도 관련이 깊어 보인다.

왜 꿩 대신 닭일까?

그런데 왜 꿩 대신 닭이라는 말이 생겼을까? 『동국세시기』에 떡국에는 흰떡과 꿩고기가 쓰였으나 꿩을 구하기가 힘들면 대신 닭을 사용하는 경우가 많았다고 전해긴다. 꿩을 사용했나는 이야기는 사냥이 주요한 식량 공급원이었던 시대로부터 설날 음식 풍습이 유래된 것임을 암시한다. 매사냥은 유네스코 인류무형문화유산에도 등재되어 있다. 매를 길들여 꿩을 사냥했는데, 이는 고구려 고분벽화에도 새겨져 있을 정도로 유라시아를 비롯한 여러 지역에서 인류의 오래된 사냥 방법이었다. 우리 민족은 꿩을 하늘과 땅(인간)을 이어 주는 상서로운 길조로 여겼다. 풍물패의 농기 맨 끝에 장식하는 '장목'을 일명 총채라고도 하는데, 이것을 장끼(수꿩)의 깃으로 만들었다. 농경사회가 되면서 꿩고기가 귀해지자 '꿩 대신 닭'을 쓴 것이다.

설날의 떡국과 꿩, 닭은 오래전부터 우리 민족에게 친근한 이름들이다. 그래서 이들과 관련된 놀이들도 꽤 있다. 먼저 떡국과 관련된 놀이는 「방아야 방아야」라는 노래에 나온다.

> 방아야 방아야/ 쿵덩쿵덩 찧어라// 아침먹게 찧어라/ 쿵덩쿵덩 찧어라// 저녁먹게 찧어라/ 쿵덩쿵덩 찧어라// 송편먹게 찧어라/ 쿵덩쿵덩 찧어라// 떡국먹게 찧어라/ 쿵덩쿵덩 찧어라.

아이들이 떡을 먹으면 한 살 더 먹기 때문에 누가 더 키가 큰지, 힘이 누가 더 센지 겨뤄 보려는 경쟁 심리가 생긴다. 그래서 놀이가 끝나고 '안 내면 진다 가위바위보'를 하여 벌칙놀이로 이어 간다.

진 아이는 얼음땡을 하고 이긴 아이가 "모기야 모기야/ 친구 볼에 앉아라// 모기야 모기야/ 콕콕 찔러라// 모기야 모기야/ 친구 귀에 앉아라// 모기야 모기야/ 잡아땡겨라"라고 노래한다.

간혹 놀이짝꿍이 싫어하는 친구가 걸려 심하게 귀를 잡아당겨 싸움이 번지는 경우가 생겨서 칭찬 버전으로 만들어 사용하기도 한다.

나비야 나비야/ 친구 볼에 앉아라// 나비야 나비야/ 토닥거
려라// 나비야 나비야/ 머리 위에 앉아라// 나비야 나비야/ 쓰
다듬어라.

꿩하고 관련된 놀이도 있다. 시집간 딸의 안부가 궁금하여 꿩으로 의
인화하여 물어보고 답하는 문답노래로 제주도에서 유래되었다고 알려
진 「꿩꿩 장서방」이라는 노래다. 요즘 시대와 달리 예전에는 시집을 가
면 만나기가 쉽지 않았고 밥이나 먹고 사는지 아들딸은 몇이나 낳고
사는지 안부가 궁금했던 모양이다. 수꿩을 장끼라고 부르기에 장 서방
이라고 불렀을 것이다.

꿩꿩 장 서방/ 꿩꿩 장 서방// 어디어디 사나?/ 저 산 넘어
살지// 무얼 먹고 사나?/ 콩 까먹고 살지// 누구하고 사나?/ 새
끼하고 살지.

노래 가사에 맞춰 신체 표현을 하는 놀이로 만들어 보면 즐거워한다.
요즘 아이들은 자연에서 꿩을 본 경우가 매우 드물다. 그래서 꿩이 아
이들을 어여삐 여겨 꿩이 아파트로 날아들었다. 일명 〈아파트 꿩〉 버전
도 있다. 위 가사 중 장 서방 대신에 상대방의 성을 붙여 김 서방 박 서
방이라 부르며 놀이를 시작한다. 어디어디 사나라고 물어보면 자신이
거주하는 집의 모양을 표현한다. 무얼 먹고 사나 대신에 무얼 먹고 싶
나라고 물어보면 치킨 뜯는 모습이라든가 짜장면 먹는 모습 등 먹고 싶
은 것을 흉내 낸다. 누구하고 사나 물어보면 자신의 가족을 노래로 소
개한다. 돌아가면서 발표회를 하면 재미나게 웃으며 서로서로를 알 수

있어 좋다.

닭, 노래와 놀이 속에 등장하는 친근한 존재

닭은 꿩보다 더 진근한 단어다. 왜냐면 예선 농촌에서는 집집마다 닭을 키우지 않는 집이 없었기 때문이다. 닭은 하루하루 달걀을 공급하고 추석이나 설날엔 육고기로 쓰이고 장에 내다 팔면 돈이 되기도 하는 중요한 가축이었다. '닭과 너구리' 놀이는 둥그렇게 손에 손을 잡고 닭과 너구리를 정하여, 닭은 원 가운데에서 너구리는 원 바깥에서 놀이를 시작한다. 너구리가 닭을 잡아야 하는데 너구리가 원 안으로 뚫고 들어오면 닭이 잽싸게 원 밖으로 나가도록 문을 열어 주고 너구리는 나가지 못하도록 막는다. 일종의 잡기놀이로 쫓고 쫓기는 놀이를 아이들은 유독 좋아한다. 오래된 사냥 본능일 것이다.

닭은 「실꾸대 노래」에도 등장한다. 이 노래는 농번기에 들에 일 나간 엄마 아빠를 기다리면서 아이들이 만든 노래로 알려져 있는데, 구슬픈 느낌이 든다. 그럼에도 즐겁게 둘이 둘이 마주 보고 가마 틀을 만들어 앞뒤로 덩 덩 덩더꿍덩 박자에 맞춰 놀이를 시작한다.

실꾸대 실꾸대/ 실꾸대틀이 늘어가네// 앞들에 일 나간/ 엄마 빨리 돌아오소/ 엄마 빨리 돌아오소// 꼬꾸대 꼬꾸대/ 꼬꾸대틀이 늘어가네// 앞들에 일 나간/ 아빠 빨리 돌아오소/ 아빠 빨리 돌아오소.

닭이라는 단어는 등장하지 않지만 닭이 우는 소리는 들린다. 농촌에서는 새벽이면 아침을 깨우는 닭이 어김없이 우는데 그 소리가 '꼬꾸대'다. 실꾸대와 꼬꾸대는 의미상 아무런 상관이 없지만 발음이 비슷한 점을 이용하여 언어유희를 한 것이다. 아이들의 전래동요에는 언어유희가 유독 많은데, 언어 발달 시기의 특징이기도 하고 의성어나 의태어가 발달된 한국인의 특징이기도 하다. 특히 한국인의 뇌는 멜로디센서가 어느 나라 사람보다 발달되어 있다는 전문가의 견해도 있다.

닭은 일명 '진화놀이'에도 등장한다. 알~병아리~닭~호랑이~포수~왕으로 진화하는 가위바위보 놀이로 알은 알 모양처럼 몸을 둥글게 형상화하여 알알알 하면서 알끼리 가위바위보를 하여 이기면 병아리가 된다. 병아리는 삐악삐악 병아리 흉내를 내면서 돌아다니다가 병아리를 만나면 가위바위보를 하여 이기면 닭으로 진화한다. 닭은 손으로 닭 벼슬 모양을 머리 위에 표시하여 꼬끼오 하면서 닭끼리 가위바위보를 하여 이기면 닭을 잡아먹는 호랑이가 되어 어흥 하면서 같은 호랑이를 만나면 가위바위보를 한다. 이기면 드디어 호랑이를 잡는 사냥꾼이 되어 탕탕거리면서 사냥꾼을 만나 가위바위보를 하여 이기면 의기양양 왕 앞으로 걸어가 공손하게 절을 올린다. 왕이 "그대는 어인 일로 왔는고?" 물으면 "왕이 되고 싶어 왔사옵니다." 하면 왕이 이것저것 시킨다. 그때 즐겁게 춤을 춰 보라든가 벌칙을 준다든가 하여 맘에 들면 드디어 가위바위보를 하는데, 지면 다시 알이 되어 새로 시작해야 하고 이기면 왕이 바뀌고 왕은 알로 내려가는 놀이다. 최초의 왕은 진행자가 눈에 띄는 곳에 의젓하게 앉아서 시작하면 되겠다.

맘껏 상상하고 자유롭게 놀아 보는 놀이정신

설 명절을 맞이하여 꿩 대신 닭으로 덕담 대신에 놀이를 소개했는데, 꿩을 명품 진품이라 치면 닭은 짝퉁이나 유사품으로 치부된다. 그러나 현실 세계에서는 꼭 닭이 나쁘지만은 않다는 생각이 든다. 의약품도 대체의약품이 오히려 약효가 뛰어난 경우가 있고 일상에서 대체품을 찾다 보면 훨씬 값싸고 가성비가 좋은 경우를 종종 보게 된다. 놀이에서는 특히 꿩 대신 닭으로 대체되거나 치환되는 경우가 많다. 여기서 꿩은 원판이고 닭은 대체되거나 업그레이드된 버전이라 생각하면 되겠다. 즉, 닭은 창의성이 발휘된 거라 봐도 무방하다.

일례로 농구의 탄생을 보자. "공은 발로 차는 게 아니라 던지는 거야." 미국의 체육교사였던 제임스 네이스미스가 손놀이인 농구를 창시하면서 한 말이다. 공은 고대 사회에서부터 발로 차는 걸로 통했다. 산업혁명의 원조국인 영국에서 축구가 탄생하여 전 세계로 퍼졌다. 그런데 축구하기로 한 날 날씨가 을씨년스럽고 비가 왔던 모양이다. 그래서 체육교사는 고민 끝에 꿩 대신 닭을 생각했다. 운동장에 나가서 공을 차게 되면 아이들 옷도 다 버릴뿐더러 감기까지 걸릴지 모르니 손으로 던지는 놀이를 해 보자 궁리한 것이다. 창고에 가서 나뒹구는 사과 바구니를 책상 위에 얹어 놓고 아이들에게 일정한 거리에서 던져 넣도록 했다. 아이들의 반응은 예상 외로 좋았다. 농구라는 바구니공basketball 놀이는 이렇게 해서 탄생한 것이다. 제기차기도 마찬가지다. 제기는 꼭 차야 한다는 고정관념에서 벗어나면 놀이가 훨씬 재밌어진다. 그래서 만들어 낸 것이 보자기제기놀이와 제기배구대회다.

농구는 올림픽으로 채택된 이후에도 한동안 실제 바구니에 공을 넣고 꺼내는 번거로움을 지속했다. 왜 그랬을까? 바구니basket라는 명칭의 프레임에서 못 벗어났기 때문이다. 즉, 농구라는 새로운 개념을 만들어 냈지만 스스로 그 개념에 갇혀 버린 경우다. 우린 이런 예를 역사에서도 많이 발견한다. 혁명적인 이념이나 개념에 갇혀 현실과 시대의 변화에 아랑곳하지 않고 이념만 뒤쫓다가 끝내는 극단주의자가 되는 안타까운 사례는 스스로 갇히기 때문이다. '바구니공'이라는 우물(개념) 안에 갇혀 있으면 바구니 밑을 틀 수가 없을 것이다. Think out of the box. 사고에서 두려움을 없애 주는 것은 맘껏 상상하고 자유롭게 놀아 보는 '놀이정신'이다.

10.
전국이 축제의 난장판,
정월 대보름

정월 대보름이 되면 전국 방방곡곡이 놀이와 축제로 들썩인다. 10여 년 전 민속축제를 취재하기 위해 고향인 영광군에 자료 요청을 했는데 동제, 당산제, 지신밟기 등 동네마다 행사가 없는 곳이 거의 없었다. 1970년대 새마을운동 한답시고 거의 사라졌던 놀이와 축제가 21세기에 다시 살아난 것이다.

농사집들에서 해 질 무렵에 홰를 만들어 불을 붙여 가지고 떼를 지어 동쪽으로 달려가는 것을 달맞이라고 했다. 『열양세시기』

시골 사람들은 정월 보름 전날에 짚을 장수 깃발 모양으로 엮어서 벼, 기장, 피, 조, 이삭들을 쌓고 또 목화를 거기에 달아서 장대 끝에 씌워 짚 옆에 세우고 새끼를 벌여 매는데 이 것을 화적(벼낟가리, 볏가릿대)이라 하여 이로써 풍년 들기를 바란다. 『동국세시기』

놀이문화가 활짝 꽃피는 정월 대보름날

설날부터 정월 대보름까지는 거의 쉴 틈 없이 세시풍속이 이어지는데 우리 명절 가운데서도 가장 큰 비중을 차지하고 있다. 전통 시대에는 농사가 본업이었기 때문에 겨울철은 농한기로 여러 놀이가 발달했고, 그중에서도 농사 준비를 본격적으로 해야 하는 정월 대보름을 기점으로 놀이문화는 활짝 꽃피었다.

첨단 과학기술이 발달할수록 아날로그적인 옛 추억을 찾는 것은 어쩌면 소박하고 원시적이지만 거기엔 인간적인 따뜻함과 정이 오롯이 남아 있었다고 기억하기 때문일 것이다. 호롱불에서 스마트폰까지, 시대로 말하면 거의 조선시대나 다름없는 시대에서 21세기까지의 삶을 짧은 기간 동안에 경험한 필자에게는 감히 행운이라고 말해도 지나치지 않다는 생각이 든다.

우리 자랄 땐 논두렁에서 쥐불놀이하다가 묏등이나 짚베늘(짚더미) 한번 안 태워 먹은 놈 없었고 불깡통(망우리) 만들어 돌리다가 옷을 태워 먹거나 마빡이 터지는 건 그다지 대수롭잖게 생각했다. 그러다가 밤이 되면 다른 동네 아이들이랑 편싸움 한번 거나하게 하고는 곤하게 잠들었다가 이불에 오줌 싸기 일쑤였다. 불장난하면 오줌 싼다는 말은 그래서 나온 게 아닌가 생각된다.

그다음 날 누나들은 새벽같이 일어나 오가리(작은 항아리)를 들고 샘으로 달려갔는데 일명 '용알'을 떠오기 위해서였다. 하늘에 사는 용이 정월 대보름 새벽에 땅으로 내려와 우물 속에 알을 낳는다는 속신이 있었는데 샘물을 제일 먼저 긷는 사람이 용알을 가져가면 운수대통한다고 믿었기 때문이나. 아침에 옆집 진구가 이름을 부르면 대답 대신에 '내 더위 사 가라'고 선수 치라고 어른들이 가르쳐 줬건만 번번이 당하고 만다. 일명 더위팔기다. 어린 나이에도 찬 술을 한 방울 얻어 마시고(귀밝이술) 부럼을 깨 먹는다. 그러고선 갖은 나물에 오곡밥을 먹고는 조리를 들고 집집마다 돌아다니며 밥을 얻으러 다니는 것은 마치 서양 핼러윈 데이의 사탕 주고받기와 같다.

정월 대보름엔 오곡밥을 아홉 번 먹어야 한다고 하여 모처럼 배 터지게 포식하는 날이기도 하다. 그런데 개는 말 그대로 개 취급을 당했다. 개 보름 쇠듯 한다는 말이 있듯 이날 개에게 음식을 주면 일 년 내내 파리가 많이 꼬이고 개가 쇠약해진다는 속설이 있어서 죄 없는 개만 굶게 된 것이다.

지금도 오곡밥과 아홉 가지 나물 그리고 부럼 깨는 풍습이 도시에서도 이어지는데, 먹을 게 충분하지 않던 시절 긴 겨울 동안 햇볕과 영양이 부족해 당시에는 버짐을 달고 살았는데 이렇게라도 결핍된 영양분을 보충했던 것이다. 그뿐 아니라 최근에 밝혀진 것으로 씹는 것이 아이들의 두뇌 발달과 노인들의 치매 예방에 좋다는 뇌과학자들의 연구도 있다. 치아가 안 좋은 노인들의 치매 발병률이 유독 높은 이유 중 하나이기도 하다. 소위 식품혁명으로 가공식품이 발달하다 보니 현대인들에게서 '씹는 재미'를 앗아가 버렸는데, 가장 건강하게 사는 비결은 원시적(구석기)인 생활방식이라고 주장하는 학자도 있다. 아무리 영양가 높은 죽이라도 사흘만 먹으면 금세 풀이 죽고 생기를 잃어버려 우울증이 오는 이유다. 부럼을 나이 수만큼 먹는 풍습에 따라 아이들에게 하나, 둘 세면서 깨물어 먹게 하면서 수 개념을 익히고 건강도 지켜 주었다.

지신밟기, 달맞이, 줄다리기의 추억

정월 대보름엔 동네 사람들이 모여 지신밟기를 하는데, 국민학교 4학년 땐가 필자는 생전처음 목격했다. 신기하게도 우리들이 장난삼아 놀던 포수가 등장하고 변장한 양반도 나와 실제처럼 흉내 내기를 하는게 재미있기도 하고 흥이 절로 났더랬다. 집집마다 쌀이나 보리를 정성껏 내놓는다. 가장 기억에 남는 건 풍물패를 따라다니다가 어른들이 따라 준 막걸리를 한 잔 마시고는 비틀거리며 혼났던 일이다. 아마 맨 처음 이른 나이에 배운 놀이였을 것이나.

가장 화려한 놀이는 '달맞이'다. 해가 지고 달이 뜰 때쯤이면 달집태우기를 한다. 볏단을 쌓고 생솔가지와 대나무로 주위를 둘러치고 불을 붙이는데 아마 가장 흥분되는 광경이 아니었나 싶다. 어마어마한 연기를 내뿜으며 생솔 냄새가 사방에 퍼지고 대나무가 빨간 불똥을 튀기며 타닥타닥 소리를 내는데 연기와 소리가 잡귀잡신을 모두 쫓아내고도 남을 듯했다.

정월 대보름이 끝나면 더 이상 놀지 못한다는 사실이 어린 나에게는 슬픈 일이었다. 겨울 내내 갖고 놀던 연도 대보름 때 실을 끊어 저 멀리 산 너머로 날려 보내거나(액막이연) 달집에 태워야 했으니까. 이렇게 정월 대보름은 놀이의 최대 축제로 대미를 장식하고 어른들은 농사지을 준비를 본격적으로 한다.

필자가 놀러 다니며 인상 깊었던 곳을 한 군데 소개하자면 경남 창녕이다. 창녕은 말 그대로 민속 문화의 보고다. 아파트 벽에 쇠머리대기와 줄다리기 모습이 그려져 있는 멋진 고장이다. 정월 대보름 놀이로 줄다리기를 빼놓을 수 없다. 줄다리기는 유네스코 무형문화유산에 등재되어 있는데, 창녕의 영산 줄다리기와 충남 당진의 기지시리 줄다리기가 대표적이다. 영산에서는 하루 전에 애기줄다리기라는 '골목줄다리기'를 한다. 동네 골목에서 청소년들이 펼치는 줄다리기로 성인이 되기 전 이 놀이를 통해 일종의 예행연습을 하는 것이다.

줄 길이가 200미터에 무게가 40톤이나 되는 기지시리 줄다리기는 줄의 굵기와 길이가 가히 세계적이라 할 만한데 500년의 역사를 자랑한다. 호남 지역에서는 외줄을 만드는데 이들 지역에서는 암줄 수줄을 서로 교합시켜 동부와 서부 또는 위(상) 아래(하) 마을로 나누어 시합을 한다. 농경사회였던 우리나라는 성을 상징화한 놀이문화가 많은데 이는 다산과 풍요를 기원하는 염원에서 비롯된 것이다.

영산의 쇠머리대기는 차전놀이나 고싸움과 비슷하다. 차전놀이는 안동 지역에서 동서 편으로 나눠 동채의 머리를 맞대고 싸우는 놀이다. 쇠머리대기는 황소가 머리를 맞대고 싸움하는 걸 형상화한 대형 집단 놀이다. 애기줄다리기처럼 '작은 쇠머리대기'는 청소년들이 펼치는 놀이로 어른이 되어 본격적으로 큰 싸움을 하기 위한 성장기 놀이다. 전남 광산군 대촌의 고싸움도 비슷한데 줄다리기든 고싸움, 차전놀이든 모두 동네 주민들의 협력이 없으면 진행할 수 없는 협동과 단결의 결정체라 할 수 있겠다. 창녕에는 그 외 문호장 단오굿, 구계 목도놀이 등 중요무형문화재가 즐비하다. 곽재우 장군의 의병 정신과 영남에서 가장 먼저 항일의 횃불을 든 3·1 정신을 받들어 영산에서는 정월 대보름이 아닌 3·1민속문화제를 펼친다. 주변에 우포늪도 있고 대가야의 유적들도 많아 겸사겸사 놀러 가기 딱 좋은 곳이다.

11.

우리 놀이가
아메리카로 간 까닭은

해외여행이나 동영상을 통해 우리와 똑같은 풍습이 있거나 똑같은 놀이를 하고 있는 걸 보면 신기하기도 하고 도대체 어찌 된 일인지 궁금해지기 마련이다. 그래서 그 뿌리를 찾아보게 되는데, 학문 행위로 말한다면 역사학, 문화인류학, 문명사학, 인문지리학 등으로 부를 수 있겠다. 태국의 치앙라이, 카자흐스탄 등의 전통놀이를 조사해 보면 우리와 너무나 똑같아서 깜짝 놀란다. 놀이나 문화는 인류의 보편적인 심리와 평균적인 지능에 의해 자연발생적으로 탄생하기도 하지만 놀이 도구와 방법, 규칙 등 세부적인 것까지 똑같다면 분명 어느 한 곳에서 발생하여 인류의 이동 경로를 따라갔을 수도 있을 것이다.

세계 어디에서도 찾을 수 없는
우리 민족 고유의 놀이들

인류의 발자취를 보면 아프리카에서 기원하여 동남아시아 밀림을 거쳐 히말라야까지 이동했다가 다시 각지로 흩어져 이동 정착한 것으로 여겨진다. 그러다가 말과 낙타, 배 등을 이용해 실크로드라는 길과 바닷길을 만들기도 했다. 육로를 통해 북방 유목민이 중앙아시아를 넘어 유럽의 로마까지 진출했던 역사는 익히 알려진 사실이다. 바닷길을 개척하던 콜럼버스는 신대륙을 발견(?)하기도 했다. 당시에 인디언(인도) 땅으로 잘못 알았기에 이후 신대륙(?)에 살고 있었던 사람들을 인디언 원주민이라 부르게 된다. 이미 인류가 살고 있었는데도 신대륙이라 명칭한 것은 땅은 점령의 대상일 뿐이었고, 자신들이 세상의 중심이라는 사고방식(중국도 마찬가지다)과 자기 족속 이외는 사람 취급을 하지 않았던 유럽인의 인식을 반영한 것이다. 그런데 유럽인들이 점령했던 인디언 원주민이 우리와 똑같은 놀이와 문화를 갖고 있다는 데 놀라지 않을 수 없다.

이에 대해 『아메리카에 나타난 우리 민족의 민속놀이』[2016]라는 논문을 중심으로 살펴보고자 한다. 논문 작성자인 손성태는 배제대 스페인어·중남미학과 교수로 이미 그의 책『우리 민족의 대이동』, 2014을 통해 한민족과 아메리카 인디언들은 태극무늬, 복식, 육아법, 전통놀이와 악기, 지명 등 어느 것 하나 피해 갈 수 없을 만큼 정확하게 일치한다고 주장했다. 그런데 그의 주장은 철저히 무시·외면당하고 있다. 학문 발전을 위해서는 자신이 모르는 분야라고 하여 덮어놓고 무시할 게 아니라 전문 분야별로(여기서는 특히 언어학) 검증을 해 보고 발전시켜 나가는 열린 자세가 필요하다.

필자는 위 논문에서 주장하는 바를 간략하게 소개하고 놀이 중 몇 개를 골라 살펴보고자 한다. 손성태는 우리 고유의 민속놀이가 아메리카에서 행해지고 있는데 그중에 숨바꼭질, 공기놀이, 굴렁쇠, 팽이치기, 숙마놀이, 고누놀이, 자치기, 널뛰기, 말타기, 등타넘기, 달집태우기 등을 예로 들고 있다. 논자의 원문과 그림 인용 등을 보면 모두가 나름의 타당성이 있다는 판단이지만, 앞에 언급한 한 것처럼 "인류의 보편적인 심리와 평균적인 지능에 의해 자연발생적으로 탄생"했음직한 놀이는 일단 제외시켜 본다.

숨바꼭질은 이스라엘이나 팔레스타인에서도 하고 있고, 공기놀이나 말타기(말뚝박기)는 500년 전 네덜란드 화가가 그린 그림에도 나타나고 인도, 네팔, 태국에서도 즐기는 놀이다. 등타넘기는 서양 등 여러 나라에서 고루 발견된다. 굴렁쇠는 세계 어딜 가나 아이들이라면 즐겨 굴린다. 팽이도 매우 오래된 놀이로 기원전의 팽이도 발견되었고 우리처럼

팽이치기를 하는 모습은 중국의 사료(송, 청대)에서도 나타난다. 그리고 죽마놀이, 자치기, 고누놀이도 많은 나라에서 즐겨 하고 있다. 그러나 윷놀이, 널뛰기와 달집태우기는 세계 어디에서도 찾을 수 없는 우리 민족 고유의 놀이와 의식행위임에 틀림없다.

윷놀이의 기원과 이름

윷놀이는 유럽은 물론 중국 일본을 포함한 아시아 어디에도 없는 독특한 우리만의 놀이다. 스튜어트 컬린(1858~1929)은 『한국의 놀이』에서 "한국의 윷놀이는 전 세계에 걸쳐 존재하는 수많은 놀이의 원형"이라고 했다. 그런데 그 윷놀이를 머나먼 이역만리 아메리카 대륙의 백여 개 인디언 부족들이 하고 있다. 우리처럼 '윷'이라고 부르는 부족도 있다고 한다. 멕시코를 식민 지배한 스페인의 기록에 의하면 윷놀이에서 내 말이 먼저 나오면 '조우타zouta'라고 외쳤다고 한다. 윷놀이는 자연발생적인 놀이가 아니라 누군가 제의에 쓰이던 것을 놀이화한 것으로 추정된다. 즉, 윷판을 보면 천문도와 우주의 이치를 그려 놓은 것으로 우리 민족이 거주했던 광범위한 지역에 암각화로 새겨져 있다. 그런데 특이하게도 우리 조상들과 뿌리를 같이하는 북방 유목민의 이동 경로로 알려진 서쪽 중앙아시아(카자흐스탄)나 터키, 헝가리 등에서는 나타나지 않고 태평양 건너 아메리카 원주민에게 나타난다는 게 흥미롭다.

우리 고유의 널뛰기

"중국에는 널뛰기가 없다. 고유 놀이로, 중국 문헌에도 '조선족 놀이'로 올라 있다"라고 민속학자 김광언은 『동아시아의 놀이』2004에서 말하고 있다. 그는 북쪽에서 들어온 놀이 34가지, 남쪽에서 들어온 놀이 10가지, 서쪽에서 들어온 놀이 9가지, 우리 놀이는 널뛰기 딱 한 개라고 소개하고 있다. 현재 우리가 살고 있는 한반도는 북방유목문화, 남방해양문화, 중앙아시아 등과 놀이문화를 다양하게 주고받으며 공유해 왔다고 보인다. 그런데 김광언의 분류는 삼국시대 이후 한반도로 한정된 지리적 범주에서 벗어나지 못한 것 같고, 광활한 대륙을 오랫동안 지배하던 먼 조상들로부터 유래했을지 모를 놀이들을 기록에 나와 있는 근거를 중심으로 삼다 보니 대부분의 놀이를 중국이나 해외에서 들어온 것으로 분류하고 있다는 아쉬움을 남긴다. 우리 선조들이 동북아의 광활한 땅에서 서쪽으로 남쪽으로 진출한 역사와 놀이의 역사는 동떨어진 게 아닐 것이기 때문이다.

비슷한 놀이로 일본 오키나와현 류큐에는 '판무희'가 있다. 고려 말기부터 조선 초에 걸쳐 류큐의 사상使商이 많이 내왕한 사실로 미루어 한국에서 전파된 것으로 추측하는데, 아래와 같은 『경도잡지』의 기록을 근거로 삼은 것 같다. "여항閭巷의 여성들은 흰 널조각을 짚단 위에 올려놓고 그 널판지 양끝에 서서 뛰는데, 뛰기를 몇 자까지 한다. … 이를 일러 널뛰기超板戱라 한다. …『유구국지략』에 '그곳 부녀들은 널판지 위에서 춤을 추는데 이를 판무板舞라 하였으니' … 조선 초 유구국에서 입조할 때 누군가가 우리 것을 보고 좋아서 따라 한 것은 아닐까"라며 널뛰기가 조선에서 일본으로 건너간 것으로 얘기한다.

다른 나라에는 없는 달집태우기

> 횃불싸움과 달맞이 그리고 달집태우기에는 무사태평과 농사의 풍년을 비는 공통적인 성격이 배어 있다. 횃불싸움과 달집태우기 그리고 쥐불놀이는 불을 이용해서 악귀를 쫓는 동시에, 대지의 생산력에 왕성한 가운을 불어넣어 풍년을 거두려는 유감주술적인 민속이다.『동아시아의 놀이』

횃불놀이는 중국의 남부 지역에도 나타나지만 달집태우기는 없다. 달집태우기가 "일본 민속에도 널리 분포하는 민속의 하나라는 점들을 생각할 때, 그 역사는 매우 오래된 것으로 보인다".『한국민족문화대백과』

그런데 우리나라와 전체적인 모양은 비슷하지만 형태가 다른 점으로 보아 한반도에서 건너간 것으로 보는 게 타당할 것이다.

멕시코 원주민은 문자가 없어 그림으로 기록을 남겼다. 1940년 발견된 아소유 고문헌Codice de Azoyu에 '다지노리 태와틀tlachinolli teuatl'이라는 제목이 붙은 그림 2점이 있는데, 논자인 손성태는 우리의 달집태우기가 건너간 것으로 주장하고 있다. 멕시코 학자들이 그림에 해석을 붙였는데 다음과 같다. 1) 언덕 모양으로 뭔가를 만들어 거기에 불을 질렀다. 2) 그 불꽃 속에는 작은 공 모양의 무엇이 있다. 3) 들판을 불태운다. 4) 이 놀이의 명칭은 '다지노리 태와'다.

그림은 달집 만들 때 솔가지나 이엉이 흘러내리지 않도록 새끼줄로 가로세로로 엮은 모양과 같다. 2)의 '공 모양'은 달을 상징한다. 필자도 대형 달집을 만들어 봤는데 대부분 달과 달집 문을 생략하고 만든다. 끅고한 힐닝 싶신 알아버지인 오재섭 옹에 의하면 맨 꼭대기에 달을 만들어 걸어 놓고 달이 떠오르면 누구랄 거 없이 "달님! 달님!" 외치며 소원을 빌었다고 한다. 태우는 것도 횃불을 이용하여 꼭대기 달부터 시작하여 달집 몸체 그리고 주변 들판까지 태우는 게 우리의 달집태우기다. 멕시코 학자들은 전쟁 전에 행했던 의식으로 해석하는데, 모양이나 행위가 우리와 똑같은 걸 보면 정확히 달집태우기라 볼 수 있겠다.

또한 논자는 명칭에 주목하는데 '다지노리 태와들'이 우리말이라 주장한다. 우리말 형태소와 딱 맞아떨어진다는데 다(tla)-달, 지(chi)-집, 노리(nolli)-놀이, 태와(teua)-태우(다)/태워, 들(tl)-뜻 없음으로 분석하고 있다. 스페인어는 받침소리가 없어 우리말의 받침이 생략되어 들리기에 받침 없이 기록했으리라는 것이다. 따라서 달은 다, 집은 지로 복원된다는 주장이다. 마찬가지로 아메리카 원주민의 팽이 명칭인 페페도틀(Pepetotl)도 위와 같이 형태소를 분석하는데 페(pe)-팽, 페(pe)-팽, 도(to)-돌(다), 틀(tl)-물건이 된다. 그렇다면 위의 다지노리 태와들에서 마지막 들(tl)은 뜻 없음이 아니라 '모양이나 형태를 갖춘 틀'로 해석해야 할 것이다. 재야 사학자이자 스페인어 전공자인 논자의 다른 명칭 해석을 보아도 타당성이 높아 보인다. 멕시코시티 옆에 있는 화산 이름이 '포포카테페틀'이란 화산이다. 지금도 연기가 솟는다. 멕시코 역사서에, '포포'란 말은 "연기가 이렇게 솟아오르는 것을 말한다"라고 해석해 놓고 있다. 즉, 페페가 팽팽(돈다)이듯 포포는 폭폭(솟는다)이라는 것이다. 매우 흥미로운 해석이다.

이상과 같이 필자는 고유의 우리 놀이가 어떻게 아메리카 대륙까지 이동했는지를 살펴보았는데, 근거와 타당성이 다소 부족하더라도 이런 궁금증과 문제제기를 계기로 폭넓은 연구가 이루어지길 바란다. 최근에는 첨단 과학기술을 도입한 고고학, 인류학, 유전학, 천문학 등 전혀 관계가 없다고 여겨졌던 주변 학문과 융합, 통섭하여 발전하고 있으므로 앞으로 더 많은 사실이 밝혀지리라 본다. 99개가 틀리고 하나가 일리가 있다면 그 일리를 파고 탐구하여 학문은 발전한다.

12.

전래놀이에 대한 불편한 진실

아래 전래놀이나 전통놀이 중 그 뿌리가 우리나라에 해당되는 것은
몇 번일까요?

1. 여우야 여우야
2. 우리 집에 왜 왔니
3. 아침바람 찬바람에
4. 꼬마야 꼬마야
5. 화가투

정답은 '없다'이다.

나라와 민족마다 노래가 다른 까닭은?

현재 알고 있는 전래동요들이 대부분 일본 음계에 기초한
노래임을 알고 선별하여 지도하라.

위 내용은 7차 교육과정이 시행된 첫해인 2000년도에 교과부가 펴낸 2학년 1학기 〈즐거운 생활〉 지도서 내용이다. 도대체 무슨 노래란 말인가. '여우야 여우야 뭐 하니', '쎄쎄쎄', '우리 집에 왜 왔니' 등의 노래를 예로 들었는데 '퐁당퐁당', '꼭꼭 숨어라 머리카락 보인다', '아침바람 찬바람에', '똑똑똑 누구십니까' 등 우리가 어릴 적부터 즐겨 부르고 현재도 많이 부르며 노는 대부분의 노래이다. 이는 친일 음악 연구자이자 민족음악 학자인 고 노동은 교수 등의 노력으로 밝혀졌으며, 학계에서도 이미 검증된 것이다.

일제 잔재를 제대로 청산하지 못한 후과가 전래동요에도 남아 있는 씁쓸한 현실이다. 일본 노래(동요)는 7음계 중 '파'와 '시'를 뺀 5음계만 사용하는 소위 '요나누키 음계'를 사용하고, 박자는 우리에게 이미 익숙해진 '뽕짝 리듬'(두 박자 리듬)이다. 우리나라 민요인 세마치나 전래동요에 많이 사용하는 자진모리(4박)와는 박자 개념이 다르다. 또한 떠는 청, 본 청, 꺾는 청 등으로 구성된 우리 창법과도 사뭇 다르다. 나라와 민족마다 정서와 역사가 다른 까닭이다.

7차 교육과정에서 음악 교과서가 가장 많이 바뀌었다. 박자나 음계 사용이 우리 것이 아닌 남의 나라, 특히나 식민지국의 것을 가르친다면 정서와 역사가 뒤틀어질 것이다. 최소한 위의 동요들이 어디에 뿌리를 둔 노래인지를 알고 모르고는 대단히 중요하다. 알아야 그에 근거해서 개선하든가 청산하여 현실적 대안을 제시할 수 있기 때문이다. 어린이들에게 노래와 놀이는 세계관과 정서 형성에 결정적이다.

참고로 북한의 민속놀이에 대해 조금이라도 관심을 갖고 들여다보면 위와 같은 노래(놀이)들이 불리지 않는 걸 알 수 있다. 북한 어린이 민속놀이에는 우리 민족과는 그닥 친하지 않은 여우 대신에 토끼가 많이 등장한다는 점도 알 수 있다.

한편 전통놀이로 알고 있는 화가투는 일본의 가투歌鬪 유래설이 유력하다. 일본에서 들어온 화투花鬪는 대항해 시대인 16세기에 포르투갈어인 'carta'(일본의 가루타)에서 비롯하여 서양의 카드놀이가 전파되었는데, 일본의 '우타가루타'라는 일종의 일본식 카드놀이는 일본의 전통시가인 와카(짧은 시가)의 끝부분(종장)을 찾아내는 놀이로 우리의 화가투놀이와 형식과 방법이 똑같다. 당시 우리에게는 낯선 카드놀이자 명칭도 싸움 투鬪가 들어간 생소한 이름이다.

이 우타가루타의 역사는 무려 8세기 대합조개 껍질까지로 거슬러 올라간다. 메이지 이후 본격적인 경기(명칭이 가투인 점에 주목)로 정비되어 전국선수권대회까지 이루어진다. 이는 일본의 〈백인일수〉(100명의 가인들의 뛰어난 와카를 한 수씩 골라서 연대별로 정리한 것)를 어린이들에게 학습시키기 위한 목적이었다. 우리나라에서도 비슷하게 나타나는데 바로 시조 100수다. 1926년 조선일보 후원으로 전국가투대회가 펼쳐진 것도 유사하다. 일본 문헌학의 권위자인 규장각한국학연구원 김시덕 교수는 각종 문헌과 자료를 통해 우타가루타가 본격화한 메이지 이후 한국에 들어왔을 것이라고 주장한다.

전래놀이, 민속놀이의 뜻은?

여기서 중요한 것은 일본에서 들어온 것이라 하여 무조건 배격해서는 안 된다는 점이다. 더구나 일제강점기에 우리나라 시조를 통해 한국의 정서와 우리 말글을 지키고자 가투를 역이용하고 응용한 점은 정당하게 평가해야 한다. 당시 시조부흥운동과 맞물려 망국에 대한 회고나 나라에 대한 근심으로 주제가 확대되었으며, 놀이 주체도 부녀자로 퍼졌던 점은 눈여겨 봐야 할 대목이다. 그런데 우리나라에서는 아직까지 화가투에 대한 뚜렷한 문헌적 사료나 증거가 없는데도 덮어놓고 고려시대부터 유래되었다거나 조선시대 서당에서 유행했다고 주장하는 건 자기 만족적인 주장일 뿐 사리에 맞지 않다는 생각이다.

우리나라에서는 놀이의 개념을 전통놀이, 전래놀이, 민속놀이 등으로 혼용하여 사용하는데, 이에 대한 개념 정의도 학자마다 다르고 아직 정리된 게 없다. 전통놀이는 우리 민족에게 오랜 옛날부터 전해 온 놀이를 말하는데 공동체성, 역사성, 가치성, 전승성을 중요하게 여긴다. 시대적으로 따지면 근대 이전, 즉 19세기(조선시대)까지 전해 온 놀이라 할 수 있겠다. 화가투놀이가 전통놀이라 주장하는 건 조선시대 서당에서든 고려시대부터든 전해져 왔다는 주장인데 그에 대한 근거는 없다.

전래놀이는 말 그대로 전해져 내려온 놀이를 말한다. 따라서 외국에서 들어왔다 하더라도 일정한 시기 이상 전해지고 있다면 전래놀이라 할 수 있겠다. 전해지는 건 세대에서 세대로 전해지기(전수) 때문에 최소한 2세대 이상임을 알 수 있다. 굴렁쇠나 제기차기 등을 예로 들 수 있고, 앞서 언급한 화가투를 군이 구분하자면 전통놀이가 아닌 전래놀이에 끼워 넣을 수는 있겠다. 실제 전래되고 있는지 또는 최근에 놀이 활동가들이나 학자들이 복원하여 일부에만 전해지고 있는지 범위 설정은 또 다른 문제로 남는다. 여우야 여우야, 우리 집에 왜 왔니, 아침바람 찬바람에, 꼬마야 꼬마야가 일제강점기에 들어와 이식된 놀이라 하더라도 현재까지 놀고 있는 놀이라면 전래놀이라고 할 수 있다.

민속놀이는 주로 민속하게 등에서 사용하는데 원래 민속이란 말은 국속과 대비되는 용어다. 국속은 고구려의 동맹, 부여 영고, 예의 무천, 신라 백희, 백제 잡희, 고려의 팔관회나 나례 행사처럼 한 나라나 국가 단위가 놀이 공동체인 국중대회의 풍속을 말하는 것으로 조선시대 초중반까지 행해지다가 성종 때 국속을 폐지하고 산대놀이 시대, 즉 무대놀이 시대가 되면서 놀이가 지배층의 구경거리로 변질된다. 이때부터 종래의 국중대회와 지역 단위의 공동체놀이로 분리되어 국속國俗과 민속民俗으로 나뉘기 시작한다. 학계에서 말하는 민속놀이란 주로 마을이나 지역 공동체 집단을 중심으로 오랜 역사를 갖고 있으며 현재까지 전승되는 놀이를 말한다. 학계에서 논의되는 용어는 정리할수록 혼동되는데 '여우야 여우야, 우리 집에 왜 왔니, 아침바람 찬바람에, 꼬마야 꼬마야, 화가투' 등은 우리의 민속놀이가 아니란 것만은 확실하다.

13.
핀란드와 스웨덴에선 어떻게 노나?

필자는 놀이교육을 할 때마다 북유럽의 아이들이 초등학교 때까지 얼마나 실컷 노는지 그 놀이가 학습두뇌력 형성에 어떤 영향을 주는지에 대해 놀이인문학을 통해 강조해 왔던 터였다. 이미 많은 책자나 유튜브에서 북유럽의 교육이 소개된 지도 꽤 오래다. 2015년 겨울 『스칸디 부모는 자녀에게 시간을 선물한다』의 저자인 황선준 박사가 안내한 북유럽 교육 탐방에서 직접 눈으로 보고 몸으로 느낄 수 있는 기회를 갖게 되었다.

핀란드, 외로운 늑대?

산타의 나라 핀란드에 대해선 소위 교육 선진국이라는 측면에서 보면 부러움의 대상이었지만 그다지 아는 게 없다. 〈미녀들의 수다〉에 나와서 한국 사람보다 한국말을 잘하는 따루와 자일리통, 핸드폰으로 잘 나갔던 노키아 그리고 고등학교 음악시간에 국민악파로 배운 핀란디아의 작곡자 시벨리우스 정도였다. 언어학과 인류학에 관심이 생기면 우

랄알타이어족이라는 새로운 분류를 만들어 낸 언어학자 카스트렌이 핀란드 사람이라는 것을 하나 더 추가할 수 있겠다. 핀란드는 지리상 유럽에 속하면서 언어나 인류학적으로 유럽도 아시아도 아닌 태생의 정체성이 다소 애매한 어쩜 누구의 간섭도 없이 가족끼리 조용하게 살고 싶어, 저 먼 아시아 어느 곳에서 인간이 살지 않았던 극지방까지 갔는지도 모르겠다. 그래서 이들은 내면에 고독이 배어 있는 듯 보이기도 하고 쉽게 곁을 안 주며 홀로서기를 통해 세계에 우뚝 섰기에 '외로운 늑대'라는 별명을 얻은 것 같기도 하다. 혹시 우리 조상의 피가 한 방울이라도 섞였을지도 모른다는 막연함 때문에 호감이 가는 나라다.

맨 처음 방문한 곳은 핀란드의 헬싱키에 있는 뽀로라흐덴학교 Porolahden koulu였는데 1~9학년 통합학교다. 헬싱키에서 가장 큰 학교라는데 전체 학생 수가 900명 정도였으며 교장과 두 명의 교감이 있는 게 특이했다. 물론 모든 게 한국과 전혀 다르다고 말하는 게 맞다. 학교의 일상적인 예산을 교장이 짠다든가, 교사는 사범대를 졸업하고 5년 동안 석사과정을 거쳐 정교사가 되는데 사회적 인재로 존경받고 학부모들의 신뢰를 전폭적으로 받고 있다는 점도 우리와 다르다. 이들은 매우 자유롭게 토론하며 공부를 즐기는 듯했고, 특히 1~2학년 때까지는 대부분 놀이가 차지하며 실제 본격적인 공부는 3학년 때부터 시작된다. 익히 알고 있는 대로 핀란드와 한국은 국제학업성취도평가PISA에서 수위를 다투고 있다. 역시 수학과 외국어에 매우 신경을 쓰고 있다는 느낌을 받았다. 문제는 우리나라 아이들은 억지 공부를 하다가 정작 학문 탐구를 해야 할 때인 성인이 되어서는 공부와 담을 쌓아 버린다는 점이다. 오로지 대학 진학이라는 목표를 위해 흥미 없는 공부를 하는 대한민국의 아이들이 짠해 보이는 탐방이기도 했다.

질의응답 시간에 교장 선생님께 질문을 했다. "저학년 때는 거의 놀이가 중심인데 어떤 과학적인 근거나 교육철학으로부터 시작된 것인가요?" 대답은 간단했다. 한마디로 오랜 기간의 '경험'이라는 답이었다. 놀이를 통해 사회성과 배려 그리고 인내를 배운다는 부가 설명은 거추장스러운 말일지도 모른다. 초등학교 1~2학년 때까지는 읽기·쓰기를 가르치지 않는다는데 몰래 가르치면 어떻게 되나요? 누군가 이렇게 물어봤는데 두 번에 걸쳐 통역을 해 줬는데도 잘 못 알아들었다. 그 교장 선생님은 한평생 그런 질문은 한 번도 받아 본 적이 없었던 것이다. 그들은 1917년 러시아와 스웨덴으로부터 독립한 뒤 1940년대부터 사회민주주의라는 제3의 길을 걸어오면서 75년의 경험을 통해 아이들에게 가장 필요한 건 놀이라는 교훈을 얻었다. 시험은 보지만 등수는 매기지 않고, 뒤떨어진 학생을 끝까지 챙겨 한 사람의 열 걸음보다 열 사람의 한 걸음으로 성큼성큼 걸어가고 있는 나라인 핀란드에 동양권 학생들도 꽤 눈에 떠었는데, 이민자 비율이 20%가 되고 한국에 스칸디 교육이 뜨면서 헬싱키에 유학하려고 줄서 있다는 소문도 있다.

노벨과 복지의 나라 스웨덴

스웨덴은 일찌감치 사회민주주의를 정착시킨 부강한 복지국가로 알려져 있다. 노벨과 볼보 자동차, 한국에도 상륙한 이케아 가구 등 핀란드와 비교하면 유복한 나라다. 특히 스웨덴 국민이 존경하는 올로프 팔메(사회민주주의자이자 스웨덴의 총리로 1986년 암살당함)가 있었기에 가장 진보적인 복지국가가 되어 중립적 강소국으로서의 지위를 굳건히 지키고 있지 않나 생각된다. 그래서 스웨덴은 유일하게 서울과 평양에 대사관을 둔, 한국과 조선이란 이름에 관계없이 우리 민족과 두루 친한 나라이기도 하다.

섬 이름이자 학교 이름인 류스테르외 학교Ljustero skola를 방문했는데, 하루 종일 학교에 머물며 많은 것을 보고 경험했다. 그중 교장 선생님이 학생 건강팀(교장, 상담사, 심리학자, 간호사로 구성)을 소개하며 한 얘기 중 몇 가지를 옮겨 본다.

"아이들이 기분 좋을 때 공부를 잘한다. 우리는 안전하게 공부할 수 있도록 노력한다. 아이들이 모멸감을 느끼지 않도록 하여 왕따 문제 같은 걸 예방하는데, 만약 문제가 발생하면 교육과정, 교육법에 명시되어 있는 예방과 대응을 교사들과 협력하여 교실에서부터 시작한다. 난독증이나 난수증, ADHD, 가정환경 문제가 있는 아이들도 모두 성공(자기성취)할 권리가 있다. 학생 건강팀은 매주 목요일 만나서 회의를 하고 6~7주 수업한 담당 교사에게 학생들에 관한 질문을 하고 분위기가 좋지 않은 것 같으면 수업에 들어가 찾아낸다."

학생들을 위한 참으로 꼼꼼하고 철저한 시스템과 교사들이 있어서 부럽기도 하고 놀라웠다. 성적이나 등수 얘기가 아닌 진정 한 인간으로 우뚝 서 살아갈 수 있도록 한다는 점이 인상적이었다. 공부에 별 흥미를 느끼지 못하는 학생이 있다면 채찍질이 아닌 공부에 대한 동기부여를 어떻게 할 건지 꾸준히 대화를 많이 하는 나라가 스웨덴이다.

교육 탐방 중 마지막 일정이 있는 날 필자는 시차 부적응, 음식 부적응, 잠자리 부적응 등으로 몸 상태가 최악이었다. 그런데 우리나라로 치면 유치원에 해당하는 유아학교인 바트스토르프스 유아학교Batstorps forskola를 방문했는데 날씨가 따뜻해져 눈이 녹으면서 앙망진창이 된

마당에서 아이들이 거의 뒹굴다시피 놀고 있는 게 아닌가. 필자는 교실에 참관을 들어가는 대신에 아이들과 숨바꼭질을 하며 웃고 떠들다가 썰매를 타며 함께 놀았다. 그랬더니 놀랍게 몸도 마음도 가뿐해졌다. 혹시 놀지 못해서 난 병이 아니었나 싶다.

이 학교 학생 수는 90명인데 5개 그룹으로 1~3세가 2그룹, 4~5세가 3그룹으로 나뉘어 있으며, 그룹당 2~3명의 교사가 담당하고 있다. 법적 그룹은 16명을 넘어서면 안 된다는데 인원수가 적을수록 최적의 교육이 되기 때문이다. 아이가 첫 입교 때는 3일간 부모랑 같이 생활을 하고, 그 뒤 첫 단계에선 짧은 시간을 생활하게 하고 점점 늘려 가며 적응기를 거친다. 부모의 직장에 따라 등하교가 다른데 오전 6시 30분~오후 5시 30분은 우리 식으로 표현하면 종일반이다. 8시에 아침밥을 국가에서 제공하니 부모는 출근하면서 아이를 학교에 데려다주기만 하면 학교에서 먹여 주고 재워 준다. 유아학교 교원자격은 3년 6개월의 교육을 받으며 65세 퇴임인데, 원하면 2년 정도 연장할 수 있다. 현재의 교육과정은 1998년에 제정되어 유아학교가 설립되었으며 제1의 교육 목표는 민주주의, 그리고 남녀평등과 연대성이다. 철저히 아이의 필요에 기초해서 교육을 하며 우선적으로 아이들이 안전해야 한다는 것이다.

스웨덴은 1970년대까지 존재했던 가정주부라는 개념이 없어져 남녀가 똑같이 직장생활을 하는 나라로 한국이나 동양권의 나라들과는 사뭇 다르다는 것을 실감했다. 교장 선생님의 얘기 중 "우리 계획에 아이들을 맞추는 게 아니라 아이들에 맞춘다"라는 말이 스웨덴의 교육철학이라는 생각이 들었다. 또한 어른과 아이가 좋은 관계일 때 아이들끼리도 좋은 관계가 된다는 것은 현장 경험에서 나온 철학이기도 하다. 놀이시간이나 놀이효과에 대해서 물어보았는데, 바깥놀이는 겨울에는 2시간이며 여름에는 더 많은 시간을 바깥에서 놀게 한다. 규정된 과정에 아이들을 끼워 맞추는 교육이 아닌 아이에게 맞추는 전인교육이 이런 게 아닐까.

짧은 생각 몇 마디

필자는 '놀이가 세상을 바꾼다'는 기치를 내걸고 활동하고 있다. 놀이는 스스로 생각하고 스스로 결정하며 스스로 행동할 수 있는 힘, 즉 자주성을 갖게 해 준다. 북유럽의 교육에 많은 사람들이 매료되면서 그걸 어떻게 우리 사회의 교육문제를 푸는 데 적용할 것인지를 두고는 편차가 꽤 크다. 당장은 자신의 아이가 진정으로 행복하게 자라도록 스칸디 교육 방식으로 키우기도 하고 또 어떤 이는 제도와 시스템을 바꾸려고 노력하기도 한다. 발도르프 교육 등 여러 가지 교육 방식부터 대안교육이니 세상의 좋다고 소문난 온갖 시스템과 학설, 주장들을 줄줄이 꿰고 있기도 하다. 중요한 것은 내가 주체로 섰을 때 문제해결능력인 창의성이 나온다는 것이다.

교육부 장관이나 대통령이 바뀐다고 해결될 만한 문제가 아니다. 소위 민주화세력의 다른 이름이기도 했던 586세력이 정치권과 사교육 시장의 기득권이 되어 철옹성처럼 굳건하게 버티고 있어서이기도 하다. 예전 엄마들하고는 완전히 다른 N세대들은 대치동에서부터 스칸디맘으로 스칸디식 값비싼 유아용품을 소비하다가 아이가 초등학교에 들어가면 에이미 추아처럼 타이거맘이 될 수밖에 없는 게 현실이라고 항변한다. 아이들에게 놀이기 좋긴 한데 우리 아이만 놀게 하다가는 다른 아이에게 뒤떨어질지 모른다는 '불안'을 그들은 안고 산다.

필자가 핀란드와 스웨덴 교육 연수를 통해 보고자 했던 점은 그들의 민주주의나 배려, 연대 그리고 문제를 끝까지 풀려는 인내심이나 집중력이 어디서 나오는가였다. 아이들은 유아 때부터 놀이를 통해 다른 친구들과 소통하고 공감하는 방법을 배우고 상대를 인정하고 존중해야 재밌게 놀 수 있듯 그 놀이의 힘은 토론식 학습과 정치로까지 그대로 이어지는 것이 아닌가 싶다. 자신이 좋아하는 놀이를 스스로 선택하여 시간 가는 줄 모르며 놀 때 집중력과 탐구심이 깊어지고, 이것저것 다양한 놀이의 경험은 창의력의 원천이 된다. 새벽부터 밤늦게까지 죽도록 공부하는 아이들보다 내 아이를 즐겁게 놀게 하면서 집중력과 창의성을 키워 공부도 잘하는 아이로 만들어 행복해진다면(가장 경제적인 수월성 교육이다) 현재의 한계에서나마 개인이 할 수 있는 최선의 방법이기도 하다.

손잡고 노는 놀이 중 반전놀이가 있는데, 모두가 원형으로 손에 손을 잡고 있는 상태에서 원을 뒤집기 위해 개인적으로 갖은 노력을 다해 보지만 뒤집어지지 않는다. 유일한 방법은 어느 한쪽에서 파열구(두 사람이 잡고 있는 팔을 들어 문을 만든다)를 만들어 주면 마주 보고 있는 사람부터 차례대로 그 문을 통과하면서 자연스럽게 원이 뒤집힌다. 세상을 바꾸는 이치도 이와 같지 않을까 한다. 세상은 혼자 바꿀 수 없기에.

14.

첫눈 온 날이 공휴일인 나라

세상에는 투표로 뽑힌 지도자가 잘못을 저질러 국민에게 쫓겨나는 악한 사람이 있는 반면에, 대를 이어 왕권을 유지해도 그 누구 뭐랄 사람이 없는데도 스스로 권력을 내려놓는 착한 사람도 있더라. 필자가 탐방한 히말라야 산악 국가 부탄 이야기다. 이 나라는 첫눈이 오면 달력의 까만 날짜가 빨갛게 바뀐다지? 첫눈이 오면 공휴일로 선포되어 학교도 일터도 나가지 않고 가족들이나 친구들과 낭만을 즐기는 동화 같은 나라에선 왕도 동화만큼이나 착하다.

미국 이야기

세계에서 가장 행복한 나라라고 알려진 부탄 얘기에 앞서 미국 얘기를 먼저 언급해 보자. 케네디 대통령의 동생 로버트 케네디는 일찌감치 국민총생산의 허구성을 설파했다. 1968년 3월 18일, 미국 민주당 대통령 후보로 나온 로버트 케네디가 캔자스대학교에서 한 연설은 많은 사람들에게 회자되고 있다. 당시 미국은 베트남전쟁의 수렁에 빠졌으며,

국내적으로는 흑백갈등(인종차별)과 빈곤문제 등 대내외의 어려움에 처해 있던 냉전 시대이기도 했다. 그러하기에 더욱더 로버트 케네디의 연설은 후세 사람들에게 가치가 있을 것이다. 아래는 연설문에서 추려 본 내용이다.

> 너무도 심대하게, 그리고 너무도 오랫동안 우리는 물질적 풍요를 쌓는 데 몰두했고, 그 앞에서 개인의 존엄성과 공동체의 가치를 포기해 왔습니다. 우리 미합중국을 국민총생산GNP으로 헤아릴 수 있다고 가정해 봅시다. 여기 이 국민총생산에는 대기오염과 담배 광고가 기여한 금액이 포함되어 있습니다. 대학살이 펼쳐진 도로의 난장판을 정리하기 위해 출동한 앰블런스 비용이 포함되어 있습니다. 또 여기에는 우리 현관문에 단단하게 자물쇠를 설치하는 비용과, 또 그 자물쇠를 따낸 사람들을 가둬 둘 감옥을 유지할 비용이 포함되어 있습니다. 또 여기에는 숲을 파괴해 발생한 부가가치와 우리 자연의 경이로움을 난자해 놓은 대가로 발생한 부가가치가 포함됩니다. 또한 여기에는 네이팜탄과 핵탄두가 야기한 비용과 도시 폭동에 대처할 경찰을 무장시키기 위한 비용이 포함됩니다. 또한 여기에는 휘트먼[1]이 갈겨 댄 총과 스펙[2]이 휘둘러 댄 칼이 고스란히 계산에 포함되어 있습니다. 그뿐만이 아닙니다. 우리 아이들에

---

1. 찰스 휘트먼: 1968년 8월 1일 텍사스대학교 내에서 총을 난사하여 13명을 죽였는데 그중에는 임산부도 있었다. 그 외 32명이 부상당했다. 스튜어트 브라운 박사가 『플레이』라는 책에서 언급한 사건. 이 사건을 계기로 브라운 박사는 미국 국립놀이연구소를 설립했다.
2. 리처드 스펙: 1966년 7월 14일 남부시카고병원에서 8명의 간호사(학생)를 고문, 강간, 살해했다.

게 장난감을 팔기 위해 폭력을 미화하는 텔레비전 프로그램
도 포함되어 있습니다.

그렇지만 지금 이 국가총생산에는 우리 아이들의 건강에
관한 내용이 담겨 있지 않습니다. 우리 아이들이 받는 교육의
질과 놀이의 즐거움이 담겨 있지 않습니다. 또한 여기에는 시
를 노래하는 아름다움도, 결혼하는 커플들의 단단한 결합력
도, 우리 대중들의 논쟁과 지성도, 또한 우리 공무원들의 청렴
함도 담겨 있지 않습니다. 또한 여기에는 우리의 유머감각(해
학)도, 우리의 용기도, 또 우리의 지혜와 배움도, 우리의 측은
해하는 마음도, 나라에 대한 헌신과 열정도 담겨 있지 않습니
다. 이 국민총생산은 한마디로 말해 삶을 가치 있게 하는 것
들을 제외한 모든 것을 측정합니다.

부탄, 지속가능한 발전을 추구하는
국민총행복을 이야기하다

4년 뒤인 1972년에 세상에 알려지지 않은 전혀 엉뚱한 히말라야의
산악국가 부탄왕국에서 로버트 케네디가 역설한 국민총생산을 대체할
새로운 개념이 나온다. 17세 된 청년이 왕위를 계승했는데 그는 누구
도 생각하지 못했던, 아니 안다 하더라도 실천할 수 없는 GNH라는 개
념을 들고 나왔다. 이름하여 국민총생산을 대체하는 '국민총행복Gross
National Happiness, GNH'이나. 부탄 파로Paro에 있는 왕추크대학교를 마

치고 영국에서 유학했던 그 청년이 바로 지그메 싱기에 왕추크 왕이다. 그는 부왕인 지그메 도르지 왕추크 부왕이 갑작스럽게 사망하자 왕위를 계승하여 세계 최연소 군주가 되었다. 1974년 6월에 대관식을 거행했는데, 이때 많은 외국 사절을 초청함으로써 오랜 기간 고립되어 있던 부탄을 개방하는 계기가 되기도 했다.

국민총행복이라는 개념은 한마디로 '지속가능한 발전'을 추구한다. 자연을 파괴하고 소모시켜 국가 발전을 꾀하는 게 아니라 부탄의 자연환경을 있는 그대로 보호하면서 삶의 질을 높이겠다는 계획이다. 부탄에서 국민총행복GNH 개념은 1978년부터 본격적으로 시행했으니 40년이 훨씬 넘는 역사를 갖고 있다. 2006년 52세가 되던 해에 그는 왕의 자리에서 은퇴(국왕 정년퇴임제 도입)하며 역사의 흐름을 바꿨다. 2년 후 2008년 부탄에서는 첫 번째 의회 투표가 열렸고 그때부터 '국민총행복' 개념은 바깥세상으로 점점 퍼져 나가 '가치 있는 성장'을 지향하는 나라와 사람들이 그 나라의 발전을 측정하는 데 국민총행복을 도입하고 있다. 가난하지만 행복한 나라인 부탄은 GNH라는 렌즈로 국가 정책과 프로젝트를 체계적으로 평가하여 국민행복에 바람직하지 않다고 판단되면 설사 돈이 된다 하더라도 정책을 유보한다. 돈이 되는 세계무역기구WTO에 가입하고 있지 않은 것도 그런 이유에서다.

필자는 1990년대 이후 세상을 바꾸려는 비전을 잃어버리고 모두가 방황하고 있을 때 이전의 자본주의를 대체할 이념적인 그 무엇이 아닌 새로운 길도 분명 있겠단 생각을 하기 시작했다. 놀이인문학은 그런 길을 모색하던 중 나왔다. 죽기 전에 꼭 한 번 가고 싶었던 꿈을 2017년 드디어 이뤘다. 실체도 보이지 않는 그 행복이란 요체가 도대체 뭘까를 마음속에 두고 탐방 길에 올랐다. 나중에 정리된 것이지만 결론은 '정

체성'이었다. 부탄은 공항에 발을 딛자마자 자신의 정체성을 보여 주기 시작하더니 처음부터 끝까지 결코 배신한 적이 없었다. 부자부터 가난한 자까지 할아버지부터 어린이까지 자신의 정체성을 또렷이 갖고 있다는 건 쉽지 않은 일이다. 우선 눈에 띄는 것은 건물과 의상이었다. 좀 더 들어가 보면 노래와 춤 그리고 음식이나 술 등이 있을 것이다. 필자는 꽤나 오랫동안 '정체성'과 행복의 연관성에 대해 골똘히 생각했다. 부탄은 "한 나라의 정체성은 국부나 군사력이 아니라 독자적인 문화를 갖는 것"이라고 강조하며 전통문화를 유지, 발전시키는 정책을 실시했

다. 정체성은 행복 이전에 생명과도 같은 게 아닐까?

정체성과 행복의 연관성은 무엇인가

부탄은 사원이나 관공서는 말할 필요도 없고 상가나 개인 집도 모두 전통 양식의 집을 짓고 살아간다. 아파트는 5층 이상 지을 수 없는데 일률적인 구조 가운데서도 창틀이나 외관을 취향대로 꾸민 걸 볼수 있다. 부탄의 수도인 팀푸 등 도시에서는 아파트나 새로운 건물을 짓느라 분주한데 역시나 '전통'이다. 부탄 헌법 제4조에서 "국가는 문화를 진화하는 동태적 힘으로 인식하고 전통적 가치와 제도가 끊임없는 진화를 통해서 진취적 사회에서 지속가능하도록 강화해야 한다"라고 규정하고 있다.

그럼 도대체 정체성正體性, identity이란 무엇인가? 정체성이란 '변하지 아니하는 존재의 본질을 깨닫는 성질 또는 그 성질을 가진 독립적 존재'라고 철학자들은 정의하고 있다. 쉽게 얘기하면 '나를 나이게' 하는 겉과 속이다. 부탄을 부탄이게 하고 대한민국을 대한민국이게 하는 겉모습과 속사정이라고 말할 수 있다. 위키백과 사전에 의하면 "정체성은 상당 기간 동안 일관되게 유지되는 고유한 실체로서의 자기에 대한 주관적 경험을 함의한다. 정체성은 자기 내부에서 일관된 동일성을 유지하는 것과 다른 존재와의 관계에서 어떤 본질적인 특성을 지속적으로 공유하는 것 모두를 의미"한다.

인간을 보면 양육자나 부모와의 관계를 통해 정체성 형성을 시작하는데, 태어나자마자 보육원으로 보내진 아이도 일생에 한 번은 자신의 생모나 생부라는 존재를 자기 인생에서 정리하는 시간을 갖게 된다. 미국의 심리학자 에릭 에릭슨E. H. Erikson은 발달이론에서 12세부터 18세까지 청소년기에는 정체성이 형성되거나 정체성에 혼란이 오는 상황을 맞게 된다고 한다. 그 시기에 친구, 외부 집단과 접촉하면서 의미 있고 풍요로운 자기 개념을 만들거나, 외부에서 맞닥뜨리는 모든 관계에서 자기가 누구인지 잊어버리는 현상을 맞기도 한다. 나라로 치면 역사와 문화, 언어, 철학 등이 정체성 형성에 중요한 역할을 하는데 일제강점기처럼 단절되거나 끊기면 혼란이 오고 갈등을 빚게 된다.

어린 시절 덴마크인 아버지와 유대인 어머니 사이에 태어나 혼란기를 경험한 심리학자 에릭슨은 연구를 위해 인디언 보호구역으로 들어갔다.

1950년대 미국의 인디언 보호구역에는 마약과 알코올 중독, 폭력 문제가 심각해 사회문제가 되었는데 그 원인을 알아보기 위해 연구진을 구성했던 것이다. 인디언의 생활을 살피던 에릭슨이 특별히 관심을 보인 대상은 묘한 상황에 처한 아이들이었다. 학교에 다니는 인디언 아이들은 백인 교사의 가르침을 받았는데 백인 교사들은 아이들에게 인디언 짓을 한다며 꾸중을 했다. 그러나 아이들은 집에 돌아가면 백인같이 군다며 부모에게 야단을 맞았다. 아이들은 어떻게 해야 할지 몰라 허둥댔다. 학교에서든 집에서든 끊임없이 자신을 부정당했기 때문이다. 야단을 맞지 않으려면 아이들은 인디언이든 백인이든 어떤 색깔도 드러내서는 안 되었다. 아이들은 서서히 자신감을 잃어 갔고 자기 존재를 지우기 시작했다. 인디언 아이들은 자신의 정체성을 잃어버린 것이다. 자신이 인디언인지 백인인지, 인디언으로 행동해야 하는지 백인처럼 굴어야 하는지 도무지 알 수 없었던 아이들에게 남은 건 무력감과 좌절감뿐이었다. 결국 아이들은 마약과 알코올, 폭력에 물들어 갔다.

우리는 일제에 의해 정체성 자체를 부정당했다. 1945년 해방을 맞아 이제 마음껏 한국인의 정체성을 드러내도 될 것이라 생각했다. 그러나 미국식의 근대 교육을 받은 한국인은 우리의 전통이나 풍속이 지극히 시대에 뒤떨어지고 고리타분하다고 교육받았다. 1970년대에 시작된 새마을운동은 미신으로 낙인찍힌 서낭당부터 오방색 등 전통으로 지켜오던 모든 것을 깡그리 없애며 '잘 살아 보세'를 노래했다. 미국은 선망의 대상이었고 출세하기 위한 마지막 학문 코스는 미국 유학이었다. 그러다 1997년 IMF를 맞이한 한국인은 앞만 보고 달려온 자신을 뒤돌아보는 최초의 계기가 되었다. 〈서편제〉로부터 시작된 우리 것에 대한 관심은 서서히 한국인에게 자신감을 가져다주었고 급기야는 여러 분야에서 두각을 나타내기 시작했다.

부탄과 한국, 닮은 점 다른 점

① 오방색-청, 백, 적, 흑, 황

동(木), 서(金), 남(火), 북(水), 중앙(土)을 의미하는 오방색은 동양의 오래된 음양오행설에 근거하고 있다. 부탄에 가면 눈에 띄는 곳마다에 오방색 기도 깃발이 있다. 예전 우리나라 마을 입구나 언덕배기에 서낭당과 오방색 천이 있었던 것을 빼닮았다. 다만 그들은 검정색 대신에 녹색이 다를 뿐이다. 12지신도 한 가지 동물만 다르고 똑같다.

② 술을 좋아한다=놀기 좋아한다

술을 잘 빚는다는 건 그걸 마시고 신나게 놀기 위해서다. 부탄엔 우리나라 전통주인 아랑주와 비슷한 아라주라는 술이 있다. "남생아 놀아라 촐래촐래가 잘 논다 익사적사 소사리가 내론다 청주뜨자 아랑주 뜨자~" 물론 막걸리와 거의 비슷한 술(방창)도 있다. 현재 부탄은 케이팝 등 한국 문화가 들어가 밤이면 노래하고 춤추느라 난리라고 한다. 음주가무, 두주불사, 한번 마셨다 하면 고주망태가 되고 군대에서 럼주와 위스키 제조가 허용되는 나라다.

③ 똑같은 말(친족어)이 있다

아빠=아빠, 엄마=어마, 아저씨=아쌰, 어이=어이, 응=응, 삼촌, 동생 등. 아나 우리나라 선나노, 셩상도 사투리에 흔적이 남아 있다는 고대 산스크리트어를 썼던 공통성이 있는 게 아닌가 하는 생각이 들었다. 부탄에서는 종카어(티베트와 버마어 계통)와 영어를 공용어로 사용한다.

④ 매운 음식을 좋아한다

시장마다 고추를 파는데 모두 맵다. 그 매운 고추를 부탄 사람들은 소금을 찍어 먹는다. 필자도 권하기에 한번 먹어 봤는데 의외로 먹을 만했다. 소금을 찍어 먹는 건 산악지대라 소금이 귀한 시절을 지내 오면서 소금 섭취에 대한 생존본능이 이어진 듯싶다.

⑤ 활쏘기를 좋아한다

이들도 동이족의 후예임이 틀림없는 것 같다. 사람들이 많이 모여 있는 곳은 분명 활쏘기대회를 하는 곳이다. 필자가 쏴 본 활은 대나무로 만든 투박하지만 크기는 사람 키 정도의 활로 쏘는 방식은 거의 똑같다. 우리는 화살을 왼쪽 엄지손가락 끄트머리에 올리는데 부탄에선 시위 줄 안쪽 손가락 위에 얹어서 쏜다는 점이 다르다.

⑥ 가면극(탈놀이)

우리나라 탈춤이나 부탄의 가면극이나 노는 방식은 거의 유사하다. 드라메체의 북 연주를 동반한 탈춤Mask dance of the drums from Drametse 은 유네스코 무형문화재로 등재되어 있다. 소고, 징 등과 닮은 악기도 있고 춤추는 게 우리랑 비슷한데, 특이한 점은 두 발을 모둠뛰기 하여 발이 거의 얼굴을 가릴 정도로 도약하는 게 일품이다. 한국의 봉산탈춤이 이처럼 역동적이다. 해마다 체추(축제) 때 수만 명이 운집한 가운데 가면극을 하는데 가면극을 봐야 복 받는다고 믿는다.

⑦ 버선코

문화의 중심지라 자랑하는 붐탕(중부지방)에서 온 공연단의 신발을 유심히 봤는데 영락없이 우리 버선코랑 닮았다. 강원대 사학과 주채혁 교수는 '몽골리안 이동 루트' 위에 있는 나라들은 공통적으로 버선코처럼 끝이 쏙 올라온 신발을 신는데 '북방계에서만 나타나는 특징'이라고 한다.

⑧ 쌀

벼농사 문화권의 흐름이 히말라야 산악지대까지 뻗어 있는데 티베트도 쌀을 먹고 태국의 북부에서는 인절미를 만들어 먹는다고 한다. 그런데 산악지대라선지 찰기가 전혀 없고 쌀이 날아다닌다. 이들은 찰진 쌀밥은 잘 못 먹는다고 한다. 우리나라 논에 가면 제일 먼저 듣는 소리가 개구리 소리인데 부탄에선 전혀 들리지 않는다. 매미 소리도 들어 본 적이 없다.

⑨ 남근사상

인류의 고대 사회에선 자손 번성과 풍농이 생존과 관련된 가장 중요한 요소였는데 각 나라마다 남근사상이 존재한다. 우리나라의 곳곳에 세워진 남근석을 보면 알 수 있다. 삼척의 해신당공원에선 해년마다 주민들이 남근을 깎아 제사상에 올리고 일본의 카나마라 마츠리 축제는 이색 축제로 널리 알려졌다. 한국에선 남근 자체를 숭배하는 사상은 거의 사라지고 줄다리기라든가 강강술래 중 남생아 놀아라, 바늘귀 꿰자 등으로 놀이화되었다. 부탄에선 신성한 광인(요승)이 세웠다는 치메라캉不死堂 가는 길에 민망할 정도로 건물 벽 곳곳에 그려진 거대한 남근에 놀랐다. 우리 탐방객 중 한 명이 아이를 갖고 싶다는 소원을 말하자 사찰의 스님은 커다란 남근목을 안고 사찰을 한 바퀴 돌게 했는데, 그 사찰은 불임 여성들이 많이 찾는다는 명소였다.

⑩ 교육 목표

부탄과 한국이 명확히 다른 점이다. 부탄 국민총행복위원회의 책임 간부를 초빙하여 GNH에 대해 설명을 듣고 질의응답 시간에 필자도 몇 가지를 물어봤는데 '부탄은 교육의 목표가 무엇인가'였다. 대답은 너무도 간결하고 확고했다. '좋은 사람'이다. 좀 허망한 느낌마저 들었지만 우리는 교육에 대한 강박관념을 갖고 있지 않나 하는 생각이 순간 들었다. 융복합 창의 인재를 만드는 게 대한민국의 교육 목표이고 어느 시절에는 교육인적자원부로 명칭을 바꿔 학생들을 사람이 아닌 자원으로 취급하기도 했다. 필자와 비슷한 연령대 사람들은 민족중흥의 역사적 사명을 띠고 이 땅에 태어나서 국민교육헌장 393자를 외우며 치열하게 살도록 교육받았다. 그러나 교육 목표가 아무리 거창하다 한들 모두가 창의적 인재가 될 수도 없을뿐더러 모두가 나라를 위한 역사적 사명감을 가질 수도 없다. 더도 말고 덜도 말고 '좋은 사람'만 되어라.

3.

놀자선생의 엉뚱생뚱
사고(思考)뭉치

1.

놀이는 지능 순이다

머리가 나쁘다는 걸 속된 표현으로 '닭대가리'나 '새대가리'라고 말한다. 어렸을 적 기억 한 토막. 마당에 덕석(명석)을 펴고 곡식을 널어놓으면 닭들이 어김없이 와서 주워 먹는데 장대를 휘둘러 쫓는다. 그런데 도망가던 닭들은 몇 걸음 안 가서 되돌아온다. 장대에 등짝을 맞기도 하고 날갯죽지가 부러질 정도로 맞았으면 포기할 만도 한데 닭들은 몇 걸음 안 가 되돌아오곤 했다. 그 당시엔 닭들이 먹이에 대한 의지가 매우 강하다고만 생각했다. 그런데 돌이켜 보니 닭들이 되돌아오는 건 몇 걸음 떼기도 전에 방금 전 있었던 사건을 까먹어 버리는 머리 나쁜 '닭대가리'이기 때문일 수도 있겠다는 생각이 들었다. 닭을 쫓으면 도망가다 지쳐 볏짚 속에 대가리만 박고 숨기도 하니까.

지능이 높을수록 잘 논다

놀이는 먹이활동이나 번식활동과는 상관없는 순전히 '재미'를 위한 활동이다. 일이 생존 에너지를 얻기 위한 수단이라면 놀이는 생존 자체의 목적이라고 할 수 있다. 호모루덴스(놀이하는 인간)가 동물과 달리 식욕, 수면욕, 번식욕 외에 놀이 본능을 타고나 태어나서 죽을 때까지 재미를 찾는 이유다. 얻는 것이 없는데도 소모적인 것, 낭비적인 것, 쓸데없는 것에 몰두하는 것이 인류의 특징이다. 필자가 어렸을 적 공부 안 하고 친구들과 놀고 있으면 "돈이 나오냐 쌀이 나오냐 쓸데없는 짓 그만하고 글 한 자라도 들여다봐라!"고 야단맞았던 것은 놀이가 아무것도 가져다주지 않는 쓸데없는 것이라고 여겼기 때문이다. 지금도 크게 다르지 않다.

동물도 사냥술을 배우기 위해 기초적인 놀이를 하지만 오직 인간만이 평생에 걸쳐 놀이를 한다. 도대체 왜일까? 그건 지능과 관련이 깊다. 대뇌피질이 특별히 발달된 인간에게 놀이를 향유할 수 있는 능력이 생긴 것이다. 놀이와 지능은 상호 비례한다. 지능이 높을수록 잘 놀고 놀수록 지능이 발달되는 관계다.

동물과 인간을 생체적인 측면에서 비교를 해 봐도 알 수 있다. 동물은 번식활동(교미)을 위해서 생식기나 항문 부위 등 민감 부위를 혀로 핥아 자극을 시킨다. 그러나 인간에 비하면 민감 부위가 극히 제한되어 있다. 인간은 생식기나 항문은 말할 필요도 없을뿐더러 손바닥, 발바닥, 얼굴 등 인체 전체(피부)가 민감 부위라 해도 지나친 말이 아니다. 민감 부위를 자극하면 어떨까? 쾌감을 느낀다. 쾌감은 도파민과 세로토닌 등의 분비가 활성화되고 도파민과 세로토닌 등의 행복 호르몬은 사고력을 증진시키고 의욕을 불러일으키며 몰두할 수 있는 능력을 가져다준다. 결론적으로 머리가 좋아진다는 것이다.

앞에 머리 나쁜 닭 얘기를 했는데, 이솝우화 중 〈까마귀와 물병〉이야기가 있다. 먼 여행을 하던 까마귀는 몹시 목이 말랐다. 운이 좋게도 나무 그늘 아래 누가 마시던 물병이 있어 얼씨구나 달려가 병 속에 부리를 넣는데 맙소사 부리에 물이 안 닿는 것이다. 애가 탄 까마귀는 더욱 갈증이 심해졌다. 여기서 포기하면 목말라 죽을 거 같고 무슨 방도가 없을까 궁리를 했다. 까마귀는 주변의 돌을 모으기 시작했다. 그러고는 차례대로 병 속에 돌멩이를 채워 넣으니 물이 올라오는 게 아닌가! 까마귀는 꿀보다 단 물을 마시고 다시 여행을 떠났다는 이야기는 까마귀의 지능이 뛰어나다는 걸 말한다.

많이 놀아서 영리할까? 영리하니까 잘 놀까?

위와 같이 까마귀는 조류 중에서 가장 영리하다고 알려져 있다. 병속에 자갈을 넣어 수면을 높여서 물을 마실 수 있는 머리는 침팬지만큼 영리할지도 모르겠다. 까마귀를 연구한 학자들의 주장이나 유튜브에 올라 온 까마귀 관련 동영상을 보면 문제해결능력이 매우 뛰어나다. 까마귀는 호두알을 안전하게 까서 먹는다.

첫째, 호두를 차가 다니는 도로 위에 떨어뜨린다(반드시 깨진다). 둘째, 횡단보도에 떨어뜨린다(왜일까?). 셋째, 신호등이 바뀌어 차들이 멈추면 깨진 호두알을 주워 먹는다(안정성 확보). 뿐만 아니라 3단계 이상을 추론해야 가능한 문제도 너끈히 풀어낸다. 더구나 까마귀는 서로 주고받는 게 가능하다. 즉, 소통할 수 있는 머리가 된다는 것이다.

신문에도 나온 얘기인데 미국 워싱턴주 시애틀에 사는 8세[2015년 기사] 소녀인 게이비에게는 의외의 선물이 많이 생겼다. 그런데 아이들이 갖고 노는 일반적인 장난감들이 아니다. 그건 게이비의 친구인 까마귀가 가져다준 것이기 때문이다. 게이비는 몇 년 전부터 자신이 뭘 먹을 때 졸졸 따라다니는 까마귀에게 빵조각을 조금씩 떼어 주다가 2년 전부터는 매일 정기적으로 모이를 주었다. 그런데 어느 날부터 까마귀들이 모이를 다 먹은 뒤 모이통에 '선물'을 하나씩 놓고 가기 시작했는데 그 물건들이 수십 가지에 이르렀다. 까마귀들은 게이비 가족과도 친해졌다. 한번은 게이비 엄마인 리사가 동네에서 카메라 렌즈 보호뚜껑을 잃어버렸는데 까마귀들이 이를 물어다 집에 가져다주기도 했다. 리사는 영국 BBC 방송과의 인터뷰에서 "까마귀들이 우리 가족의 일거수일투족을 쳐다보고 있었던 것"이라고 말한다. 워싱턴주립대의 조류학자인 존 마줄루프는 "까마귀가 사람과 돈독한 관계를 맺는 경우가 전에도 여러 차례 보고된 적이 있다"면서 "사람과 커뮤니케이션을 할 수 있는 능력을 갖춘 새"라고 설명한다.

필자는 까마귀가 다른 조류에 비해 특별히 영리한 까닭이 궁금해졌다. 동물들 중에서도 생각 이상으로 잘 노는 동물들이 있다. 까마귀도 그중 하나로 고양이와 공을 가지고 '놀이'를 즐기는 것을 보면 알 수 있다. 아마 사람과 가까이 지내면서 학습한 것일 수도 있겠다. 몇 년 전 유튜브에서 까마귀 관련 동영상을 검색하다가 놀라운 사실을 발견했다. 눈이 많이 내리는 러시아의 가정집 지붕 위에서 놀고 있는 까마귀를 찍은 것인데, 미니 튜브 같은 걸 물어다가 지붕 꼭대기에 놓고는 올라타 눈썰매를 즐기는 모습을 보고는 깜짝 놀랐다. 이게 일회성에 그쳤다면 우연이라고 넘기겠지만 수차례 반복된 행동을 했다면 분명 놀이를 즐긴다고 봐야 할 것이다. 개나 고양이 등 인간과 친한 포유동물도 놀이를 하는 걸 보면 놀라운데 새대가리(조류)에 해당하는 까마귀가 썰매를 탈 줄은 꿈에도 생각하지 못했던 것이다. 최소한 까마귀한테는 새대가리라고 말해선 안 될 것 같다.

많이 놀아서 영리할까? 영리하니까 잘 놀까? 둘 관계는 동전의 양면 같다고 말하는 게 맞을 것이다. 지구상에서 인류가 만물의 영장이라는 지위를 차지한 이유는 바로 '놀이'에 있다. 인간만큼 시간을 허비하며 아무 목적도 없이 순전히 '재미'를 위해 놀이를 그토록 많이 하는 동물은 지구상에 아직 없다. 까마귀가 눈 위에서 썰매를 타고 공놀이를 하는 것은 사람들의 행동을 모방할 수 있을 만큼 영리하기 때문일 것이다. 놀이는 놀이활동을 수행할 수 있는 두뇌 발달과 깊은 관련이 있다. 아이들의 놀이활동 과정을 살펴보면, 우선 소뇌와 대뇌피질을 활성화해 사고력을 높인다. 새로운 놀이의 자극은 뇌간에서부터 대뇌피질에 이르는 동안 의미 있는 정보로 재구성되어 기억된다. 이러한 자극 정보는 소뇌에서 다음 행동을 위한 움직임을 스스로 조절하고 수정해 갈 수 있도록 도와준다. 스스로 학습할 수 있는 능력이 생긴다는 것이다. 이와 같은 놀이의 과정을 거쳐 아이의 뇌는 끊임없이 발달하게 되는 것이다.

2.
스마트폰 주려거든
차라리 담배를 줘라

스마트폰 시대가 되다 보니 요즘에는 지하철이나 식당에서 아이가 스마트폰을 성인들 못지않게 조작하여 즐겁게 노는 모습을 심심찮게 볼 수 있다. 우선 가장 큰 장점은 이 스마트폰이라는 게 요술방망이라는 것이다. 천방지축이던 아이나 엄마를 달달 볶으며 징징대던 아이도 스마트폰만 쥐어 주면 모든 상황이 간단히 정리된다. 그래서일까. 이젠 보행기나 식탁에도 스마트폰 거치대를 설치하는 게 기본이라 한다.

스마트폰의 가장 큰 문제는 일방적이라는 것이다

아이들이 조용하게 스마트폰에 집중하니 어른들에겐 더 없이 좋은 것 같은데 과연 그럴까? 전문가들의 견해는 전혀 다르다. 한마디로 스마트폰은 아이를 바보로 만든다. 아니 바보라면 차라리 낫다. 장차 어떤 엽기적이고 가공할 일을 저지를지 모르는 독성을 제 몸속에 차곡차곡 쌓고 있다는 게 문제다. 일단 스마트폰에 빠진 아이들에게는 자제력과 감정 조절, 주의 집중력, 사리 판단 등을 관장하는 전두엽의 기능이 떨어지는 경우가 많다. 특히 영유아기에는 현실 세계와 가상 세계를 구분할 수 있는 능력이 떨어져 TV 화면을 자꾸 키우려 한다든가 그림책의 그림을 터치하여 넘기려는 행동이 나타나기도 한다.

아기가 태어날 때 뇌는 하나의 둥그스름한 세포(뉴런) 덩어리지만 엄마와의 경험과 놀이를 통해 점차 프로그램화되고 배선(회로)이 복잡하게 형성되어 간다. 그래서 유아기의 다양한 경험은 매우 중요하다. 유아는 놀이를 통해 뇌의 회로(뉴런)를 만들어 낸다. 여기서 중요한 건 뇌세포의 수가 아니라 뉴런이라고 하는 '연결'이다. 사람이 늙으면 당연히 뇌세포는 급격히 죽어 가는데, 세포가 죽는다고 치매라고 하지는 않는다. 중요한 건 세포와 세포를 연결해 주는 뉴런이 발달했는가 퇴화했는가다.

아이에게 스마트폰 쥐어 주고 거기에 몰두하는 아이를 보면서 회심의 미소를 짓는 엄마들에게 말하고 싶다. "스마트폰 대신에 차라리 담배를 줘라." 아이에게 담배는 매우 해롭겠지만 스마트폰과는 비교가 안된다. 스마트폰의 가장 큰 문제는 일방적이라는 것이다. 사람의 뇌는 대상과 오감을 통한 상호작용에서 고루 발달하는데 스마트폰은 수만 개의 뇌 회로 중 단 하나만 자극하여 나머지 회로들은 넋 놓고 있거나 퇴화하기 때문이다. 스티브 잡스가 감성을 탑재했다고 하는 스마트폰도 결국은 아무런 감정 없는 기계에 불과하다. 엄마와 달리 스마트폰은 서로 감정을 조절하고 소통, 교환되는 관계가 아니기에 감정을 담당하는 변연계 발달이 안 되어 감정은 뻣뻣해지고 어지간한 자극에는 충격을 못 느끼는 '팝콘브레인'이 될 수 있다.

사람의 뇌는 눈으로 받아들이는 영상 정보를 시각을 담당한 뇌의 후두엽에서 먼저 인식하고 뇌의 앞부분인 전두엽으로 자극을 전달한다.

이렇게 전달된 정보를 전두엽에서 종합하고 분석하여 판단을 내려 행동을 하는 게 일반적인 절차인데, 스마트폰(게임)은 보는 즉시 바로 반응을 해야 해서 정보 대부분이 전두엽을 자극할 겨를 없이 후두엽에서 바로 처리를 해 버린다. 이런 결과로 전두엽의 미성숙은 공감력과 사회성이 떨어지는 게 특징이다. 어린 시절부터 놀지 않고 오로지 공부만 하여 출세한 사람들의 엽기적인 행각이 뉴스에 오르내리는 현상은 그 단적인 예다. 스마트폰으로 키운 아이들도 그렇게 될 확률이 많다.

유아스마트폰증후군

스마트폰 시대에 어쩔 수 없는 현상이긴 하지만 최근 아이들의 스마트폰 사용이 늘면서 소위 '유아스마트폰증후군Smartphone Syndrome'이라는 말이 생겼다. 이는 스마트폰의 자극에 자주 노출돼 뇌가 균형 있게 발달하지 못하는 증상으로 게임 등에 빠진 아이의 좌뇌 기능은 향상되는 반면, 우뇌 기능은 상대적으로 떨어지는 것을 말한다. 이처럼 뇌의 불균형적인 발달은 게임중독과 주의력결핍과잉행동장애ADHD, 학습능력 저하와 아토피성 질환 등을 유발할 가능성이 높다고 전문가들은 지적한다.

유아부터 노인까지 국민 대다수가 스마트폰을 이용한다. 그런데 2011년 5월 세계보건기구WHO는 휴대폰의 전자파가 뇌에 미치는 영향으로 뇌종양을 일으킬 수 있다고 발표했다. 유엔 산하 국제 암 연구기구IARC와 미국의 국립보건환경연구원NIEHS은 1998년에 전자파를 발암인자 2등급으로 규정했다. 그 예로 영국의 한 연구팀이 11~12살 어린이들

(2,500명)을 조사한 결과 스마트폰을 장기간 사용한 아이들에게서 일반 아이들에 비해 3배의 뇌종양 발병률이 있었다고 밝혔다. 한편 2017년 육아정책연구소가 발표한 '영유아 스마트폰 노출 실태 및 보호 대책'에 따르면 2013년 기준 영유아의 스마트폰 이용률은 53.1%에 달했다.

아이들이 스마트폰을 처음으로 이용한 시기는 평균 2.27세였다. 세 살도 되기 전에 이미 스마트폰을 접한다는 것이다. 스마트폰 이용 시간도 적지 않다. 0세부터 만 2세 영아와 만 3~5세 사이 유아의 평균 스마트폰 이용 시간이 30분 이상인 것으로 조사됐다. 한국정보화진흥원에 따르면 유·아동 스마트폰 중독자가 12만 7,000명에 달한다는 보고다.

요즘에는 놀이도 디지털화되어 TV, 스마트폰 등 전자기기 관련 영유아의 놀이문화 실태가 나왔는데, 만 2세와 만 5세 아이들이 평일 전자기기에 노출되는 시간이 1시간이 넘는 것으로 조사됐다. 시청각 프로그램이나 인터넷을 통한 교육 시간까지 합하면 전자기기에 노출되는 시간은 영유아 모두 2시간을 넘는다는 것이다.

뇌과학적 측면에서 정리해 보면, 여섯 살까지는 비언어적인 우뇌가 먼저 발달하는데 스마트폰에 노출되면 균형적인 뇌 발달을 저해하게 된다. 전자매체의 발달과 상업적인 놀이의 발달로 우리 아이들은 자발적인 놀이를 빼앗겨 버리고 상호작용이 뭔지도 모르고 자라고 있다. 신경생물학계에서는 이런 현실이 아이의 뇌 발달 경로까지 바꾸고 있다고 주장한다. 이런 이유로 미국소아과학회는 시각체계가 채 발달되지 않은 2세 이하 유아에겐 TV 시청을 금지하고 스마트폰을 주지 말 것을 권하고 있다. 왜냐하면 이들이 20년 뒤 느닷없이 '묻지마 살인자'로 돌발하거나 '엽기적인 패륜아'로 나타날지도 모르기 때문이다. 유아기는 두 번 다시 오지 않는다. 100세 시대가 다가온 지금, 몇 년에 불과한 유아기인데 스마트폰에 육아를 맡기는 건 아이에게 담배를 물려주는 것 이상으로 해롭다.

3.
아빠놀이는 똑똑한 아이를 만든다

아이들이 부모와 떨어져 양육과 교육 기간을 보내게 된 건 인류사로 보면 얼마 되지 않았을 것이다. 산업혁명이 이뤄지기 전인 농업사회에서는 최소한 아이가 아빠와 엄마가 일하는 일터인 논이나 밭에 같이 갈 수 있었다. 산업혁명과 도시화는 더 이상 아이가 아빠가 일하는 공장에 따라가서 일하는 모습을 볼 수 없게 되었다. 먹고살기 훨씬 쉬워졌다는 현대 사회에서는 엄마마저 일터에 나가면서 아이들은 더 이상 엄마와 아빠가 무슨 일을 하는지 보지 못하고, 보육이나 교육기관에 맡겨져 하루 중 많은 시간을 다른 사람과 보낸다.

우리 아빠가 달라졌어요

남자와 여자의 성역할은 기나긴 수렵채집 시대에 생겨났다. 엄마는 주로 양육을 맡고 아빠는 먹거리를 구해 오는 역할이 현대까지도 이어져 돈 버는 건 아빠 역할, 양육과 교육은 엄마 몫이라는 관념이 남아 있다. 바깥양반과 안사람이라는 명칭이 생긴 이유이기도 하다. 이는 집

안에서의 역할분담 같은데 이런 현상은 보육기관이나 교육기관에도 그대로 판박이 되고 있다. 물론 조선시대의 기득권인 상층 사대부 집안에서는 남자아이의 교육은 아버지와 할아버지가 맡았다는 육아일기『양아록』, 1551~1566년까지 이문건의 기록도 있는데, 전통의 맥으로 이어진 건 아니다.

일단 놀이로 좁혀 보면, 엄마와 아빠의 역할은 다르게 나타난다. 엄마놀이가 중요한 건 여성성(모성본능)을 나타내는 에스트로겐이라는 호르몬이 분비되어 공감능력을 향상시키고 주로 정적인 놀이로 내면적인 감성을 다룬다. 엄마놀이는 시각적인 뇌를 활성화시키고 언어와 감정, 정서, 심리 발달 등에 없어서는 안 될 필수적인 놀이다. 그러나 일반적으로 엄마는 아빠보다 통제를 더 많이 하기 때문에 아이가 공격적이될 수도 있다는 전문가의 의견도 있다.

반면에 아빠놀이는 주로 동적인 신체놀이로 힘과 공격성을 조절할 수 있는 능력을 키워 주며 외부적인 사회성과 규범을 다루어 분석력과 규칙, 원리, 논리, 공간 지각력과 판단을 발달시킨다. 아빠놀이는 또한 생각하고 판단하는 이마엽이 활성화된다고 한다. 동적인 아빠놀이는 공격성을 나타내는 남성호르몬인 테스토스테론이 감소되어 온화한 태도를 보이며, 공감을 담당하는 호르몬인 바소프레신이 분비되어 공감능력을 향상시키는 것으로도 알려져 있다. 뿐만 아니라 지능지수와 긍정적인 사고 형성에 많은 도움을 준다는 연구 결과들이 있다. 특히 언어에 숨어 있는 비밀이 있다고 말하는데 아빠의 중저음 바리톤 목소리가 아이들에게 심리적인 안정감을 주고 아이의 성격 형성에 큰 역할을 한다는 학계의 보고도 있다.

영국에서는 일찌감치 이런 연구를 진행해 왔는데 영국 뉴캐슬대학교에서 진행된 50년간의 연구 결과를 보면 만 5세 이전에 아빠와 신체놀

이를 많이 하고 자란 아이들은 유년기는 물론 성인기에도 긍정적인 결과가 나타났다. 11세 아이들을 조사해 보니 아빠놀이를 한 아이가 그렇지 않은 아이들보다 지능지수가 높았다. 이들이 성장하여 42세 때 보니 사회적 지위도 높았으며 성공한 삶을 살고 있는 사람들이 많았다는 연구 결과다.

또 다른 연구는 옥스퍼드대학교 연구팀이 2001년에 발표한 것인데, 1958년 영국에서 태어난 1만 7,000명의 아이들의 삶을 33세가 될 때까지 추적 조사했는데 행복하고 안정적인 삶을 누리고 있는 사람들의 공통점 중 하나가 바로 '아버지와의 좋은 관계'를 경험했다는 것이다. 아

이가 7살이 되기까지 아빠가 교육에 적극적으로 참가한 아이는 지능과 문제해결능력이 높아지고 성적도 높아졌으며 학교생활도 더 잘했다. 이들은 학교에서 문제행동이 줄고 경제적으로나 교육적으로 더 높은 성공을 거두었다는 것이다. 이것을 '아버지 효과father effect'라고 부르는데, 아버지의 말 한마디와 태도 그리고 생활습관과 삶에 대한 가치관 등이 아이에게 그대로 각인되어 아이의 미래 삶에 큰 영향을 끼치는 것을 말한다.

수년 전 모 방송사의 〈우아달〉이라는 프로그램에 참여했었는데, 아빠가 달라지면 문제가 있던 아이가 변화되는 프로그램이었다. "우리 아이가 달라졌어요"가 아니라 "우리 아빠가 달라졌어요"가 정확한 표현일 것이다.

놀이 친구이자 안전기지가 되어 주는 아버지

무서운 아버지는 아들을 무능력하게 만든다. 아이는 성장하여 화를 내야 할 때 화를 내지 못하게 된다. 자신을 무능력하다고 스스로 탓하도록 학습된 결과다. 무관심한 아버지는 싸워야 할 때 싸우지 못하는 아이를 만든다. 억울한 일을 당해도 권리를 주장하지 못한다. 속으로 분노가 쌓여 엉뚱한 데서 터져 나온다. 무기력한 아버지는 사는 것을 두렵게 한다. 아이의 좌절감은 눈치를 많이 보고 공격당할까 늘 노심초사하게 만든다. 든든한 아버지를 가진 아이는 적 앞에서도 당당하다. 인생의 파도도 두렵지 않다. 긍정적인 믿음을 갖고 세상을 산다.

이런 걸 연구한 스티븐 비덜프라는 심리학자는 '아버지 결핍증'이라는 용어를 만들어 냈다. 비타민 결핍이나 주의력 결핍 장애처럼 아이가 자라는 데 꼭 필요한 요인들이 부족하면 아이의 성장에 이상이 생긴다는 주장이다. 아빠의 역할이 아이의 성장에 없어서는 안 될 꼭 필요한 요소라는 것이다. 아이들에게 엄마가 필요한 만큼 아빠와의 시간이 필요함을 보여 주는 연구 결과들은 너무나도 많다. 아빠는 아이들과 신체적인 접촉이 많은 놀이를 함께 하는 놀이 친구일 뿐 아니라 아이들이 주위를 탐색하고 새로운 모험을 시도하게 해 주는 안전기지 역할을 한다. 따라서 아이 때 아빠와 많은 시간을 보낸 아이들은 타인에 대한 공포가 적고 정서적으로 안정되어 있어서 새로운 사람이나 환경에 더 잘 적응해 나간다. 아빠는 특히 남자아이들의 역할 모델이 된다. 아빠들이여, 휴가를 내서라도 아이들과 놀아라. 인생에서 어린 시절은 순식간이고 절대 돌아오지 않는다.

최근에 TV 프로그램에 아빠(놀이)들이 많이 등장하는 건 이런 점에서 매우 바람직한 현상이다. 아이들은 세상에서 가장 사랑하는 사람으로 엄마를 꼽고 아빠놀이를 경험한 아이는 아빠가 세상에서 제일 멋있다고 느낀다. 양육과 교육을 요즘에는 엄마와 아빠가 공동 분담하는 추세이지만 역할은 분명 다르다.

『엄마가 모르는 아빠효과』[2009]를 쓴 두뇌 발달 전문가인 김영훈 박사는 4차 혁명 시대에는 아빠 역할이 매우 중요하다고 강조한다. 21세기에는 최첨단 과학기술로 로봇이나 인공지능AI이 많은 역할을 할 것이다. 그는 창의력과 직관력, 그리고 협업능력과 정보를 활용하고 조합할 수 있는 능력인 소위 21세기형 창의적 융합 인재 양성에 아빠의 역할이 필수적이라고 주장한다.

엄마놀이와 아빠놀이가 조화롭게 합쳐질 때 전뇌 발달이 이루어지는 가장 바람직한 양육과 교육이 될 것이다. 집안에서의 엄마놀이와 아빠놀이가 보육, 교육기관인 유치원에서부터 초등학교까지 이어져야 하는데, 이런 기관에서 아빠놀이가 거의 없는 건 장차 크나큰 사회문제를 낳을 수도 있겠다는 우려가 든다. 왜냐면 보육기관은 대부분 여성이 담당하고 있고 학교기관도 여성 비율이 점점 높아지는 현실인 데다가 거칠고 동적인 놀이는 위험성 때문에 기피하거나 놀다가 부상을 입는 경우 책임 문제로 시끄러워지는 걸 회피하는 추세이기 때문이다. 더구나 성 관련 문제가 대두되면서 학부모들이 남자 선생님을 꺼리기도 한다.

교육기관에서는 아이들을 위한 '삼촌놀이'나 놀이교사 남성 할당제 등을 실시하는 것도 하나의 방법이겠다. 특히 집에 가면 엄마밖에 없는 한 부모 어린이들에게는 더욱 절실하다. 그렇다고 엄마와의 놀이가 빠지면 더 큰 문제를 만든다는 것 또한 사실이다.

4.

교육이란 명분의 아동폭력

아이들을 놀지 못하게 하는 것은 본성을 억누르는 아동폭력이자 아동학대다. 아름다운 풍경을 보면 기분이 좋아지고 맛있는 음식을 보면 먹고 싶다는 생각이 들듯이 놀이를 즐기는 것은 인간의 자연스러운 본성이다. 어린이들에게는 더욱 그렇다. 그런데 교육이라는 명분으로 아이들을 붙잡아 놓고 있는 건 아닌지, 맘껏 산이며 들로 뛰어다니며 놀던 시절이 이제 책에 신화나 전설로 기록되지나 않을지 걱정스러운 생각이 든다.

착한 아이 증후군을 넘어서

관계란 상대적이고 서로 즐거워야 한다. 남녀 간에 일방적인 관계를 강제할 때 성폭력이 되며 부모와 아이 사이 또는 교사와 학생 사이도 마찬가지로 일방적일 때 문제가 된다. '가르친다'는 명분이나 교육이라는 이름 때문에 감히 폭력이라고 말하지 못하는 게 현실이다. 교육은 본질상 지극히 폭력적이기까지 하다. 그래서 전 세계 교육학계의 고전이 된 『페다고지』에서 파울로 프레이리는 기술적 진보의 이면에서 자행되고 있는 비인간적인 교육, 경쟁 위주의 교육, 일방통행적 '은행저금식' 교육이 우리를 절망시킨다고 주장하며 교육의 궁극적인 목표는 인간해방으로 수직적인 관계가 수평적 관계로 되어야 가능함을 역설했다. 우리의 주입식 교육을 꼬집는 것 같다.

13살에 옥스퍼드대학교에 입학하여 천재성을 인정받았던 영국의 유소프라는 소녀가 있었다. 그녀는 아버지가 개발한 '학습가속화 기법'으로 훈련받았다. 16세였던 그녀의 언니는 물론 12세였던 남동생까지 영국의 워릭대학교에 입학할 정도였으니 입소문은 금방 퍼져 나갔다. 이들의 천재성은 타고난 것이라기보다는 아버지의 독특한 교육 방법에 의한 영향력이 컸다. 1998년의 일이다.

그런데 10년 뒤인 2008년 그녀가 시간당 130파운드에 남성들에게 몸을 팔고 있다는 사실이 영국 언론들에 의해 밝혀지면서 충격을 주었다. 유소프는 자신의 타락을 아버지 탓으로 돌렸다. 그녀는 옥스퍼드에 입학한 지 불과 3년 후인 15살에 가출을 했는데 "아버지로부터 정신적·육체적 학대를 받는 생지옥 같은 생활을 했다"라고 고백했다. 그녀의 아버지는 개인적인 품성에 심각한 문제점이 있었던 걸로 드러났다.

"저는 걱정이 많아요. 계획대로 못하면 어떻게 될까? 자살도 생각해 봤어요. 저 자신은 어떻게 되든 상관없어요. 부모나 친구들에게 상처를 주고 실망을 주니 제가 고생하는 게 나아요. 저 하나만 힘들면 친구나 가족들은 제가 어떻게 힘들어하는지 모르고 넘어가잖아요."

모범생의 전형적인 모습이다. 부정적인 정서나 감정을 숨기고 타인의 말에 무조건적으로 순응하면서 착한 아이가 되려고 하는 이른바 '착한 아이 증후군'이다.

리처드 루브는『자연에서 멀어진 아이들』에서 놀 시간이 없는 아이들이 이런 슈퍼차일드 신드롬을 앓고 있다고 우려한다. 말썽 부리지 않는 모범생이 훨씬 위험할 수도 있다. 쌓이고 쌓인 스트레스가 언제 폭발할지 모르기 때문이다.

"제가 좋아하고 잘하는 것을 깨닫는 데 30년이 걸렸어요." 미국 전역에 이른바 '타이거 마더' 열풍을 일으킨 예일대 법학대학원 교수인 에이미 추아Amy Chua의 때늦은 후회의 말이다. 엄격한 교육이냐, 아동학대냐 논란을 불러일으킨 에이미 추아는 전공인 법학보다 교육을 주제로 한 강연을 위해 전 세계를 누비고 다녔다. 타이거맘 교육으로 두 딸을 하버드대와 예일대에 보냈기 때문이다. 그의 저서인『타이거 마더』는 오랫동안 베스트셀러였다. 중국계 이민 2세인 그녀가 주장하는 '통제와 관리, 엄격한 규칙'을 강조하는 중국식 교육법은 아이에게 관대한 서양식 부모와 비교되면서 한동안 학부모뿐 아니라 언론과 학계에서도 찬반론이 뜨거웠다. 체육시간이나 놀이시간이 시간 낭비라고 주장했던 그녀가 180도 바뀌었다.

아이도 행복하고 엄마도 행복한 맘mom은 당신 맘에 달려 있다

2014년 모 언론사에서 주최한 포럼에 참석하기 위해 한국에 온 그녀는 부모가 원하고 남들이 기대하는 대로 사는 삶과 작별했다며 "혁신, 창의성으로 가는 길은 박스, 나를 가두었던 상자를 벗어나는 겁니다. 다른 이들이 생각하지 않는 방식으로 사는 거죠"라고 주장했다.

　세계적인 교육 논쟁을 일으킨 에이미 추아가 타이거맘이라면 일명 프리레인지 키즈 운동을 펼친 리노어 스커네이지는 '방목맘'으로 '미국 최악의 엄마'라는 혹평을 받았다. 9살 난 아들에게 알아서 지하철을 타고 집에까지 오라고 했다는 이유에서다. 9살이면 옛날엔 능히 버스나 지하철을 타고 학교에 다닐 수 있는 나이였다. 필자는 3학년 여름방학 때 혼자 서울에 왔다가 혼자 시골집까지 찾아갔다. '아동보호'라는 명목으로 보호가 지나치면 오히려 성장을 방해한다. 스스로 놀이를 하거나 스스로 책을 읽으면서 재미있게 시간을 보내는 아이들이 제대로 성장한다.

부모는 아이를 어떤 사람으로 만들기 위해 존재하는 게 아니다. 방정환 선생이 주장했듯 아이를 어른들이 원하는 어떤 기성품으로 만들어서는 안 된다. '방목맘'인 스커네이지가 촉발시킨 프리레인지 운동은 아이들에게 자존감을 높여 주고 놀이를 통해 스스로 결정을 내릴 줄 알며 다른 친구들과 어울리며 자신을 조절, 통제할 수 있는 능력을 키워 준다. 스스로 생각하고 스스로 결정하며 스스로 행동하는 놀이정신과 맞아떨어진다.

1990년대부터 시작된 독일의 숲 유치원 아이들은 자연 속에서 개울을 스스로 건너고 언덕을 손잡아 주며 오른다. 아이들은 건강하고 씩씩하다. 숲속에 방목된 아이들은 무슨 놀이를 하고 싶은가에 따라 많은 생각을 하게 되고 창의하고 협력한다. 취학 전 부모의 학습 선호도와 놀이 선호도를 조사했는데, 놀이 선호도가 높은 부모를 둔 아이가 학습 주도성, 수업 이해도, 일에 대한 도전정신, 또래관계 등이 전체적으로 높게 나타났다.

우리나라는 특수아교육 특히 천재교육이나 영재교육에 대한 체계나 시스템이 빈약하다 보니 천재나 영재가 아닌 아이를 천재 만들려다가 아이를 망치는 천재天災를 당하기도 한다. 10살밖에 안 된 국악 신동이 스케줄이 너무 많아 엄마 아빠 없을 때 죽고 싶다고 말한다. 7살 아이가 책을 만 권이나 읽어 엄마가 물어보는 어떤 질문에도 척척박사인데 놀고 싶은 게 가장 큰 소망이다. 이 아이의 몸과 맘은 종합병원이었다는 안타까운 사연이 슬프다. 여고생이 8세 여자 어린이를 엽기적으로 살해한 사건은 어떤가. 이 소녀는 미술을 좋아했는데 전문업에 종사하는 그의 부모는 자식을 의대나 좋은 대학에 보낼 욕심에 미술반이 없는 학교로 진학을 시켰다. 그 여고생은 삶의 생기를 잃어버리고 폭력

애니메이션에서 봤던 대로 엽기적인 살인자가 되었다.

교육과 자식 사랑이란 명분으로 가해지는 아동폭력과 아동학대는 반드시 우리 사회가 되돌려 받는다. 육체노동 중심이었던 전통 사회를 지나 산업혁명으로 직업이 다양해지면서 인류는 아이의 교육이 자녀의 성공과 성취를 결정한다는 생각에 유난히 관심이 많아졌다. 그러나 지금은 21세기로 전통적으로 생각하던 '공부 잘하는 인재'를 원하는 시대가 아니다. 숙제했어? 학원 갔다 왔어? 단어 다 외웠어? 수학문제 풀었어? 알파맘, 베타맘, 타이거맘, 슈퍼맘, 스칸디맘, 방목맘, 하키맘, 인공위성맘, 헬리콥터맘, 드론맘, 잔디깎기맘, 돼지맘. 수많은 맘들 중에서 아이도 행복하고 엄마도 행복한 맘mom은 당신 맘에 달려 있다.

5.
수학과학이
특기적성교육이 되어야 한다

　필자가 학교 다닐 때에는 공부 못하는 학생들이 주로 특기적성교육을 받았다. 비록 공부는 못하지만 음악이나 미술, 체육 등에 뛰어난 아이들이 부럽기도 했고, 특히나 수학이나 영어 등 지겨운 과목을 못해도 된다는 것이 가장 부러웠다. 그런데 의구심이 드는 건 국어나 수학, 영어 그리고 음악이나 미술, 체육 등이 모두 교과과정에 들어 있고 국어책도 교과서고 음악책도 교과서라고 부르는데, 수학이나 영어를 잘하면 공부 잘한다고 말하고 왜 음악이나 체육을 잘하면 공부 잘한다는 말을 안 하는지 모르겠다.

　그러한 상황은 지금도 마찬가지다. 국어, 수학만 공부고 음악이나 체육은 공부가 아니란 말인가? 아마도 음악이나 미술, 체육 등은 놀이에 뿌리를 두고 있기 때문이 아닐까 생각된다. 이제는 공부의 개념이 바뀌어야 한다.

체육 잘하는 아이도 음악 잘하는 아이도 공부 잘하는 것이다

공부의 원래 의미는 신체활동을 통해서 얻어지는 모든 훈련이다. 머리를 쓰는 일이나 청소를 하는 것이나 다 같은 공부인 것이다. 판소리 소리꾼들이 소리를 배워 가는 수련과정을 '소리공부'라고 한다. 공부는 몸을 전제로 한다. 몸이란 정신Mind과 육체Body의 이분법적 분할을 거부하는 인격 전체를 말한다. 따라서 공부란 몸을 닦는 것이므로 '수신修身'이라 했다. 공부는 몸의 다양한 기능의 민주적 균형을 말하는 것이며 어느 부분의 기능도 그 탁월함(특기)에 도달했을 때 가치상의 서열을 부여하면 안 된다. 수학을 탁월하게 잘하는 것이나 운동선수가 탁월한 신체적 능력을 발휘하는 것 또는 음악성이 뛰어난 학생의 악기 다루는 솜씨나 모두 동일한 가치의 '공부'로서 인정해 줘야 한다. 모두를 잘하면 더없이 좋겠지만 특정한 과목은 잘하고 어떤 건 못할 수도 있다. 인간이 모두 똑같을 수는 없잖은가? 체육 잘하는 아이도 공부 잘하는 것이고 음악 잘하는 아이도 공부 잘하는 것이다.

> 과거의 획일화된 정책으로는 교육, 의료, 고용 등 다양한 분야에 걸친 문제를 해결할 수 없다. 대량 사회, 대중의 시대에 썼던 방법이 아니라 다원화되고 개인화된 문제에 걸맞은 해법을 찾아가는 것이 중요하다.

2016년 타계한 미래학자 앨빈 토플러는 2012년 한국을 방문했을 때 이런 충고를 했다. 고용 사회인 산업화 사회는 이미 종말을 고했다. 이

전 시대처럼 공장에서 일사불란하게 똑같은 작업을 해야 하는 시대가 저물고 있다. 다시 토플러의 말을 인용해 본다.

"한국의 학생들은 하루 15시간 동안 학교와 학원에서 미래에 필요하지도 않은 지식과 존재하지도 않을 직업을 위해 시간을 낭비하고 있다."

국제학업성취도평가PISA에서 선두를 다투는 핀란드와 한국 학생들의 하루 공부 시간은 핀란드가 4시간 22분, 한국이 8시간 55분으로 무려 두 배가 넘는다. 한국의 학생들이 얼마나 비경제적으로 공부하고 있는지를 알 수 있다. 요즘 많이 쓰는 말로 투자(가격) 대비 가성비가 두 배 이상 낮은 것이다. 필자가 핀란드 교육 탐방에서 주목한 것은 '집중력'과 '수준별 적정 학습'이었다. 공부나 시험은 한마디로 말하면 집중력의 유무에 달려 있다. 집중력은 공부 머리가 생기기 전 실컷 뛰어놀면서 생긴다. 적정 학습이 아니라 선행 학습으로 한 발이라도 앞서 나가게 하려는 학부모들의 욕심이 이해는 가지만 이런 행위는 궁극적으로 공부를 멀리하게 되는 결과를 가져온다. 학생들의 수준은 세계 어느 나라나 제각각 다르며 이것을 잘 해결하는 나라가 교육 선진국이고 해결하지 못하는 나라가 교육 후진국이다.

우리 식대로 행복하게 사는 게 글로벌 시대의 경쟁력

세계적으로 수학이나 영어, 과학 등을 우선시하는 건 국가 경쟁력을 높이기 위한 것이다. 수학, 과학을 중요시하게 된 건 아이러니하게도 구소련에서 비롯되었다. 우리는 암스트롱의 달 착륙(1969년, 아폴로

11호)을 세계 최초로 알았는데 실은 소련이었다. 소련은 1957년에 세계 최초로 스푸트니크 인공위성을 쏘아 올렸다. 1961년에는 인류 최초의 우주인 가가린이 등장했다. 세계에서 뭐든지 미국이 앞선다고 생각하던 소위 자유 진영은 엄청난 충격에 빠졌다. 이걸 '스푸트니크 쇼크'라고 한다.

스푸트니크 쇼크는 창의성과 흥미 위주의 기존 진보적인 교육체계를 확 바꿔 버린다. 즉 소련과 경쟁하여 이기기 위해서 기초 학문인 수학과 과학을 초등 과정에서부터 고등학교까지 주입시키는 시스템으로 바꾼 것이다. 이전의 호기심 어린 관심이나 개인적인 흥미는 유보시킨 채 국가를 위해 전제주의적인 교육의 틀을 전 세계에 뿌리내리게 한 건 스푸트니크 쇼크가 준 선물이었다. 수학과 과학을 의무화한 건 인류의 진보와 발전을 위해 불가피했다고 인정한다 하더라도, 역으로 필자를 비롯한 많은 인류에게 준 스트레스 또한 평생 트라우마로 작용하기도 한다. 지금도 꿈속에서 수학 시험 때문에 끙끙대고 있으니 하는 말이다.

현재 학교교육은 크게 국·영·수 등 일반 교과와 예체능에 해당하는 기타로 나뉘어 있다. 일반화할 수는 없겠지만 예체능이나 공예 등은 한국인이라면 대부분 잘하고 즐거워한다. 앞서 얘기한 공부가 아닌 과목들이다. 그건 아마 유전적으로 우뇌가 발달된 한국인의 특성에 맞기 때문일 수도 있다. 따라서 교육과정이 거꾸로 바뀌면 훨씬 즐거운 학교생활이 되지 않을까 생각해 본다. 우리에게 맞는다면 이것이 비정상의 정상화가 아닐까 한다. 수학·과학의 국가 수준을 과감하게 낮춰 학습 부담의 스트레스에서 벗어나게 하면서 일반 학생들 중 이 방면에 재능이 있는 학생들에게 소위 '특기적성교육'을 받도록 하자는 것이다. 수학·과학에 재능이 있는 학생들이 평생 재미있게 공부할 수 있다면 한국에서도 노벨상이 나올 것이다. 세계의 모든 나라가 수학·과학을 우선시한다고 우리도 똑같이 따라가야 한다는 법은 없지 않은가.

엉뚱한 생각일지 모르지만 타고난 문화민족으로 우리 식대로 행복하게 살면 그것이 '장땡' 아닐까? 그것이 오히려 글로벌 시대의 경쟁력 아닐까?

6.
가을은 놀이의 계절이다

가을은 책 읽기 좋은 독서의 계절이라는 것에 이의를 제기할 사람은 없을 것이다. 왜냐면 춥지도 덥지도 않은 쾌청하고 선선한 날씨야말로 책 읽기에 딱이기 때문이다. 그래서 등화가친燈火可親이나 신량등화新凉燈火라는 말을 만들어 냈는지 모른다. 말들이 살찔天高馬肥 정도로 공활한 가을 하늘 아래서 독서하는 것, 얼마나 인문학적이고 교양 있어 보이는가.

지금 당장 가을 숲을 찾아 떠나라

그런데 일 년에 딱 한 번밖에 없는 이 좋은 날 실내에 갇혀 기껏 책이나 읽으라는 '독서의 계절'에 필자는 아니올시다. 미세먼지로 밖에 나갈 수 있는 날이 점점 줄어드는 시대에 좋은 날을 호시탐탐 노려 '바로 이때다!' 하고 뛰쳐나가 놀아야 한다고 주장한다. 어떤 이는 왜 가을이 독서의 계절인가라는 주장에서 추수와 함께 '마음의 여유'가 생기기 때문이란다. 필자의 생각은 거꾸로다. 노는 것에 죄의식까지 있는 판

에 '마음의 여유'가 있을 때라도 놀아 보자는 것이다. 또 다른 주장은 쓸쓸한 가을 감성은 책 읽기에 최적이란다. 이 얘기는 행복 호르몬이라 불리는 신경전달물질인 세로토닌 호르몬 분비가 줄어들어 심리적인 평화와 안정감을 잃어 멜랑콜리melancholy해진다는 것인데 이런 기분 상태에서는 책이 제대로 눈에 들어올 리 없는 비과학적인 주장이다. 독서는 집중력이 요구되는 고도의 정신노동이다. 우리 선조들이 봄볕에 며느리 내놓고 가을볕에 딸 내놓는다는 말을 했던 게 훨씬 과학적이다. 일조량이 줄어드는 늦가을(11월)부터 찾아오는 계절성 우울증 예방을 위해서라도 가을볕을 많이 쬐 주는 게 현명하다.

'가을은 독서의 계절'이라는 말을 만들어 낸 것은 책이 안 팔리는 가을에 매출을 늘리기 위해 출판사와 관계기관이 합작하여 만들어 냈다는 음모설이 있는데, 이게 그럴싸하게 들린다. 초콜릿 회사에서 발렌타인데이와 화이트데이를 만들어 냈다는 말도 일리가 있지 않은가. 실제로 도서 판매량은 가을이 되면 급격히 떨어지는데 이는 도서 대출 데이터와 비례할 것이다. 국립중앙도서관이 2016년 484개 공공도서관 대출 데이터를 분석했는데 우리나라 국민은 가을에 책을 가장 적게 읽는다는 통계다. 대출량이 가장 적은 달은 독서의 계절인 9월, 11월, 10월 순이다. 책을 가장 많이 읽는 계절은 오히려 독서의 계절이 아닌 겨울(1월)과 여름(8월)이다. 하늘은 높고 말이 살찌고 오곡이 맛나게 익어 가는 계절에 인간만이 등불 밑에서 책을 붙잡고 파리하게 여위어 갈 필요는 없을 성싶다. 지구온난화로 40도에 가까운 폭염을 버텨 낸 우리 몸이야말로 휴식과 놀이가 필요하지 않은가. 지금 이 책을 읽고 있다면 당장 집어던지고 구름 한 점 없는 가을하늘 아래 청량하게 들리는 계곡의 물소리와 토실토실 익어 가는 가을 숲을 찾아 떠나라.

놀고 나서 시간 나면 공부하자

대한민국의 축제가 펼쳐지는 계절을 보아도 봄이나 가을에 대거 몰려 있다. 심지어 독서를 강조하는 도서관 축제나 책 축제도 봄이나 가을에 야외로 나와 체험활동이나 놀이와 함께 펼쳐진다. 실내에 갇혀 있지 말고 바깥으로 나와 자연 속에서 함께 즐기며 책과 함께 놀아 보자는 것이다. 가을에 이런 축제나 놀이가 많은 것은 오래된 국가의 풍속이기도 하다. "해마다 10월이면 하늘에 제사 지내고 밤낮으로 술 마시고 춤추며 노래했는데…", "10월이 되어 하늘에 제사를 지내는 큰 모임을 갖고 아침저녁으로 남녀 무리들이 노래를 불렀다." 고대국가였던 부여, 동예, 고구려에서 가을이면 모든 백성들이 모여 하늘에 감사를 드리고 땀 흘린 수고를 서로 격려하며 기쁨의 노래와 춤을 추었던 우리 민족의 흥을 한낱 독서의 계절이라는 구호에 저당잡힐 일은 아니다.

21세기 한국의 어린이와 청소년들에게 가장 결핍된 것은 독서가 아니라 놀이다. 모든 것이 풍족해졌지만 단 하나 부족한 것은 놀 수 있는 자유와 시간이다. 아이들을 대상으로 설문을 해 보면 가장 원하는 게 '친구들과 좀 더 많은 시간을 놀면서 보내는 것'이라고 나온다. 독서를 권장하고 싶거든 등화가친이나 신량등화라는 말 대신에 잘 알려지지 않은 독서삼여讀書三餘라는 고사성어를 기억해 두자. 옛날에는 농사짓느라 책 읽기가 지금보다 더 힘들었을 텐데 세 가지의 때를 잘 활용하라는 말이다. 첫째는 농사철이 끝난 겨울철이고, 둘째는 일과가 끝난 밤, 그리고 셋째는 비 오는 날에 책을 읽으라는 것이다. 1월에 독서를 가장 많이 하는 현재의 우리 상황과도 크게 다르지 않다. 동짓달 기나긴 밤을 한 허리에 베어 내며 임을 그리는 황진이도 있겠지만, 대부분 긴 밤을 이용하여 독서를 하지 않나 싶다. 올 가을부터는 공부하고 시간 나면 놀자가 아니라 '놀고 나서 시간 나면 공부(독서)하자'로 바꿔 보자.

7.

남녀상열지사와 미투Me Too
_놀이가 자유케 하리라

2017년 미국에서 와인스틴의 성추행으로 할리우드가 시끄러워졌다. 알리사 밀라노Alyssa Milano라는 사람이 성폭행과 성추행에 대해 폭로했는데, 또 다른 여성이 자신도 동일한 경험이 있다는 의미로 me too(나도)를 트위터에 해시태그로 달게 되면서 미투 운동이 시작되었다. 2018년 초 한국에서도 미투 운동이 일어나면서 많은 사람들의 분노와 더불어 지지를 받고 펼쳐졌는데, 그 대상자들이 한결같이 사회에서 존경받던 지도층인 데다가 평소 고상하고 점잖던 이면에 숨겨진 위선적이고 이중적인 행동에 분노를 일으켰다.

어떤 당사자가 얘기했듯이 '관습적인' 성희롱과 성폭행이 일상적으로 일어나고 있는 원인이 뭘까에 대해, 어느 정도 합의된 결론은 '권력과 위계'가 근본 이유이다. 즉, 직장이든 문단이든 아랑곳없이 남성 위주의 권력자가 자신의 욕정을 하위에 있는 여성을 대상으로 삼아 강압적이고 폭력적으로 일삼아 왔다는 것이다. 성 억압적인 유교적인 국가에서는 성폭력이 많을 수밖에 없다. 한국과 같이 성에 대해 엄숙하고 터부시하고 부끄러워하고 공개적으로 담론화하는 것을 꺼리면서 성 문화를 인정하지 않는 것도 문제다. 여전히 학교에서의 성교육은 순결교육에서 벗어나지 못하고 있다.

필자는 위의 논지들에 공감하면서 우리나라 역사에서 남녀의 권력관계와 위계, 더 나아가 성을 터부시하면서 고 마광수 교수의 일갈처럼 '낮에는 교수 밤에는 야수'라는 위선적인 행위가 나오게 된 배경을 살펴보고자 한다.

조선시대 이전까지 세상에 없는 남녀평등

고구려, 백제, 신라 등 삼국시대의 여성들은 남성과 동등한 가계상속권 및 재산상속권 등을 가지고 있었고 사회활동도 대체로 활발했다. 신라의 경우 진흥왕 시기에 화랑의 우두머리로 여성이 선출되기도 했으며, 선덕여왕과 진덕여왕, 진성여왕 등 여왕도 출현했다. 고구려의 경우도 출토된 벽화에서 볼 수 있듯이 여성들은 바깥출입이나 남성들과의 대화가 자유로웠으며 역할이 가정에만 국한되지 않았다.

삼국시대의 남귀여제男歸女第는 여성들이 조선시대의 시집살이와는 거리가 먼 삶을 누릴 수 있었다는 걸 말해 준다. 고구려의 데릴사위제와 같은 의미를 지닌 남귀여제는 혼인 후 일정 기간 동안 신랑이 신부의 집에서 거주하는 풍속을 말하는 것으로 여성이 시집가는 게 아니라 남성이 여성에게 장가를 든다는 인식에 기초하고 있다. 그 당시 남녀관계나 성 풍속은 우리의 상상을 뛰어넘을 정도로 개방적이었다. 예를 들어 공중목욕탕은 현재처럼 남녀로 구분된 목욕탕이 아닌 남녀 혼탕이었고 일부 과장된 기록이겠지만 화랑도 사이에는 동성애가 성행하여 문란하다고 기록했을 정도였다.

만전춘별사滿殿春別詞

얼음 위에 댓잎 자리 만들어
님과 내가 얼어 죽을망정
얼음 위에 댓잎자리 만들어
님과 내가 얼어 죽을망정
정 나눈 오늘 밤
더디 새시라 더디 새시라(1연)

남산에 자리 보아
옥산을 베고 누워.
금수산 이불 안에
사향 각시를 안아 누워.
약 든 가슴을 맞추옵니다, 맞추옵니다(5연)

　조선시대에 남녀상열지사의 대표적인 사례로 꼽았던 〈만전춘별사〉의 일부인데, 남녀 간의 애정을 진솔하게 그려 낸 고려가요로 허식이 없고 감정과 정서의 표출이 매우 절절하다. 1연은 얼음 위에 댓잎 자리를 보아, 임과 내가 함께 얼어 죽어도 좋으니 제발 밤만 새우지 않았으면 좋겠다고 염원한다. 5연에서는 육체적 사랑을 나누는 현장을 묘사하는데, 가요의 전체적인 표현은 비유와 상징, 반어와 역설을 통해 남녀 사이의 강렬한 사랑을 노래하고 있다. 교과서에서는 고려시대 평민들의 사랑을 매우 관능적이고 감각적인 언어로 진솔하게 표현한 가요로 향락적이고 퇴폐적이라고 설명한다. 이처럼 고려시대 역시 고구려나 신라의 풍습을 그대로 물려받아 남녀는 평등하였고 차별이 별로 없었으며 남녀 간의 감정 표현도 매우 자유로웠다. 자유연애와 개방적인 성 풍속은 서경별곡과 쌍화점에서도 나타나고 있다. 팔관회나 연등회 등 축제 때는 남녀가 짝을 지어 놀았으며 여름철에는 남녀 구분 없이 시냇물에서 목욕을 했다. "고려인들이 목욕할 때 남녀 구분 없이 물에 들어가 몸을 씻는데 이를 괴이하게 여기는 사람들은 없었다."『고려도경』 "고려인들은 남녀가 서로 부부가 되고자 하면 그렇게 한다."『계림유사』

고려시대 여성의 지위를 보면 아들딸 구분 없이 상속(출가한 딸도)을 받았으며 여성의 재산권이 보장되었다. 따라서 남아선호 사상이 생길 수 없었다. 남편이 죽으면 아내가 호주가 되었으며 제사는 돌아가면서 지냈다(윤회봉사). 삼국시대로부터의 전통을 이어받아 남자가 장가들어 처가살이(서옥제)를 했으며 친가와 외가를 똑같이 중시했다. 이혼의 자유가 있어서 남편이 아내를 학대한다든가 아내가 바람을 피운 경우 등 정당한 사유가 있으면 당사자와 양쪽 집안 합의로 언제든 이혼이 가능했다. 조선시대처럼 아내가 아이를 못 낳거나 질투가 심하다고 쫓겨나는 일도 없었으며, 재혼에 아무런 규제가 없었다. 전쟁으로 남자들이 줄어들자 박유가 일부다처(첩)제를 왕에게 건의했다가 개경 부녀자들의 항의로 미수에 그친 사실로 보아 여권이 지금보다도 세지 않았나 짐작된다. 다만 여자는 벼슬자리를 갖지 못한 점이 한계였다.

주자학(유교)은 극심한 남녀차별을 만들었다

고려 말 중국으로부터 전수된 주자학이 조선시대에 들어와 사회 전반을 지배하면서 여성의 지위는 크게 격하되었다. 그럼에도 조선 중기까지는 고려시대의 풍습이 여전히 남아 있었고 중기 이후 남녀를 엄격히 구별하는 유교사상이 공고해지면서 여성의 사회적 지위는 급격히 약화되었다. 여성은 오로지 대를 잇기 위한 씨받이로 취급받았고 결혼 후에는 출가외인으로 살았다. 상속과 제사에서도 완전히 배제되었다. 아울러 여성은 사회생활은 물론 바깥출입도 마음대로 할 수 없었다. 또한 남편과 사별하더라도 재혼이 금지되어 평생 고독하게 살 수밖에 없었다.

조선시대에는 어린 시절부터 남녀칠세부동석이라는 유교적 훈계로 여성을 구별하고 배제하였으며 삼종지도와 칠거지악은 남성 중심 사회로 확고하게 탈바꿈되었다는 것을 증명한다. 족보는 적장자 순으로 올렸으며 아들이 없는 경우 양자를 들여 대를 이었고 딸이나 며느리는 제사에 참석할 수 없었으며 특별히 참여할 경우 절을 남자의 두 배인 네 번 하도록 했다. 더구나 임진, 병자 양란을 겪으면서 양반의 권위가 땅에 떨어지고 피지배층의 불만이 팽배해져 이제 사회적 이데올로기를 강화해야만 지배체제를 유지할 수 있었던 관계로 양반들은 자신들의 권위를 강조하기 위해 성리학을 더욱 강조했는데, 이는 여성의 지위를 약화시키는 결과로 나타난다. 예를 들어 열녀문이 대표적인데 나라를 지키지 못한 것은 지배층인데 그 피해를 입은 것은 '환향녀'로 낙인찍힌 여성이었다.

조선시대에 자유연애는 상상조차 할 수 없었으며 노래하고 춤추며 감정을 표현하는 것 자체를 죄악시했다. 오로지 유교적 이념과 이성이라는 잣대로 인간사를 재단했다. 사회는 반상(양반과 상민)으로 철저히 구분하여 차별했으며 조선 초까지 행해졌던 나라 단위의 국속國俗은 소

멸했다. 같이 모여 놀던 놀이의 본질이 왜곡되어 놀이가 지배층의 구경
거리로 변질되었고(나례도감, 산대도감: 산대는 요즘의 무대를 뜻한다) 격
구, 투호, 쌍육, 기국, 승경도 등은 지배층이 독점하고 서민들이 놀던 윷
놀이나 연날리기 등은 허접한 상것들이나 노는 것으로 취급했다. 남녀
칠세부동석과 부부유별 등 유교의 영향으로 남녀 짝짓기놀이이기도 했
던 강강술래는 여성만의 놀이로 변모되었으며, 화전놀이, 널뛰기 등 놀
이에서도 남녀의 구분이 확고해지면서 남녀가 어울려 놀 기회가 원천
적으로 봉쇄되었다. 근래까지 학교에서 교과의 남녀 구분이나 놀이에
서 남아 놀이 여아 놀이를 구분 지어 놀았던 것도 이런 영향이다.

국권을 빼앗긴 일제강점기에는 봉건 잔재와 제국주의 정책으로 여성의 권리는 최악에 달했다. 여성들은 정신대에 끌려가 성노리개로 이용당했다. 해방 후 일제 잔재를 전혀 청산하지 못한 채 아직도 일제 잔재는 현재진행형이다. 이러한 바탕에서 탄생한 이승만 정부는 서양의 기독교를 국교처럼(성탄일 제정) 받아들여 전통문화와 서구문화가 충돌하는 문화사상적 혼란을 야기했다. 뒤이은 박정희 정권은 급격하고 강압적으로 산업화를 추진하면서 어린 여성들을 일명 산업전사로 내몰아 교육받을 권리는커녕 인권의 사각지대에 놓이게 되었다. 이때 일명 기생관광이 생기기도 했다.

시대 교체와 문화혁명

대한민국의 학교는 일제강점기의 학교를 그대로 이어받았다. 필자와 같은 기성세대가 다닌 국민학교로부터 중고등학교는 물론 대학까지도 일제강점기의 흔적이 고스란히 남아 있다. 조선시대의 유교와 일본과 미국에서 들어온 서구의 개인주의가 뒤죽박죽으로 정리되지 못하고 주입되었다. 오랜 기간 교육은 폭력(매)으로 시작하여 폭력으로 끝났다. 교사의 폭력뿐만 아니라 일명 규율부장(선도부장)이란 완장을 찬 학생은 같은 위치의 학생들을 교사에게 배운 대로 몽둥이질을 했다. 고등학교에 진학하면 군사훈련인 교련시간이 기다리고 있었다.

군대는 폐쇄된 공간에서 자유를 극도로 제약하여 철저한 상명하복을 학습시킨다. 따라서 상급자가 명령하면 안 되는 게 있어서는 안 된다. 최상위자는 무소불위의 권력을 휘두르며 부하들을 노예처럼 부린다. 군대의 시스템을 그대로 옮겨 놓은 곳이 공장과 직장이다. 1987년 6월 항쟁 당시 울산의 현대정공에서 파업하면서 외친 구호 중 하나가 '두발 자유화'였다. 민주주의와 인권이란 말은 당시의 노동자들에겐 사치였다. 학교에서 군대까지 오랜 시간 이렇게 학습되고 상속받은 남성들은 목표 달성을 위해서는 가부장적인 권위로 무장한 명령으로 직장과 사회에서 행동하는 것이 정답이라고 알고 평생을 살아왔는지도 모른다. 평생 억눌린 성적 욕망이 꿈틀거릴 때마다 어떻게 해소할지 몰라 방황하다가 직장 내의 부하 여성이 가장 좋은 먹잇감이란 걸 누군가 발견하여 삽시간에 전파되었다. 산업화와 민주화는 남성들에게는 자신을 보호하는 가장 큰 방패막이였으며 역으로 여성들에게는 가장 큰 고통과 절망의 장벽이었다. 미투 대상자들의 '관습적인'이란 표현은 이런 역사를 시인하는 것과 다름없다.

남녀평등이나 페미니즘은 오래도록 교과서 안에서 나오지 못했다. 대한민국은 오래도록 조선시대에 붙잡혀 잠자고 있었다. 민주화 이후 1990년대에 소위 신세대라 불리는 젊은이들은 확실히 구세대와 달랐다. 역사로 얘기하면 마치 조선시대에서 고려나 신라로 거슬러 올라간 것처럼 이들은 자유분방했으며 자신의 생각이나 감정을 표현하는데 거침이 없었다. 그러나 현실에서는 선배에게 대들고 싸가지 없이 굴던 그들을 학교와 군대는 내버려 두지 않았다. 길들여진다는 건 권력과 관계를 맺고 그에 복종하게 된다는 것이다. 그럼에도 이들 이후 세대들이 페미니즘과 미투 운동의 동력이 되리라는 것에는 의심의 여지가 없어 보인다. 미투 운동의 대상자들은 평생을 가부장제와 남성우월주의에 찌들어 살아온 나이 든 꼰대들이거나 기성 권력에 편입된 젊은 꼰대들이다.

미투 운동은 (전)근대성을 현대성으로 대체하는 과정이다. 이른바 근대 교육은 산업화(자본주의)를 달성하기 위해 노동과 놀이를 구분하고 배척해 온 과정이었다. 이성을 앞세우고 감정(성)을 배척하면서 인류의 근원적 욕구와 욕망을 어떻게 해소할지에 대한 해답은 찾지 못했다. 그들은 음습한 음지에서 자신의 욕망을 채우며 '관습화'되었다. 그들은 자신의 행위를 정당화하기 위해 모든 걸 이분법적으로 구분하고 배제를 통해 자신의 권력을 유지해 왔는데 세상의 절반인 '여성'이 배제의 대상이었다.

놀이가 너희를 자유케 하리라

놀이는 세상에서 가장 평등하고 공평한 관계에서 시작되며 협동과 협력을 기본으로 한다. 어른과 아이가 힘겨루기를 한다면 불공평할 것이다. 가위바위보는 어떤가? 놀이는 손잡는 것으로부터 시작한다. 스킨십(놀이)이 결핍되거나 부족하면 공격성이나 폭력성으로 나타난다. 성희롱, 성폭력도 여기에 해당된다. 놀이에서 스킨십은 가장 자연스러운 행위이며 가장 원초적이다. 가족이 가장 친밀한 이유는 여기에 있다. 인류에게 스킨십은 필수적이며 스킨십은 놀이를 통해 충족된다.

놀이는 태초부터 있었으며 인류의 갈등 해결과 더불어 평화를 가져다주었기에 '오래된 미래'라고 말한다. 현재 대한민국의 가장 큰 문제는 속도전을 통해 GDP 규모 선진 국가로 경제성장을 이루었지만 '삶의 질'은 엉망이라는 데 있다. 미투 운동은 삶의 질을 향상시킬 것이다. 놀이는 개개인을 삶의 주체로 세워 주고 더불어 살아가는 공동체의 소중함을 몸소 느끼게 하여 보다 즐거운 세상을 만들 것이다. 놀이는 남과 여를 갈라 '울타리'(Fence, 미국의 부통령 마이크 펜스가 "나는 아내가 아닌 다른 여성과는 단둘이 식사하지 않는다"라며 여성을 차단하는 펜스룰을 만들었다)를 치는 게 아니라 21세기에 공존, 공생해야 할 '우리'를 만들어 준다.

　최근 소위 N번방이네 박사방이네 하는 끔찍한 사건이 일어났는데 이들 범죄자들을 추적해 보면 하나같이 결핍된 게 있다. 그들은 그다지 남의 눈에 띄지 않는 평범한 외모에 학교에서 말썽꾸러기들도 아니었다. 그들은 익명성 뒤에 숨어서 성적 본성을 엽기적으로 드러냈다. 그들은 오히려 남성 무리에서 약하다고 평가받았을지도 모른다. 그런 남성일수록 여성을 착취하는 데 집착한다는 전문가의 견해가 있다. 그들은 어린 시절 체벌을 당했는지도 모른다. 현실에서 무시받는 남성들은 온라인에서라도 남성성을 인정받으려고 한다. 자신보다 약하다고 믿는 여성을 대상으로 정복욕을 분출하는 것이다. 일찌감치 온라인게임이나 애니메이션에 익숙해진 이들은 피해 여성을 애니메이션 캐릭터 정도로 취급하며 여성을 한낱 노리갯감으로 여겼을 수도 있다. 반사회적인 폭력물과 야동을 초등학교 3학년 때부터 접한다는 점도 크나큰 우려다. 온라인이 일상화된 세상을 되돌릴 수는 없을 것이다. 오히려 어린이와 청소년들에게 어떤 걸 주요하게 노출시키고 무엇을 경험하게 할 것인가가 중요하다. 인간의 욕망을 먼저 이해하고 출구를 만들어 줘야 한다. 남녀가 잘 어울릴 수 있도록 사회 분위기가 만들어져야 한다. 그들이 괴물로 크지 않도록 남녀 대결 국면을 해소시켜 줘야 한다. 놀이가 담당할 역할이기도 하다.

　놀이활동을 할 때 아이들에게 성폭력 예방에 대해서 구체적이고 명확하게 얘기해야 한다. 손잡고 몸 부딪히며 놀다 보면 실수를 할 수 있는데 다른 친구의 엉덩이나 가슴 등 성적 수치심을 느끼는 부위를 의도적으로 건드리거나 만져서는 절대 안 된다고 명확하게 말해 줘야 한다. 혹시 실수로 터치되었다면 의도가 없었음을 밝히고 사과한다. 언어 사용도 이에 준해서 남녀 차별적인 말이나 특히 성적인 비하나 욕설 등을 해서는 안 된다고 다짐을 받아야 한다. 그래야 스스럼없이 손잡고 부딪히며 놀 수 있고 스킨십에 대한 부정적인 인식을 긍정적으로 바꿀 수 있다. 스킨십에 대한 부정적인 인식은 현대인에게 스킨십 결핍을 가져다주고 있다. 특히 어린 시절 스킨십 결핍은 뇌손상을 가져온다는 연구 결과도 있다. 성폭력 가해자들 중 많은 경우 어린 시절 놀이 결핍이, 스킨십 결핍이 많다는 사실을 명심하자.

8.
지랄 총량의 법칙
_놀이 보존의 법칙

   도대체 무엇 때문에 겉으로 보기에 멀쩡하고 정상적인 사람이 갑자기 터무니없는 행동을 하였을까? 우리 사회에 비정상적인 사람들이 워낙 많다 보니 어지간해서는 놀라지도 않을 지경이긴 하지만 소위 사회지도층들이 보여 준 일련의 사건들은 매우 충격적이다.

   몇 년 전 제주 지검장의 길거리 '공연음란' 사건은 많은 생각을 하게 만든다. 먼저 본인이나 가족으로서는 죽고 싶을 정도의 수치심과 치욕스러움에 힘들겠지만 충고컨대 '질환'으로 인식하고 당사자는 성실하게 치료에 임하고 가족들은 적극적으로 협력하는 게 충격과 상처에서 치유되는 가장 빠른 길일 것이다. 측은하게조차 느껴지는 이 사건은 우리 사회의 단면을 여실히 보여 주고 있다. 물론 유전적이라든가 아니면 어렸을 적 성적 학대나 엄한 아버지로부터의 폭력 등 환경에서 그 원인을 찾기도 하지만, 필자가 볼 때는 일관되면서도 근원적인 데 문제가 있다는 판단이다.

그들도 인간인지라…

이들은 누가 봐도 우리 사회의 일류 직업인이고 소위 사회 지도층이다. 학생들은 이런 직업을 갖기 위해 노는 것도 포기한 채 공부를 한다. 이런 유의 사람들은 일단 스트레스를 많이 받는 직업이겠구나 또는 사회적으로 높은 지체와 체면 유지를 위해 얼마나 힘들었을까 정도까지는 생각이 미친다. 그들도 인간인지라 어떤 때는 일탈을 통한 욕구 해소를 해야 할 것이다. 문제는 누구든 판검사나 의사 등 일류 직업인보다 더 많은 스트레스를 받을 수도 있다는 것이다. 그래서 의문시되는 건 왜 한결같이 공부 잘했던 훌륭한 분들이 이런 지경까지 되었을까이다. 혹시 평범한 우리와는 다른 유전자를 갖고 있을까?

일반적으로 식욕에서 나타나는 증상처럼 성도착적인 경향은 누구에게나 조금씩 있다고 한다. 애착이 집착으로 되고 지나치면 도착이 된다. 문제가 되는 것은 타인에게 불쾌감이나 혐오감을 주어 피해자를 발생시킨 경우다. 정상적인 사람은 성과 관련한 본능적 욕구를 만족시키고 해소하는 방법을 청소년에서 어른이 되기까지 적절하게 정상적으로 발달시킨다. 그러나 지나치게 억압적인 환경에서 자란 경우 성적 충동이나 욕구의 정상적인 해결 방식을 찾지 못하고 터무니없는 행동이나 비이성적인 방법으로 해결하려 한다. 이것을 '성도착증'이라고 한다.

엄한 부모 밑에서 오로지 공부와 점수를 위해 놀지 못하고 어린 시절과 청소년기를 보낸 사람들은 자신의 감정이나 욕구를 억누르는 게 습관이 되어 있다. 그러나 욕구나 감정이 임계치를 넘게 되면 변연계(감정)와 전두엽(이성)이 원활하게 협력하여 조절, 통제하지 못하고 자신도 모르게 폭발하고 만다. 소위 '미친 뇌가 나를 움직이는' 돌발 상황이 발생하는 것이다. 이걸 두고 어떤 사람은 속된 말로 '지랄 총량의 법칙'이라고 명명했는데, 모든 인간에게는 평생 쓰고 죽어야 하는 '지랄'의 총량이 정해져 있다는 설명이다. 어떤 사람은 그 지랄을 사춘기에 다 떨고, 어떤 사람은 나중에 늦바람이 나기도 하지만 어쨌거나 죽기 전까진 반드시 그 양을 다 쓰게 되어 있다는 것이다. 여기서 말한 '지랄'을 놀이로 바꾸면 그대로 맞아떨어진다. 위에 언급한 그 훌륭한 분들의 행위가 '괴이한 지랄'로 나타난 건 어렸을 적 발산했어야 할 놀이를 못했기 때문이다.

이성과 감정은 한통속, 놀이 결핍을 막아야 하는 이유

사람의 모든 생각이나 행동은 뇌에서 판단하고 실행시킨다. 여기서 주의할 점은 이성과 감정은 우리 뇌 속에 함께 존재하는 '한통속'이라는 것이다. 많은 사람들이 '도무지 이해할 수 없다'고 말하는 경우가 있는데 '이성'만을 따로 떼어서 사고하기 때문이다. 뇌 발달은 처음부터 전두엽(신피질)이 발달되는 게 아니고 감정을 담당하는 변연계부터 순차적으로 발달한다. 그래서 어린 시절 놀이를 통한 변연계 발달을 중요하게 얘기하는 것이다. 감각이나 감정이 충분히 발달되어야 이후 '인격'이나 '인성'이 좋은 사람으로 될 수 있다.

놀이가 생략된 어린 시절을 보낸 청소년이나 성인에게 오랫동안 억눌리고 분출되지 못한 스트레스나 분노가 느닷없이 나타나는 현상을 우리는 종종 목격한다. 사춘기가 되면 이성에 눈을 뜨면서 사람의 뇌는 급격하게 재편성(리셋)되는데 보통 중학교 2학년 나이이다. 소위 중2병이

다. 어린 시절 세상의 모든 것이었던 놀이가 '이성'이라는 본능을 본격적으로 드러내는데 어릴 때 제대로 놀았던 청소년과 그렇지 못한 청소년은 큰 차이를 보인다.

필자는 지랄 총량의 법칙을 '놀이 보존의 법칙'이라 말하고 싶다. 자연과학인 에너지 보존의 법칙이란 게 있는데 '에너지는 발생하거나 소멸하는 일 없이 열, 전기, 자기, 빛, 역학적 에너지 등 서로 형태만 바뀌고 총량은 일정하다는 법칙'이다. 즉, 타고난 놀이 본능은 소멸하는 일없이 경쟁, 협력, 탐구, 예능, 엽기적 행위 등 형태와 모양만 바뀌고 총량은 일정하다는 것이다. 놀이성을 어떤 이는 공격적 폭력으로 표출하여 자신을 망가뜨리기도 하고 어떤 이는 협력이나 예능적으로 발산하여 가치를 실현하기도 한다. 그러니 어렸을 적 다양한 놀이 경험을 통해 적절하게 표출할 수 있는 표현 방식과 문제해결능력을 익히는 것이 중요하다.

사회적으로 존경받던 사람들이 엉뚱한 행위로 패가망신하는 이유는 표출 방법을 익히지 못했거나 미숙하기 때문이다. 보존되어 있던 놀이성은 지속적이고 어떤 때는 자신도 모르게 본능적으로 폭발하는데, 특히 존경받던 종교인이나 정치인들이 섹스 스캔들을 일으킨 경우 구경하는 우리도 민망해진다. 놀이가 결핍되면 사회지도층이 우리를 걱정하는 게 아니라 우리가 그들을 걱정해야 하는 사회가 된다.

9.
쾌락 사용 설명서

'쾌락'이라는 단어를 보면 뭔가 부정적으로 느껴지고 피해야 될 것 같다는 느낌이 든다. 그러나 단언컨대 쾌락에 대한 욕망이나 충동은 본 능이다. 본능을 억압한다거나 억제하려 하면 기필코 그 본능은 음지로 숨어 들어가 기형적인 형태로 나타난다. 즉, 어차피 나타날 것이라면 본 능을 올바르게 채우고 해소하는 방법을 익히는 게 중요하다는 생각이 다. 아주 모범생으로 자랐던 필자는 거의 반평생을 고진감래苦盡甘來를 철칙인 양 삼았기에 쾌락을 생각하는 것은 죄짓는 것 같았고 쾌락으로 인해 자칫 인생을 망가뜨릴 수도 있겠다는 강박관념을 갖고 살아왔다. 그래서 잘 놀지도 못했고 그렇다고 개미처럼 부지런히 일하여 돈을 모 으거나 성취를 이룬 건 하나도 없으니 지금 생각해 보면 억울한 생각마 저 든다.

잠자고 있던 감각을 깨우는 가장 좋은 방법은 놀이

쾌락의 사전적 의미는 '유쾌하고 즐거움. 또는 그런 느낌. 감성의 만족, 욕망의 충족에서 오는 유쾌하고 즐거운 감정'이다. 설명의 어디에도 유해하거나 나쁜 게 하나도 없다. 쾌락은 대부분 본능적인 식욕이나 성욕, 놀이를 통해 만끽한다. 철학자인 이왕주는 그의 산문집 『쾌락의 옹호』에서 쾌락은 유죄인가 물으며 "가장 지혜로운 생의 목표는 진정한 쾌락주의자가 되는 것이다"라고 얘기한다. 고도의 지적 쾌락인 예술적인 감동뿐만 아니라 온몸의 말초신경을 전율시키는 성적 쾌락, 혀에 전해져 오는 미각의 쾌락, 눈으로 보고 손으로 만지고 귀로 듣는 감각의 쾌락 등 쾌락에는 우열의 차이가 없으며 오직 종류의 차이만이 있을 뿐이라고 말한다. 그러므로 우리가 배워야 하는 것은 그것을 회피하는 기술이나 극복하는 방법이 아니라 오히려 변별하는 안목으로 추구하는 요령을 익혀야 한다고 주장한다.

쾌락주의자로 알려진 고대 그리스의 철학자 에피쿠로스는 쾌락을 위해 온갖 방탕한 생활을 추구했을 것 같은데, 그는 대식가나 미식가가 아니라 빵과 물만 있다면 족하다고 주장했다.

철학자인 플라톤은 매우 근엄하게 살았을 것 같은데 얼마나 잘 먹고 마시고 떠들며 놀기를 좋아했는지 그가 쓴 책 『향연』에 기록되어 있다. 동양에서 추앙하는 공자는 술과 고기를 즐겼고 또 노래 부르고 춤추는 분위기를 향락하였는데, 심지어는 이런 말까지 서슴지 않았다. "내 여태껏 덕 좋아하기를 여자 밝히듯 하는 자를 보지 못했다吾未見好德如好色者也." 남성 중심의 사회에서 색色은 보통 여자나 여색으로 해석하는데, 요즘 식으로 번역하자면 이성을 밝히듯 공부했다면 노벨상도 받고 남았을 것이라는 얘기다. 고전으로 남겨진 현자들도 쾌락을 거부했던 자들이 아니라 오히려 그것을 추구했던 자들이란 걸 진즉 알았더라면 하는 후회가 든다. 그들은 자신들이 누렸던 쾌락마저 후세의 귀감으로 남길 수 있는 능력이 되었지만, 필자는 그런 능력까지는 무리이고 쾌락할 수 있는 능력을 이제부터라도 키워 보려고 한다. 고기도 먹어 본 놈이 맛을 안다고 쾌락을 누릴 수 있는 감각은 키우는 만큼 발달하겠기 때문이다.

> 잠자고 있던 감각을 깨우는 가장 좋은 방법은 놀이다. 감각이 깨어난다는 것은 새로운 탄생을 의미한다. 지금까지 몰랐던 쾌감을 경험하고 사랑도 온전히 받아들일 줄 알게 된다. 감각이 깨어난 사람만이 자신의 감정에도 솔직할 수 있다. 그런 의미에서 놀이는 전인적인 인간을 만들어 준다. 욕심만 있고 만족을 몰랐던 것이 감사하는 마음으로 바뀌어 간다. 사람들이 놀이를 하는 이유는 쾌락 상태를 만들어서 자신의 몸이 필요로 하는 화학물질을 만들기 위한 것이다. 호르몬의 균형이 이루어져야만 사람은 건강할 수 있기 때문이다.

부부관계연구소 소장인 조명준의 『그래도 나는 사랑을 믿는다』에 나온 내용 중 '섹스'라는 단어를 '놀이'로 바꿔 보았는데, 조금도 어색하지 않게 딱 들어맞는다. 쾌락에는 우열의 차이가 없으며 종류의 차이만이 있을 뿐이라는 이왕주의 말이 틀리지 않다는 걸 알 수 있다.

다음에 열거하는 섹스의 효과도 마찬가지다. 섹스라는 단어를 놀이로 바꾸면 된다. 섹스(놀이)는 노화를 방지한다. 높은 칼로리 소모로 다이어트 효과가 있다. 강력한 진통 효과가 있다. 면역성을 향상시켜 준다. 뼈를 튼튼하게 하여 골다공증을 예방한다. 혈압을 떨어뜨린다. 정신적 안정감과 우울증 완화에 도움을 준다. 각종 질병 예방에 도움을 준다.

상처를 치유하는 효과가 있다.

쾌락은 인간의 귀중한 권리이자 자산이다

쾌락 중 최고의 쾌락이지만 은밀하게 향락해야 하는 성적인 담론에 대해서는 절대 용서하지 않는 사회가 대한민국이다. 필자도 거기에 부화뇌동해 온 공범자다.

1992년 『즐거운 사라』를 낸 마광수 교수는 건전한 성의식을 심각하게 왜곡하는 음란물이란 이유로 구속되었다. 그는 우리 사회의 허례허식과 허세를 비판하면서 '성性'에 솔직해져야 한다고 주장했다. "건전한 사회를 위해서는 성적인 욕망을 표현하고 해소할 줄 알아야 한다"라는 그의 주장이 현재 시점에서는 매우 지당하였음에도 당시에는 전혀 허용되지 않았다. 시대를 앞서간 마 교수는 그가 지칭한 '낮엔 교수 밤엔 야수'들한테 철저히 외면당하고 왕따당하여 급기야 우울증을 앓다가 자살했다.

1999년 누드집과 성체험 고백서 『나도 때론 포르노그라피의 주인공이고 싶다』를 발표한 영화배우 서갑숙도 마찬가지였다. 필자도 당시에 "야, 거의 짐승 수준이네"라고 비난했다. "성은 감추고 억압할 대상이 아니다. 책을 낸 건 그런 취지에서다. 성을 음지에서 양지로 꺼내기 위한 것이다. 성에 대한 그릇된 시각을 바로잡으려면 솔직해야 공감을 얻을 것이라고 생각했다." 천부당만부당이 아니라 천가당만가당한 얘기다. 그러나 20년이 지난 오늘에 이와 비슷한 일이 일어난다면 이 땅의 도덕군자들은 또다시 돌을 들고 전국에서 궐기할지도 모르겠다.

왜 이런 사태가 일어나는 것일까? 필자는 상당한 책임은 서양의 위대한 철학자들이나 동양의 군자들한테 있다고 본다. 종교도 여기에 포함된다. 그들은 몸과 정신을 이분화하여 정신(이성)은 인간이 추구해야 할 고상한 것이고 몸(감각, 감정)은 통제하고 억압해야 할 저급한 대상이라고 인식하여 설파해 왔다. 필자는 그들의 '밤'이 몹시도 궁금하다. 그들은 과연 섹스나 놀이 등 감각적 쾌락이나 감정적 흥분을 느끼려고 하지 않고 이슬만 먹고 산다는 도사처럼 일생을 살았는지 묻고 싶다. 그들은 아마 몸과 정신을 이분화했듯이 훈화는 고상하기에 공개하고 쾌락은 저급하다고 생각하기에 숨겨 왔을 것이다. 몸과 정신은 따로따로가 아니라 '한통속'이다. 따라서 구분할 수도 없고 이분화한다는 건 거짓이고 위선이다.

쾌락은 통제하고 억압해야 할 대상이 아니라 오히려 고무하고 찬양해야 할 인간의 귀중한 권리이자 자산이다. 인간이 지구별의 영장이 된 건 쾌락을 추구할 수 있는 지능을 가졌기 때문이다. 지구상에 요람에서 무덤까지 놀이(쾌락 추구)를 하는 동물은 인간밖에 없는 걸 보면 알 수 있다.

쾌락과 뗄 수 없는 단어는 감각과 감정이다. 이 단어들도 철학자들은 이성을 위협하는 것으로 간주하여 이성은 주인, 감정은 노예 취급했다. 이성의 지혜로 감정의 위험스러운 충동을 조절해야 한다고 주장한 건 서양이나 동양이나 매한가지다. 이런 사상과 철학을 바탕으로 구성된 게 윤리와 도덕 교과서다. 감각은 눈, 코, 귀, 혀, 살갗을 통해 바깥의 어떤 자극(정보)을 알아차리는 걸 말한다. 전혀 문제 될 게 없으며 만약 감각이 없다면 장애 판정을 받는다. 그런데 '감각적'이라고 표현하면 얼굴색이 바뀐다. '관능적인, 섹시한, 감각이나 자극에 예민한'이란 뜻으로 변하여 품위가 없고 저급하다는 느낌을 준다. 감정도 마찬가지다. '어떤 현상이나 일에 대하여 일어나는 마음이나 느끼는 기분'을 감정이라고 한다. 그러나 "너는 말을 참 '감정적'으로 하는구나"라고 하면 대번에 싸움이 일어날지도 모르는 부정어가 되어 버린다.

현대인들이 과거에 비해 훨씬 '감각적'이라는 건 의미가 좀 다른데 기계에 의존한 수동적인 감각중독을 말한다. 현대를 사는 인류는 50년 동안 과학기술 발달에 반비례하여 감각능력을 50%나 잃어버렸다는 주장이 있다. '동지 지나 열흘이면 해가 노루꼬리만큼씩 길어진다'는 옛말이 있는데, 옛사람들은 미세한 변화까지 느꼈던 것 같다. 필자는 그말이 사실인지 기상청에 들어가 확인해 보았다. 동지 뒤 12월 말까지는 하루에 약 30초씩 늘어나다가 열흘 뒤인 1월 초부터는 하루에 1분씩 늘어난다. 선조들은 하루에 해가 고작 1분씩 늘어나는 걸 감지할 수 있는 능력을 지녔던 것이다. 기계문명에 의존한 현대인은 세상을 지각하는 감각은 무뎌지고 대신에 말초적인 감각자극에 중독되어 가고 있는 중이다.

쾌락을 향유할 수 있는 사용 설명서가 필요하다

그럼 위대한 철학자들이 그토록 강조한 정신, 인간의 최초의 생각(마음)은 어디에서 발생했을까. 바로 피부 접촉이라는 감각으로부터 발생한다. 갓 태어난 아기가 엄마 품속에서 접촉 감각을 통해 따뜻함과 안정감을 느끼면서 생각이 탄생한다. 따지고 보면 고도의 이성이나 철학과 사상을 생기게 한 원천은 우리의 위대한 '몸'에서 비롯된다. 몸이 느끼는 초보적인 감각과 감정 발달로부터 탄생한 생각이 위대한 사상에 까지 도달하는 셈이다. 몸을 형이하학이니 하면서 등한시하고 때로는 죄악시한 철학자들은 어쩜 자신의 사상을 낳아 준 엄마인 몸을 배반하는 가장 큰 불효를 해 온 것인지도 모르겠다.

『욕망해도 괜찮아』의 저자 김두식은 "몸이란 게 참 이상해서 홀대하면 할수록 무의식에서 차지하는 비중은 더 커지기만 하더라"라고 고백한다. 전적으로 공감한다. 그래서 '늦바람이 무섭다'든가 '늦게 배운 도둑이 날 새는 줄 모른다'는 속담이 생기지 않았나 생각된다. "커피숍에 앉아 있는 남녀의 성기 사이의 거리가 1미터를 넘지 않는구나. 그런데 참 용케도 마치 성기를 갖지 않은 듯 천연덕스럽게 그걸 감추고 살고 있구나. 이런 삶의 양식이 동물과 구별되는 인간의 문명이다. 그런데 인생이라는 게 결국은 성기의 거리를 마이너스 10센티미터로 바꾸기 위한 노력이구나." 느닷없이 고상한 인간에서 저급한 동물로 추락하는 느낌을 주지만 이게 사실이고 우리네 삶이지 않은가. 독실한 기독교인이자 법대 교수인 김두식은 말한다. "남의 욕망을 엿보는 데 쏟는 에너지를 줄이는 대신에 내 욕망을 관찰하고 탐닉하는 모험에 발 벗고 나서야 한다. 우리에게 필요한 것은 공개된 건강성과 은밀한 아름다움이 공존하는 몸의 문화이다. 몸을 누르는 사회에서는 여성도 남성도, 누구도 행복할 수 없다." 폭력성이나 공격성, 특히 성 관련 범죄를 줄이려면 쾌락을 억누르는 대신에 쾌락을 향유할 수 있는 사용 설명서가 필요하다.

문명화 과정은 인간이 야생동물을 가축화(울타리)했듯이 우리 자신을 어떤 틀(우리)에 가두는 과정으로 보인다. 따라서 문명화 과정은 쾌락을 위한 위대한 감정들을 억압한다. 더구나 현대의 디지털 문명 시대가 도래하면서 인간의 감각이나 지적 능력은 오히려 퇴화하고 있다. 바로 이 때문에 놀이의 중요성이 커진다. 문명civilization이란 말은 도시city를 뜻하고 야만savage이란 라틴어의 어원은 '숲'이다. 우리는 인류의 고향인 숲을 잃어버린 것이다. 놀이는 동화 같았던 잃어버린 고향과 까마득하게 잊혀 간 신화를 찾는 과정이기도 하다. 놀라움과 흥분을 경험하는 쾌락은 우리가 울타리(컨테이너) 밖으로 나갈 때 가능하다.

'감각'을 발달시켜야 더 행복해질 수 있다

필자가 주장하는 쾌락 사용 설명서는 '감각'을 발달시켜야 더 행복해질 수 있으며 더 창의적으로 될 수 있다는 것이다. 쾌락은 인간의 본성적인 욕망이다. 욕망이 있어야 세상을 바꿀 수 있다. 산업혁명의 문을 연 영국에서 하그리브스라는 사람은 방적기를 만들어 세상을 뒤바꿔 놓았는데 그 동기가 사랑하는 연인을 만나기 위한 동기로부터 시작되었다. 하그리브스의 연인은 베를 짜느라 바빠서 물레방앗간에서 만날 수 없었다. 그래서 한 번 물레를 돌릴 때마다 7번 직조가 되는 장치를 개발하게 되었다. 이 연인들이 물레방앗간에서 만나려고 했던 것은 플라토닉한 철학을 논하기 위한 게 전혀 아니었을 것이다. 그들은 분명 최고의 쾌감인 '살의 소통'에 대한 욕망으로 불타올랐을 것이다. 살의 소통인 스킨십은 손잡고 노는 놀이로부터 시작된다.

사람과 사람의 스킨십은 사람들을 급속도로 친숙하게 만든다. '님'과 '남'의 차이가 증명한다. 님과 남의 차이는 언어학적으로 점 하나 차이지만 행동학적으로는 스킨십이 있었는지 없었는지의 원초적이고 근원적인 차이이다. 진화의 산물이다. 먼 옛날 우리끼리는 손을 잡았지만 남(적)과는 손을 잡는 대신에 손에 돌멩이나 창 등 무기를 잡았던 걸 보면 알 수 있다. 접촉으로부터 오는 쾌감은 사람이 느끼는 사랑의 감각이자 감정이다. 쾌감을 적극적으로 사용하여 쾌락을 누리는 것에 죄책감을 가져선 안 된다. 오히려 쾌락을 못 누리는 자신을 탓하고 쾌락을 찬양하고 고무해야 한다. 쾌감을 주는 단어이자 인류를 구원한다는 '사랑'이란 말은 어디에서 유래하였을까?

　　사람과 사랑은 쌀에서 나왔다는 설이다. 쌀을 먹고 사는 몸이 사람이다. 쌀을 먹으면 그 쌀은 살이 되고 몸이 되어 사람이 된다(경상도에서는 쌀을 살이라 발음한다!). 살 즉 몸體이란 서구의 전통 철학에서는 고귀한 인간의 정신과 분리된 저급한 몸뚱이肉에 불과했다. 정신 중심의 철학이다. 정신이란 합리적 이성, 절대적 영혼 등을 포괄한다. 하지만 동양에서는 정신과 몸이 서로 통합된 것으로 이해했다. 정신의 기가 몸이라는 이른바 몸철학이다. 얼굴이 그렇다. 정신을 뜻하는 얼의 모양인 얼꼴이 얼굴로 되었다. 실제로 어떤 사람의 얼굴을 보면 그 사람의 정신 상태가 드러난다. 결국 사람이란 정신적 기를 담은 몸의 살을 가지고 살아가는 생명이다. 살아간다는 것도 살과 연관이 있다. 사람은 사랑을 하면서 산다. 길게 파인 땅의 골인 골앙이 고랑으로 되듯이, 사람의 살인 살앙이 사랑으로 되었다. 사랑이란 쌀을 먹고 사는 사람 사이에 서로의 살을 어루만지는 행동이란 설은 연인 사이의 스킨십, 엄마와 아이의 뽀뽀 모두 사랑의 순수한 표현이다. 이 설에 따르면 사람은 두 사람 사이에間 서로 기대는人 존재라는 인간人間보다 더 '살맛'

이 나는 단어다. 사랑은 오직 마음으로 사모하고愛 마음으로 정情을 품는 애정보다 더 '살맛'이 나는 단어다. 아름다운 사람이 서로 아름다운 사랑을 나누며 서로 이끌리며 사는 세상이 아름다운 세상이다. 「박기철의 낱말로 푸는 인문생태학」

10.
놀이혁명이 교육혁명이다

대한민국을 바꾸려면 교육혁명이 필요하다. 교육혁명은 놀이를 중심에 둔 정책으로 바뀌어야 한다. 교육혁명의 성패는 놀이가 들어가느냐 아니냐에 달려 있다. 왜냐하면 지금까지 교육개혁이나 교육혁명에 대한 모든 논의는 '근대 교육'이라는 틀 안에서 논의되고 있는 한계를 갖고 있기 때문이다. '놀이'란 기성의 틀에서 과감히 벗어난 사고를 하게 해 줄 뿐만 아니라 교육혁명의 내용에서 질적인 도약을 이루는 계기가 될 수 있다. 그래서 필자는 놀이혁명이 곧 교육혁명이라고 주장한다.

놀자천하지대본으로 바뀌어야 한다

놀이문화가 중심이 될 21세기는 농자천하지대본이 놀자천하지대본으로 바뀌어야 한다. 농자천하지대본農者天下之大本이란 말은 전통사회에서 농사가 세상의 제일가는 근본이라는 뜻으로 먹는 문제 해결이 가장 중요하다는 것을 말해 준다. 이와 관련해서 치산치수治山治水를 잘하는 왕은 어진 임금으로 평가받았다. 치산치수는 농사가 잘되게 하기 위한 인프라에 해당된다. 21세기에도 여전히 농사는 인류의 기본적인 삶과 행복 추구에서 가장 기본이 되는 것임에 틀림없다. 그러나 21세기에는 인식의 혁명적 전환이 필요하다. 놀자천하대본에서 치산치수에 해당되는 제도와 시스템을 바꾸고 더 주요하게는 생각을 바꾸는 것, '사유의 혁명'이 필요하다.

오랜 농업사회를 뒤바꾸며 근대의 문을 연 것은 산업혁명이었다. 인류는 기계를 만들고 공장을 지어 대량생산 체제를 갖추며 인류사에 없었던 새로운 시대를 열었다. 대량생산, 표준화, 분업화를 특징으로 하는 산업화는 농업사회를 공장 중심의 고용사회로 바꾸었다. 놀라울 정도로 바뀐 세상은 교육에서 가장 큰 변화가 나타났다. 소수 엘리트 교육에서 탈피하여 누구나 교육을 받을 수 있는 보통교육, 국민교육으로 바뀐 건 산업사회에서 요구하는 대량의 노동자들을 양성하기 위한 것이었다. 필자도 전통사회에 태어났다면 누리지 못할 교육의 혜택을 받은 건 이 때문이다. 공장에서 표준화되고 획일화된 제품들을 대량으로 생산하듯 학교에서는 고용사회에 필요한 대량의 획일화되고 표준화된 인재들을 배출했다. 여기서 놀이정신에서 나오는 창의성은 중요하지 않다. 오히려 방해되는 것으로 취급받았다. 이런 근대 교육은 3차 산업혁명 때까지 유효했다.

인류는 이미 4차 산업혁명 시대에 살고 있다. 세상의 패러다임이 바뀌었다. 사람들의 의식도 그에 맞게 바뀌어 가고 있다. 3차 산업혁명기까지의 특징이 누가 더 많은 제품을 만들어 내는가의 국가 간 생산성 싸움이었다면 4차 산업혁명기는 기술혁신과 창의성의 싸움이다. 다른 나라에서 100~200년에 걸쳐서 이룬 산업화를 불과 50년 만에 달성한 한국은 분명 '한강의 기적'을 이뤘음에 틀림없다. 그러나 선진국의 부품을 사다가 조립해서 판매하는 시대는 이미 끝났다. 4차 사업혁명 시대에는 문제해결능력과 공감능력, 창의성이 요구되는 융복합 인재가 필요하다고 말하는 이유는 디지털화와 정보기술의 변화로 우리 삶의 방식이 근본적으로 바뀌었기 때문이다. 모든 것이 변했고 모든 것이 바뀌고 있다. 인류사에 지금까지 없던 세상이 도래한 것이다. 최첨단 AI 시대에도 창의성의 원천인 놀이가 필요한 이유다.

1, 2차 산업혁명이 인류의 생존 욕구를 위한 물질혁명이라면 3차 산업혁명은 관계 욕구를 위한 인터넷 혁명이었다. 4차 산업혁명은 경험 욕구를 위한 정신 소비혁명이 될 것이라고 전문가들은 말한다. 왜냐면 4차 산업혁명은 물질과 기술을 넘어 인간과 사회의 혁명이라는 점에서 기존 혁명과 차원을 달리하기 때문이다. 이제까지는 개개인의 경쟁력이 중심이었다면 앞으로는 공생, 공존할 수 있는 능력인 '공존력'이 요구될 것이다. 공존력의 바탕이 되는 놀이와 문화가 21세기를 이끌 것이며 최대의 산업으로 부상할 것이라는 예측이다. 인류의 기본적인 생존에 여전히 농자천하지대본이 유효하고 또한 개인의 경쟁력도 빛을 보겠지만 앞으로는 놀이와 문화의 본질인 공존력이 인류의 삶을 좌우하는 핵심이 될 것이다.

놀이문화를 국가 정책으로

놀자천하지대본 시대에 필요한 인프라 구축은 놀이문화를 국가 정책으로 삼는 것이다. 영국은 '세계 최초'에서 둘째가라면 서러워할 나라다. 세계 최초로 산업화를 시작했고, 세계 최초의 조기 교육, 그리고 세계 최초의 '외로움 담당' 장관을 만들기도 했으며, 세계 최초로 〈아동 놀이의 국가적 정책화〉를 입안한 나라다. 이렇게 아동 놀이를 국가의 정책으로 삼은 이유는 심화되어 가는 놀이 실조와 놀이 기회의 불평등이 국가적 위험 요소가 될 것이라고 우려했기 때문이다. 어린이의 놀 권리는 1922년 세계아동헌장에 명시됐을 정도로 역사가 깊다. 우리나라도 이미 1957년에 만들어진 어린이헌장에 "어린이는 즐겁고 유익한 놀이와 오락을 위한 시설과 공간을 제공받아야 한다"라는 조항이 있다. 그러나 대한민국은 세계에서 가장 놀이가 결핍된 나라 중 하나다. 2015년에는 급기야 놀지 못하는 아이들을 위해 전국시도교육감협의회가 나서「어린이 놀이헌장」을 제정, 선포했다.

영국의 예에서 보면 2007년에 '아동 계획Children's plan'이란 정책을 만들어 2008년 국가의 정책으로 삼았고, 8월 첫째 주 수요일을 '놀이의 날'로 지정했다. 아동 놀이에 이렇게 지대한 관심을 갖고 국가의 정책으로까지 입안하는 이유는 우선은 아이들이 행복해야 국가도 행복해진다는 지극히 상식적인 점이고, 장차 이들이 나라의 주인공이 되어 세계 무대에서 당당하게 활동할 수 있도록 미래에 대한 준비를 하자는 것이다.

한국에서 어린이 놀이헌장을 발표했지만 정부의 정책으로까지 삼지 않은 관계로 놀이 활성화 여부는 순전히 교육감 개개인의 의지에 달려 있다는 한계를 안고 있다. 놀이가 중심 활동인 유아정책에서 〈2019년 개정 누리과정〉을 통해 2020년 3월부터 '유아 중심, 놀이 중심 누리과정'을 시행하기로 하는 등 긍정적인 변화가 있긴 하지만, 놀잇감이나 소재 중심의 놀이에서 벗어나지 못한 한계를 안고 있다. 급변하는 미래 사회에 대비하기 위해서는 위와 같은 한계를 극복함과 동시에 놀이 관련 전문가와 학부모, 교사 등 각계각층의 의견을 수렴하여 어린이 놀이 정책을 정부 차원에서 입안하고 국정지표로 삼아 실효성 있게 추진해야 대한민국이 행복해지고 대한민국의 미래가 밝으리라 본다.

필자는 더 나아가 놀이는 어린이뿐만 아니라 전 국민에게 필요한 정책으로 입안해야 한다고 주장한다. 왜냐하면 한국은 GDP 규모로 보면 세계 상위권에 속한다. 경제성장을 위한 속도전의 결과다. 그러나 경제적 부의 축적이 양극화되어 사회 갈등이 심각하고 생태계 파괴와 행복지수의 급강하로 집단적 신경쇠약과 만성적 탈진 증후군을 보이고 있는 게 현실이다. 40~50대 이상은 동력이 꺼져 가고 있고, 20~30대는 동력을 충전받지 못한 채 역량이 해체되거나 극심한 불균형으로 인적 자원의 붕괴가 일어나고 있다. 여기에 급속도로 노령화되어 가면서 미래에 대한 예측 불허까지 겹쳐 한국 사회는 위기를 맞고 있다. 연예와 결혼, 출산, 대인관계까지 포기하는 소위 4포 세대라는 말이 나오고 있는 건 이런 까닭에서다. 놀이성 회복은 사회 구성원들의 삶에 대한 허기를 보완하는 작용을 하고, 놀이는 가능성이나 잠재성을 현실화하는 힘을 갖고 있다. 놀이의 상상력은 사회적 창조성의 대안적 모델을 찾는 역할을 하여 위기를 맞은 한국 사회에 다시금 활력을 불어넣고 미래에 대한 대비를 할 수 있으리라 본다.

놀이의 달인들이 우리 곁으로

다행스러운 것은 최근 방탄소년단이나 봉준호 감독의 〈기생충〉에서 보듯 케이팝뿐만 아니라 드라마나 영화 등에서도 한류 열풍을 만들어 내며 세계 무대에서 활약상이 두드러지게 나타나고 있다는 점이다. 한국 사회의 놀이 결핍 속에서도 이런 기량이 나올 수 있었던 것은 그들의 치열한 노력이 있었겠지만, 한국인 특유의 흥과 재주를 조상들로부터 물려받은 점도 있을 것이다. 한국인은 고래로부터 누구에게도 뒤지지 않는 놀이의 달인, 타고난 놀이성을 지니고 있다. 대한민국 헌법 제9조에 "국가는 전통문화의 계승·발전과 민족문화의 창달에 노력하여야 한다"라고 되어 있는데, 명실상부하게 헌법정신을 잘 살린다면 활기를 잃은 대한민국은 세계에서 가장 즐겁고 행복하게 인류를 평화와 화해로 이끄는 문화 선진국이 될 것이라 믿는다.

선진국은 창조산업으로서 전통문화의 가치를 살린 부가가치 창출을 위해 국가 차원에서 나서고 있다. 영국은 2008년에 문화유산을 핵심으로 한 '창조산업화 전략'을 수립했고 일본은 2011년에 '창조산업진흥전략'을 발표했다. 유구한 전통문화를 자랑하는 한국은 창조적 발전 전략 마련에서 매우 유리한 위치에 있다. 한국인이 이미 몸속에 DNA로 갖고 있는 자원을 적극 활용하면 어느 나라보다 앞설 수 있기 때문이다. 이를 위해 엘리트 문화정책이 아닌 전 국민이 향유하는 가운데 문화역량을 발휘할 수 있는 종합적인 '놀이문화 정책'을 세우자는 것이다.

체육의 놀이화, 예술의 놀이화

우리나라는 소수의 재능 있는 유망주들을 어릴 때부터 집중 육성해 올림픽 등 국제 대회에서 입상하는 것을 목표로 하는 전형적인 엘리트 체육 정책을 시행하고 있다. 우리는 그저 관중석이나 소파에 앉아 박수

치고 눈으로 즐기는 구경꾼에 불과하다. 자본주의가 발달되면서 만들어 낸 스포츠 상품이기도 하다. 체육은 원래 놀이에서 탄생했다. 올림픽의 역사는 인류의 생존본능이 만들어 낸 놀이로부터 시작되었다. 달리기로부터 높이뛰기, 돌멩이던지기, 창던지, 격투 등이 올림픽 종목으로 채택되어 온 역사다. 현대 올림픽도 마찬가지로 놀이 종목이 올림픽에 추가되고 있다. 컬링은 북유럽의 추운 나라 얼음판 위에서 놀던 놀이였으며 아시안게임 종목인 카바디는 인도의 숨바꼭질놀이에서 비롯되었다.

체육다운 체육이 되려면 즐기는 체육이 되어야 한다. 그러기 위해서는 체육을 놀이화해야 한다. 지금 시대는 최소한 등수에 목숨 걸고 라면 먹고 뛰는 시대는 아니지 않은가. 매달 딴 선수가 "국민 여러분이 바라던 금메달을 못 따서 죄송합니다"가 아니라 "재밌게 즐기다 보니 여기까지 왔네요!"라고 여유 부리는 나라가 행복한 나라다. 누구나 즐기는 가운데 재능 있는 사람이 나오면 뽑아서選手 국제무대에서도 뽐낼 수 있도록 하면 된다. 학교 체육교과를 즐거운 체육이 되도록 '놀이 체육'으로 바꿔 아이들이 기다리는 시간이 되도록 해야 한다. 학교나 마을마다에 체육놀이 관련 동호회나 동아리활동을 지원하고 그들 중에서 선수들이 나와 전국체전을 치르도록 하면 말 그대로 전국적인 축전이 될 것이다. 그렇게 즐기는 체전이 됐을 때라야 민속놀이나 전래놀이 등도 전국체전 종목이 되어 더욱 다양해지고 풍요롭게 만끽하는 축제가 되리라 본다. 생활 체육과 엘리트 체육을 조화롭게 결합하여 전 국민이 즐기는 놀이 체육이 되길 기대해 본다.

마찬가지로 예술도 소수의 재능 있는 사람들뿐만 아니라 누구나 즐길 수 있도록 대중화해야 한다. 아이들은 체육과 마찬가지로 음악과 미술을 대부분 좋아한다. 재미있기 때문이다. 그 재미가 중고등학교를 넘어 사회에까지 이어진다면 대한민국은 활기차고 즐거운 문화예술의 나라가 될 것이다. 음악, 미술이 대중화되어야 타고난 천재적 재능을 일찌감치 발견하여 예능 인재로 키울 수 있다. 돈이 없어 저마다 타고난 소질을 계발할 수 없다면 이 또한 불행하지 않겠는가? 한국인은 예체능에 능한 유전자를 타고났다는 게 전문가들의 견해다. 이런 재능은 우리가 가진 엄청난 자원이며 먹고사는 문제를 해결하고도 남을 국가 경쟁력이기도 하다.

놀이는 체육과 예술의 기초를 제공한다. 참가비 내고 상장 받아 아이들의 자존을 높여 주는 것도 중요하겠지만 아이들에게 즐길 수 있는 능력을 키워 주는 게 더 중요하다. 그게 훨씬 아이의 자존감과 효능감을 높이고, 넘어져도 일어설 수 있는 힘을 키워 주기 때문이다. 누리과정부터 교과과정, 학사과정까지 놀이를 필수 및 교양과목으로 채택하여 학교 동아리 활동에서부터 방방곡곡에 놀이문화가 활짝 꽃피는 나라가 진정 문화 선진국이 아닐까?

한국의 놀이문화를 유네스코에

유네스코에 등재된 한국의 유산은 꽤 많은 편이다. 석굴암, 종묘, 고인돌 유적을 포함하여 한국의 세계유산이 14곳, 훈민정음, 조선왕조실록, 난중일기 등 한국의 세계기록유산이 16가지다. 그리고 판소리, 아리랑을 포함한 한국의 인류무형문화유산이 20가지다. 특히 인류무형문화유산은 방치하면 자칫 소중한 인류문화유산이 언제 사라질지 모르기 때문에 보호하여 후손들에게 물려줄 필요가 있다. 유네스코에서도 그동안 문화유산 보호활동이 건축물 위주의 유형문화재에서 보이지 않지만 살아 있는 무형문화유산의 가치를 새롭게 인식하고 확대하는 활동으로 바뀌고 있다. 한국의 문화재 보호정책도 유형문화재 중심으로 되어 있는데 무형문화재에 더욱 관심을 기울여야 할 것이다.

한국의 인류무형문화유산은 종묘제례 및 종묘제례악[2001], 판소리[2003], 강릉단오제[2005], 강강술래[2009], 남사당놀이[2009], 영산재[2009], 제주칠머리당 영등굿[2009], 처용무[2009], 가곡[2010], 대목장[2010], 매사냥[2010], 줄타기[2011], 택견[2011], 한산모시짜기[2011], 아리랑[2012], 김장문화[2013], 농악[2014], 줄다리기

²⁰¹⁵, 제주해녀문화²⁰¹⁶, 씨름²⁰¹⁸이 유네스코에 등재되어 있는데, 보다시피 놀이문화가 절반을 훨씬 넘게 차지하고 있다. 이는 우리 민족이 춤과 노래 등 가무를 즐겨 온 문화민족이란 걸 얘기해 준다. 우리의 전통, 민속놀이 중에는 유네스코에서 정한 등재 기준인 '해당 유산의 가시성 및 중요성에 대한 인식 제고, 문화 간 대화에 기여하며, 아울러, 세계 문화다양성 반영 및 인류의 창조성을 입증'할 만한 것들이 매우 많다. 한국의 놀이문화를 유네스코에 등재하려면 전통놀이에 대한 발굴과 연구가 활발하게 펼쳐지고 즐길 수 있도록 하는 게 우선이겠다. 2019년 10월에 '윷놀이 남북공동 유네스코 인류무형문화유산 등재를 위한 추진위원회'를 발족한 것은 그런 의미에서 매우 고무적이다.

놀이학의 정립

세계에 놀이를 연구하는 학문은 없다. 놀이와 관련된 저서를 낸 학자들을 보면 인류학자나 사회학자 등 인접 학문을 연구하는 학자들이다. 아직 놀이학이 독립적인 학문으로 자리를 잡고 있지 못하다는 반증이다. 미국의 몇 개 대학 커리큘럼에 놀이학은 있지만 놀이를 본격적으로 연구하는 학과가 없다는 것은 놀이가 등한시되어 온 역사와 무관치 않다. 놀이학은 미지의 학문이다. 놀이는 제국주의 학문이라 불리는 인류학에서 다루는 주제이기도 한데, 1895년에 『한국의 놀이』를 쓴 스튜어트 컬린이 인류학 박사라는 걸 보아도 알 수 있다.

컬린이 한국의 놀이에 대해서는 매우 긍정적이고 높게 평가했지만, 북미 인디언 원주민에 대해서 편견을 갖고 있었던 것은 우연이 아닐 것이다. 우리나라 인류학과에서는 과연 우리의 놀이를 얼마나 연구하는지 알 길이 없다. 놀이와 관련된 도서나 논문을 찾아보면 대부분 민속학을 연구하는 학자들이거나 아동학과 관련된 학자들이다. 세계에서 가장 잘 놀고 유구한 문화를 갖고 있는 한국에 그나마 놀이와 관련 있는 민속학과가 사라지고 있다는 것도 안타까운 일이다. 인류학이나 민속학 관련자들이 놀이에 관심을 갖고 연구 작업을 활발히 펼쳐야 놀이학이 독자적인 학문으로 자리 잡을 수 있을 것이다.

놀이단체의 조직화

우리나라에 놀이단체가 몇 군데나 되는지 필자는 아직 모르고 있다. 그래서 간접적인 방법으로 한국직업능력개발원 홈페이지 민간 자격 정보 서비스에서 '놀이지도사'로 검색해 보았더니 2020년 8월 현재 총 665건이 나온다. 여기에는 책 놀이, 교구 놀이, 영어 놀이, 미술 놀이 등도 포함되어 있으며 그중 전래놀이 지도사가 107건, 전통놀이 지도사가 55건 등 한국 놀이와 관련된 자격증이 150여 건 정도다. 놀이와 그다지 관련 없는 단체나 업체에서 자격증제도를 도입한 경우도 많다. 더구나 자격증 과정은 개인이 주로 운영을 하기 때문에 놀이단체는 그렇게 많지 않다는 얘기다. 눈에 띄는 건 노인 관련 실버 놀이가 많아지고 있다는 점이다. 최근 놀이 동아리나 놀이협동조합, 학부모놀이 모임 등이 많이 생기고 있는 추세는 놀이가 활성화되고 있다는 증거다. 놀이단체들이 협의체나 연합체를 만들어 놀이 활성화와 놀이 관련 정책 제안 등을 공동으로 도모한다면 훨씬 효과적이지 않을까 생각된다.

　세상에는 국제놀이협회International Play Association라는 단체가 있다. 네이버나 다음에서 검색하면 필자가 블로그에 소개해 놓은 글이 나온다. 국제놀이협회는 1961년 덴마크에서 창설된 국제적인 민간 기구로 50여 나라의 민간 놀이단체들이 가입하여 활동하고 있다. 물론 한국은 가입국이 아니고 필자를 포함하여 두세 명의 개인회원이 가입되어 있다. 국제놀이협회에서는 매 3년마다(트리엔날레) 국제회의를 개최하는데 2020년 11월에 인도 자이푸르에서 제20차 IPA 컨퍼런스를 개최하기로 하였는데, 코로나19로 2021년으로 연기되었다. 누가 봐도 문화 강국인 한국에서 이런 데든 저런 데든 부지런히 참가하여 왕발보다 더 큰 발인 글로발(벌) 세계에서 활약하길 바란다. 글로벌 시대는 발은 우리 땅을 딛고 눈은 세계를 향해야 할 것이다.

11.
방탄소년단의 뿌리는 북방 샤머니즘이다

방탄소년단의 음악을 알기 전에 난 꿈도 없이 그저 숨만 쉬는 인간일 뿐이었지만 '나를 사랑하라'는 그들의 음악적 메시지를 얻고 인생이 아예 달라졌어요.

우리가 학교에서 오랑캐 야만족으로 배웠던 흉노족은 4세기에 중앙아시아를 넘어 유럽을 침공하게 된다. 이 여파는 게르만족이 로마제국으로 대이동을 하게 된 원인이 되었다. 13세기에는 칭기즈칸의 몽골군이 동유럽까지 휩쓸었다. 유럽 중심의 세계사나 중국 중심의 동양사에서 동북아시아의 북방민족은 결코 긍정적이지 않은 이미지로 덧칠되어 있지만 실재로는 독특한 역사적인 의미와 지위를 갖고 있다. 북방민족은 수천 년 동안 동아시아 역사 무대의 주역이었다. 우리 선조들이 그랬듯이 흉노, 선비, 유연, 돌궐, 위구르, 당항, 거란, 여진, 몽골, 달단(와랄), 만주족 등은 만주대륙과 북중국, 실크로드, 초원을 지배하며 동서 문물과 종교, 사상, 등 여러 문명의 전파자였다.

'얼쑤', '지화자' 노래하는 사람들

21세기의 오늘 또다시 동북아시아의 방탄족(방탄소년단=BTS)이 세계 전역을 휩쓸고 있다. 예전의 흉노족이나 몽골족과는 비교가 안 될 정도로 유럽을 넘어 북미와 남미대륙까지 말 그대로 지구별을 파죽지세로 침공하고 있다. 한때 세계를 제패했던 영국에서 어느 인류는 "방탄소년단, 팝의 본고장 영국 침공!"이라는 소식을 전했다. 2019년 6월 1일과 2일 영국 웸블리스타디움 공연장을 가득 메운 12만 팬들에게 방탄족은 'LOVE YOURSELF: SPEAK YOURSELF'로 포문을 열며 노래하고 춤추며 축제를 펼쳤다. 방탄족의 팬클럽 아미ARMY가 '얼쑤', '지화자'를 한국어로 떼창하는 모습은 방탄족의 세계 제패를 실감나게 한 대사건으로 기록될 것이다. 때로는 이른바 선진국의 지배를 받거나 선진국을 따라 배우던 자그마한 동북아시아의 변방족인 방탄족이 바야흐로 세계의 리더 역할을 하게 된 것이다.

오늘 세계 제패에 나선 방탄족이 과거 흉노족이나 몽골족과 확연히 다른 점은 결코 칼이나 활 등 살상 무기가 아닌 상생과 평화의 상징인 노래와 춤으로 제패하고 있다는 것이다. 김구 선생이 일찍이 설파한 문화의 힘으로 방탄족은 세계의 인류와 손을 잡고 있다.

나는 우리나라가 세계에서 가장 아름다운 나라가 되기를 원한다. 가장 부강한 나라가 되기를 원하는 것은 아니다. 내가 남의 침략에 가슴이 아팠으니, 내 나라가 남을 침략하는 것을 원치 아니한다. 우리의 부력富力은 우리의 생활을 풍족히 할 만하고 우리의 강력強力은 남의 침략을 막을 만하면 족하다.

오직 한없이 가지고 싶은 것은 높은 문화의 힘이다. 김구, 「나의 소원」
중에서

미국 〈타임〉지는 방탄소년단을 "음악이 언어의 장벽보다 강하다고 믿는 일곱 명의 젊은이들"이라 표현하며 "자존감에 대한 긍정적인 메시지, 빛나는 노래 속에 숨겨진 철학의 복합성, 그들의 정교한 안무 하나하나에 깃든 시너지와 형제애, 그리고 수많은 자선적이고 인류학적인 노력들로 그들을 사랑하는 수백만 명의 팬들과 모든 사람들에게 롤모델이 되어 왔다"라고 극찬했다. 〈러브 유어셀프(자신을 사랑하라)〉 시리즈를 통해서 방탄족은 많은 이들에게 희망을 전했다. 2018년 9월 UN 연설에서도 이와 같은 내용으로 '스피크 유어셀프Speak Yourself'라며 전 세계의 청소년들에게 따뜻한 손길을 건넸다.

많은 역사 연구가들이 흉노족과 몽골족이 유럽 전역을 침공할 수 있었던 힘이 어디에서 나왔는지를 연구하고 있듯이 방탄족이 지구별을 휩쓸고 있는 힘이 도대체 어디서 근원하는지 한국 문화의 정수인 놀이에 관심을 가져온 필자는 이를 연구하고 답할 임무가 있다는 생각이 들었다. 그래서 그동안 방탄족에 대한 언론 기사와 관련 논문 그리고 도서 등을 참고하여 놀이인문학적 접근을 해 보려 한다. 먼저 방탄족과 케이팝에 대한 세계 몇 나라의 반응을 살펴보자.

파죽지세의 방탄소년단 영향력

한국은 음악을 유혹의 무기로 만들어 냈다. 케이팝을 좋아하는 사람들이 늘어나는 이유는 '달콤한 음악, 다양한 안무 등 장르적 특성' 때문이다. 그들은 다양한 스타일의 음악 장르를 믹스한다. 여기에 시각적인 부분을 보태 완벽한 쇼를 만드는 게 케이팝이다. 한국의 대표적인 문화가 케이팝이다.^{북유럽의}

_{벨기에 반응}

케이팝은 우리 모두 하나가 되게 해 준다. 마약이나 술처럼 나쁜 것이 아닌 케이팝 덕분에 강해지게 됐고, 안무랑 노래가 사가 너무 좋고 행복하게 춤추고 아름답게 노래 부른다. 케이팝은 청년들의 건전한 문화이고 관객들을 집중시키는 잠재력이 뛰어난 한국의 아름다운 문화다. 어린 시절 왕따 경험으로 마음속에 상처가 있던 한 방탄 팬은 살기 싫을 만큼 힘든 시기가 많았지만 '네가 최고야!' '너는 할 수 있어'라고 말하는 방탄 덕분에 강해지게 됐고 외롭고 힘들었던 시기에 위로를 받았다.^{지구 남반구 남아메리카의 반응}

세계에서 가장 보수적인 나라이자 여성의 바깥출입이 제한적인 사우디조차 춤추게 만든 방탄소년단은 국가와 지역을 가리지 않는 침공자다. 비아랍권 가수가 사우디의 리야드스타디움에서 단독 콘서트를 연 것은 사우디 역사에서 최초라 한다. 샤이미라는 이름의 10대 소녀는 "방탄소년단의 음악을 알기 전에 난 꿈도 없이 그저 숨만 쉬는 인간 일 뿐이었지만 '나를 사랑하라'는 그들의 음악적 메시지를 얻고 인생이 아예 달라졌다"라고 고백했다. 그들은 서구 문화가 못 채워 줬던 욕망과 갈증을 방탄족을 통해 해소하고 있다. 사우디 정부에서는 방탄소년단

공연 직전 외국인의 남녀 호텔 투숙을 조건 없이 허락하는 이슬람율법의 파격적 개혁까지 단행하기도 했다.

방탄소년단의 정체성

위와 같은 방탄족(케이팝)의 힘의 원천이 어디에서 근원하는지를 알아보고자 뿌리를 찾아가다 보면 우리는 필시 '정체성'이라는 단어와 맞닥뜨리게 된다. 케이팝이 한국의 문화로서 해외 수용자들에게 인기를 얻고 있지만, 그 뿌리는 한국적 전통보다는 글로벌 대중음악 장르에 기원하고 있음에 틀림없다. 즉, 케이팝이 글로벌 수용자들에게 호소력을 지니는 가장 중요한 이유는 영미 대중음악과 음악적으로 크게 다르지 않은 보편성을 갖고 있기 때문일 것이다. 2001년에 실시된 매일경제신문과 네이버 공동 설문조사에서 1만 1,000여 명의 네티즌 응답자 중 한류가 우리 문화를 잘 반영하고 있다고 대답한 사람은 8.9%밖에 안 되고 응답자의 30.9%는 한류가 우리나라 문화라고 볼 수 없다고 대답한 것을 보아도 알 수 있다.

그러나 해외 수용자들이 한류에 기대하는 바는 그런 보편성이 아니다. 오히려 독특한 지역적 독창성이라는 시각이 있다. 영국 일간지 가디언The Guardian의 케이팝 관련 기사 제목 '일반적인 영국 팝음악에 질린 이들이여, 케이팝을 들어 보라'에서 알 수 있는 것처럼, 보편적인 팝음악이나 자국 음악이 아닌 한국 음악을 굳이 찾는 해외 수용자들은 이국적이고 색다른 음악을 원하는 경우가 많다는 것이다. 2012년에 발매되었지만 미국 작곡가가 만든 노래에 영어 가사를 붙인 소녀시대의

〈The Boys〉보다 가사나 뮤직비디오 모두 지극히 한국의 사회적·문화적 맥락에서 노래한 싸이의 〈강남 스타일〉이 해외 수용자들에게 더욱 큰 인기를 얻었던 사례는 이러한 경향을 반영한다. 소위 변방의 B급 문화로 치부되었던 싸이의 〈강남 스타일〉은 리듬(박자)으로 보면 서양의 4박자이지만 한국의 휘모리장단과 정확히 맞아떨어지며 '유혹의 무기'가 되어 공감과 감정이입으로 휘몰아 간다.

해외 한류 팬들은 한류에서 '열정', '활력', '다양성', '개성' 등을 느낀다고 한다.^{SBS 〈아시아에서 부는 한국 대중문화의 열풍〉, 2001} 한국에 온 유학생들에게 한류의 원동력이 무엇인지 물었을 때 가장 많은 답변은 '역동적이면서 창의적인 기법'이었고, 그다음으로 '춤과 노래를 즐기는 생활 태도'라고 답했다. 한류 문화는 "한류의 주체들이 창의적이고, 춤과 노래를 통해 풍류를 즐기는 기질을 갖고 있다"라는 것이다.^{유상철·안혜리, 『한류 DNA의 비밀』} "풍류 기질은 한국인의 보편적인 기질이라 해도 틀리지 않을 것이다."^{권상우, 『동서철학연구』의 「한류의 정체성과 풍류정신」}

한국인의 정체성의 비밀을 '풍류'로 파악하는 학자들이 있는데, 풍류라는 말은 『삼국사기』에 등장한다. 풍류는 신라의 화랑도를 가리키며 화랑도는 "무리들이 구름같이 모여들어 혹은 서로 도의를 연마하고 혹은 서로 가락을 즐기면서 산수를 찾아다니며 즐겼는데 멀어서 못간 곳이 없다"라고 했다. 화랑의 수양 방법은 노래와 춤을 즐기고, 산악을 숭배하던 고대의 제천 행사와 밀접하게 연관되어 있으며 그 역사는 고대 국가 이전 상고 시대 이전으로 거슬러 올라간다.

샤머니즘에서 나온 무악

　방탄으로 대표되는 케이팝의 힘은 샤머니즘에서 나온다. 먼저 케이팝의 특징은 '열정과 감흥의 음악'이라는 것이다. '유혹의 무기'라 표현했던 한국의 음악은 즉흥과 자유를 나타내는 시나위의 무악 반주에서 비롯되었다. 여기서 무악巫樂이라는 단어에 주목할 필요가 있겠다. 공감과 감정이입으로 강력한 쾌감을 불러일으키며 혼을 빼놓는 무당굿을 연상하면 되겠다. 무가 음악은 사람들의 바람을 담아내고 현실의 결핍을 넘어서려는 의지의 발현이라 하겠다. 대중음악 연구가인 김헌식은 "무가나 무악의 음악 DNA가 케이팝에 흐르고 있다"라고 말한다. 여기에 방탄족은 스토리와 가치, 의미를 부여하여 케이팝을 인문학적 수준으로 올려놓았다는 생각이다. 무악이나 무당에 대해 조선시대 이래 워낙 부정적으로 인식되어 왔고 근대 교육을 통해 미신적이고 비합리적이라는 이미지가 강하기 때문에 케이팝과 연결 짓는 것을 선뜻 받아들이기 쉽지 않을 것이다. 그러나 일찍이 무악과 무당이라는 음악과 종교가 발생하여 현재까지도 생명력 있게 유지되고 있는 점을 보면 그럴 만한 이유가 있을 것이다.

　어떻든 무악이나 무당굿이라는 단어에 당혹스러울 수밖에 없는 또 하나의 이유는 케이팝(팝송)은 서양의 대중음악이라는 형식만을 보기 때문일 수도 있다. 거의 10년 전 카라, 소녀시대가 일본에서 인기를 얻기 시작할 무렵에 제이팝의 위기를 느낀 일본 전문가(모닝구무스메의 층쿠 프로듀서)의 얘기를 들어 보자. 제이팝과 비교한 케이팝에 대한 반응을 "직감적으로 몸이 먼저 반응한다. 신난다. 정신없이 몰아친다. 리듬(감)의 차이와 감각, 감정이 일본이나 중국인보다 강하다. 흑인soul 음악 같은 느낌이다. 대한민국 박수를 보면 국민성 자체가 다르다. 체내의 리듬이 다르다. 가창력과 성대의 모양이 흑인처럼 두텁다." 일본인은 모르고 얘기했겠지만 이 모두가 무악의 특징이다.

그래서 많은 문화연구자들은 우리 문화의 원형질로 무교 샤머니즘을 든다. 조지훈은 샤머니즘이 우리의 심층에 잠재해 있다고 하였으며, 이화여자대학교 최준식 교수는 한국 문화예술의 특성을 "자유분방하고 거칠며 힘을 중시하는 성향"으로 설명하며 그 뿌리는 무교에 있다고 주장한다. 철학자인 탁석산은 "한국 문화를 꿰뚫고 있는 것으로 샤머니즘"을 얘기하고 있다. 무巫(샤머니즘)는 아래 위의 평행선과 그 선을 세로로 연결하는 수직선, 그리고 양쪽에 사람 인人자가 두 개 있는 형상이다. 위의 선은 하늘을, 아래 선은 땅을 상징하며 그것을 연결하는 수직선은 무당(샤먼)을 나타낸다. 신령계와 인간계를 연결하는 사람(人人)이 하늘과 땅을 매개하고 있으며 그 매개하는 사람은 혼자가 아니라 여럿이라는 점이다. 단군신화는 누구나 인정하는 우리의 기층 종교라 말할 수 있는데, '단군'이라는 말 자체가 '무당'이라는 것을 의미한다. 무(무속)는 조상숭배 사상이며 한국 문화와 한국인의 기층 심리를 이루고 있다.

고려 후기에 이암李嵒이 엮은 『단군세기檀君世記』의 "10월 상달에 나라에 큰 제전을 열어 하늘에 제사를 지내니 온 백성이 진실로 밝은 모습으로 즐거워했다國中大會 上月祭天 民皆熙自樂"라는 기록, 『삼국지』「위지동이전」에는 "매년 봄가을에는 천제를 올렸는데 음주가무와 온갖 놀이(백희)를 즐겼다"라고 전한다. 천제의 전통은 마을 굿과 팔관회로 이어졌으며 유교를 이념으로 한 조선시대에 법적으로 금지되었지만 샤머니즘(무교)이 현대까지 신앙되고 있는 지구촌의 유일한 나라가 바로 한국이다.

인류학자들은 모든 원주민 사회의 토착신앙은 샤머니즘으로부터 비롯되었다고 주장한다. 무는 한국 문화와 한국인 심성 형성에 결정적인 기여를 했다는 걸 부정할 수 없을 것이다. 무당은 신명이 나서 점복과 치성을 올리고 신도인 단골은 무당의 중재로 신령과 만나는 종교체험을 하게 되는데, 의례의 목적은 천지인天地人의 합일을 통해 집안과 마을의 조화를 회복하는 것이다. 신명과 조화는 한국인의 '정체성'이라 할 수 있는 핵심 요소로 '신명의 놀이성'과 '천지인의 조화'로 바꿔 말할 수 있다.

한류(케이팝)에서 발견되는 특성으로 한국 문화의 원형질이 무교 샤머니즘이라는 주장의 논문이 10여 년 전에 발표되었는데 인용해 보겠다.「한류 지속의 동력으로서 한국 문화의 정체성」^{최민성, 인문콘텐츠학회, 2005}의 논문에서 최민성은 "한류를 이끄는 대중문화 속에서 발견되는 고유성은 내용과 형식에 있어서 '열정'"이라고 위에서 언급한 "한류 팬들은 한류에서 '열정', '활력', '다양성', '개성' 등을 느낀다"와 같은 주장을 한다. 그는 "한류에 담긴 열정에 대한 하나의 설명은 우리의 무교 문화적 특성 때문이다. 잠재되어 있던 무교적 특성은 1990년대 중반 이후 이데올로기의 압박에서 벗어난 문화 환경이 조성되면서 일탈의 욕망을 강조하는 대중문화 부문에서 그 특성이 강하게 드러나게 되었다고 해석할 수 있다. 아시아에서 산업화에 성공한 나라들 중 거의 유일하게 북방 문화의 열정적 성향을 드러내고 있다"라는 것이다.

한국의 독창적인 3박자

다음으로 우리 고유의 박자인 3박을 들 수 있겠다. 다이코(일본 북) 연주자인 하야시 에이테츠는 이렇게 말했다. "한국 음악에서 가장 놀란 것은 3박자 리듬이 있다는 것이었다. 3이라는 홀수의 개념에 대해서 거의 경험하지 못했다. 3박자는 아프리카나 유럽에만 있다고 생각했는데 아시아에 있다는 게 아주 흥미롭다. 어렵지만 매력적으로 와닿았다." 우리한테는 일상적인 '신난다'는 말과 '3박자'의 개념이 일본 전문가들한테는 매우 생소하고 낯선 개념이다. 중국과 일본은 음양사상의 영향으로 전통음악이 거의 대부분 2박자나 4박자로 구성된 반면 우리 음악은 삼재 사상에 의거해 3박자로 구성되어 있다는 사실을 일본의 연주가는 처음으로 경험한 것이다. 3박자와 '신명'은 긴밀히 연결되어 있다.

"3박자는 북방 샤머니즘 음악에서 유래되었다. 북방 유목문화는 삼재론에 입각한 3수분화의 문화를 갖는 것이 특징이다. 삼재론이란 하늘 땅 사람이라는 세 가지 요소의 조화를 사고의 중심에 놓는 것을 말한다. 세 가지 요소의 조화를 강조하기 때문에 3이라는 숫자가 중요하고 지배적인 문화적 요소로 다른 문화 양상에 반복적으로 나타나게 된다."우실하, 한국항공대학교 교수 성리학을 이념으로 한 조선시대였지만 세종이 창제한 한글이 삼재론인 천지인사상이 밑받침되어 탄생한 것을 보아도 알 수 있으며, '삼세판'이나 '참을 인 세 번이면 살인을 면한다' 등 우리의 일상생활 전반에서 3이라는 숫자는 일상적이고 가장 친숙한 숫자이며 매우 중요한 숫자로 우리 마음속에 자리 잡고 있다. 서양은 물론 가까운 중국이나 일본과는 전혀 다른 문화적 특징이라 할 수 있다.

한류 문화의 연구

한류에 대한 2000년 대 초반까지의 담론에는 'B급 문화 수출'에 대한 비판적 견해가 적지 않았지만 이후 한류의 실체가 어느 정도 인정된 다음에는 자연스럽게 한류에 담긴 무엇이 아시아의 대중들을 사로잡는지의 문제가 대두되어 관련 학자들이 본격적으로 연구하기 시작했다. 대중문화에서 그들의 열정이 비슷해 보이는데도 다른 나라 민족과 차이를 만들어 내며 창의적 발전을 이루는 그 '무엇'을 찾기 시작했다는 것이다. 예를 들어 댄스음악은 본토 미국의 그것보다도 역동적이고 폭발적이다. 그들의 춤은 구성과 실연의 측면에서 매우 개성적이다. 브레이크댄스라는 장르에서 한국의 비보이B-boy들은 출전한 지 3년 만에 2004년 주요 세계대회를 석권하는 등 오랜 역사를 가진 일본에서도 해내지 못한 놀라운 일들을 오직 춤에 대한 열정으로 이룬 걸 보면 알 수 있다.

그것은 '우리 민족의 중요한 특징 중 하나'인 '빠르게 흡수·집중하는 문화의 집중력'이라고 얘기할 수 있다. 오랜 축적 과정이 필요한 본격 예술인 클래식에서도 세계적인 두각을 나타내는 인재들이 많지만, 성과가 훨씬 빨리 나타날 수 있는 대중문화 분야에서 한류가 성과를 내고 있는 건 어쩜 당연한 것인지도 모르겠다.

"오랜 농경문화를 누리면서도 유목문화의 샤먼적 요소는 사라지지 않고 유지되어 왔다는 사실이다. 실제로 아시아에서 3박자 노동요의 분포 상태가 북방 유목민족과 우리를 연결하는 것으로 나타나 시베리아를 비롯한 북방 유목민족과 우리 민족의 상관성을 밝히는 증거로 인정할 수 있다. 비정착적인 유목문화는 소유를 바탕으로 여유와 합리성을 중시하게 되는 농경문화와 달리 자유, 열정, 거친 성정, 격렬함 등의 특성을 갖게 된다." 「한류 지속의 동력으로서 한국 문화의 정체성」

미국의 〈포춘〉지가 우리나라를 '초고속 인터넷의 별천지Broadband Wonderland'라며 경탄했던 대목을 보자.

"한국인의 유전형질에 기마민족의 기질이 살아 있음을 초고속 인터넷망을 통해 확인할 수 있는 듯하다. (중략) 한국과 같이 과거 고대시대에 유라시아대륙이나 만주 땅을 호령하던 기상을 아주 오래전에 잃어버린 나라의 후예들은 깊이도 모를 '광대역에 대한 무기력증'에 빠져 있었던 셈이다. 그러던 차에 인터넷이 그야말로 미디어의 원래 뜻 중 하나인 '무당'과 같이 나타나 드넓은 사이버 세계에 접신할 수 있도록 해 주니 '눈이 뒤집힐 수밖에 없는 노릇'이다. 게다가 '속도'를 경쟁력으로 알고 몸 바쳐 왔던 한국 사람들이 아니겠는가."

안 보이는 존재와 소통할 수 있게 도와주는 역할이 영매medium라는 것인데, 미디어media의 어원이 되었다. 필자는 영매를 방탄족으로 대입하고 싶다. 예전 우리 조상들은 북두칠성에 우주만물과 인간의 생사가 달렸다고 신앙했다. 그래서 동이족은 북두칠성을 따라 동으로 동으로 이동하다가 오늘날의 한반도에 정착한 것이다. 마침내 현대판 북두칠성이 된 일곱 명의 방탄(무당)은 신명이 나서 (노래와 춤으로)점복과 치성을 올리고 신도인 단골(아미)은 무당의 중재로 신령과 만나는 종교체험(정서의 폭발 상태인 황홀경)을 하게 되는데 의례의 목적은 천지인天地人의 합일을 통해 집안(한국)과 마을(세계)의 조화(상처의 치유와 인류 평화)를 회복하는 것처럼 보인다.

미술평론가인 조정육은 "이미 3천 년 전부터 그들의 선배들이 춤추고 놀았으니 그 유전자가 어디 가겠는가. 'IDOL'의 뮤직비디오에서는 분출하는 에너지 위에 한국인의 정체성까지 가미했다. 알아들을 수 없을 정도로 빠른 비트에 정신이 혼란할 즈음, '지화자', '얼쑤', '덩기덕'하는 추임새가 느닷없이 등장한다. 아프리카 초원에 온 듯 화려한 원색이 현란할 즈음, 북청사자가 등장하고, 보름달 안에 토끼가 나오고, 부채가 보이고, 한옥을 배경으로 농악의 판굿에서 보던 상모 돌리는 춤사위가 나온다. 마지막에는 한반도를 상징하는 호랑이까지 출동하는 진풍경을 이룬다. 순식간에 지나가는 그 모습을 보고 있노라면 내가 마치 그들 속에서 춤추는 무리들과 함께 뒤섞여 노는 듯한 착각을 일으킨다. 이런 놀이 방식은 농악놀이를 할 때 관객과 놀이패의 구분 없이 함께 어우러져 노는 형식에서 따온 것으로 방탄소년단이 솔로가 아니라 그룹이라는 점에서 그 효과가 극대화된다"^{(주간조선), 「우리 시대의 제사장 방탄소년단」}라고 했다.

방탄소년단의 한국성

전문가들은 여느 아이돌과 달리 방탄소년단의 '한국성'에 주목을 한다. 글로벌한 보편성을 추구하면서도 방탄소년단은 한국 그룹으로서의 정체성, 즉 '한국성Korean-ness'을 지속적으로 강조한다. 이것은 멤버 가운데 외국인은커녕 케이팝 그룹에서 흔히 볼 수 있는 교포 출신 멤버조차 없는 그룹 인적 구성에서부터 단적으로 드러난다. 2017년 빅히트의 방시혁 대표가 기자회견에서 밝혔던 것처럼, 이들은 해외 수용자들을 만족시키기 위해 해외 작곡가로부터 곡을 받거나 영어로 된 가사를 붙이는 전략을 의도적으로 배제해 왔다.

방탄소년단은 한국 10대의 학교생활, 청년 세대의 좌절과 희망, 세월호 사건 등 한국의 현실을 담은 한국어 가사 노래를 꾸준히 발매해 왔고, 더불어 뮤직비디오와 무대 퍼포먼스를 통해 한국적인, 그래서 해외 팬들에겐 이국적으로 느껴질 이미지를 제시하고 있다. 민요의 추임새가 가사에 들어가고 뮤직비디오 속에서 한국의 전통적인 이미지들이 묘사된다. 방탄소년단이 해외에서 큰 인기를 얻을수록 오히려 이들의 한국성은 더욱 강해지는 경향이 있다. 이제는 그들 스스로가 한국을 대표하는 그룹으로서의 책임감을 무겁게 인식하고 있다. 방탄소년단은 '한국성'을 자신들의 기본적인 정체성으로 삼고 있다.

대중문화에서 전통적인 색깔을 시도한 건 '서태지와 아이들'이 1993년에 발표한 2집 타이틀곡 〈하여가〉를 꼽을 수 있다. 후렴구에 국악기인 태평소 소리를 삽입하는 파격적인 시도로 당시 문화계에 충격을 안겨 줬다. 최근에는 국악과 서양 음악을 혼합한 퓨전 음악이 활발하게 시도되는데, 민요 록밴드 '씽씽SsingSsing'은 우리 전통음악에 새로운 지평을 열었다는 평가를 받고 있다. 경기민요를 바탕에 둔 리드보컬 이희문은 경기민요 이수자로 록과 민요를 섞은 독특하고 주술적인 음악으로 한국은 물론이고 미국, 유럽 무대에서 유명세를 타고 있다. 씽씽밴드는 2017년 한국인 최초로 미국 공영 라디오 NPR의 '타이니 데스크 콘서트'에 출연해 화제가 되면서 관련 동영상이 유튜브에서 조회 수 400만여 회를 기록하고 있다.

퓨전국악밴드 '잠비나이Jambinai', 국악 재즈밴드 '블랙 스트링Black String'은 '젊은 국악'이나 '창작 국악'으로 불리며 큰 호응을 받고 있다. 또 퓨전국악밴드 '이날치'의 한국 관광 홍보영상 〈범 내려온다〉는 폭발적인 조회수(3억)를 보이며 한국 음악(국악)이 세계적으로 알려지고 있다. '이날치' 구성원들은 모두 판소리를 기반으로 하고 있다. 요즘 인기가 하늘을 찌르는 트로트 가수 송가인도 국악인 출신이기에 그런 가창력을 구사할 수 있다. 국민가수라 칭하는 조용필이 몇 옥타브를 오르내리며 가창력을 유지할 수 있는 것도 판소리를 배웠기 때문이라는 말이 있다.

충북도립대 생체신호분석연구실 조동욱 교수는 "노래를 할 때 피치(최댓값-최솟값)의 변화를 많이 주면 듣는 이에게 매우 좋은 소리로 들린다"라며 과학적인 근거를 제시하고 있다. 한국인이 좋아하는 가수들 목소리 세기가 가장 컸을 때와 약했을 때의 차이가 평균 17.17dB로 일본 가수(11.18dB)보다 훨씬 높다는 건 뭘 의미할까.『케이팝 뮤직의 DNA』, 김헌식, 2017 또한 문화평론가 이택광이 "전 세계적으로 국악처럼 다채로운 음악은 많지 않다"라고 했던 것은 많은 의미를 함축하고 있다.

노래와 춤에 능한 한국인

얼굴 연구가인 조용진 교수는 그의 저서인『한국인의 얼굴·몸·뇌·문화』2019에서 사람은 형질, 인품, 능력으로 구성된다고 말한다. 형질은 조상으로부터 물려받은 숙명적인 것으로 일생 동안 불변하는 요소로 작용하여 그 사람의 소질을 규정한다. 즉 인품이나 능력은 노력하면 누구나 얻을 수 있는 것이지만 타고난 기질이라고 얘기하는 형질은 운명적이라는 것이다. 한때 양궁의 종주국에 우리나라 선수 출신이 감독이나 코치로 가 있지만 여전히 종합우승은 한국 차지가 되는 건 그 방면에 능한 형질을 타고났기 때문이다. 한국인(북한도 마찬가지)이 세계적인

콩쿠르 대회에서 1등 아니면 공동 2등을 연거푸 휘어잡는 건 그 방면에 능한 형질을 타고났기 때문이다. 우리의 몸과 뇌는 수백만 년 동안 이어진 자연선택이 누적되어 만들어진 것이다. 한국인은 북방계의 영향이 강하게 누적되어 공간 형태 지각과 관련하여 우뇌 우세 행동 성향을 보인다. 노래와 춤에 능한 문화민족의 형질을 타고났다는 것이다.

일제강점기와 6·25전쟁, 독재의 폭압 등 근대사를 거치는 동안 억눌려 있던 한국인의 문화적 기질은 1987년 민주화와 1990년대 이데올로기의 압박에서 벗어난 문화 환경이 조성되면서 그 특성이 강하게 드러나고 있다. 김구 선생이 "오직 한없이 가지고 싶은 것은 높은 문화의 힘"이라고 했듯이 우리나라가 돈이나 무기를 중심에 둔 정책이 아니라 국가 정책의 비전을 국민총행복GNH에 둔다면 훨씬 재미나고 행복해질 거라는 상상을 해 본다. 한 나라의 정체성은 국부나 군사력이 아니라 독자적인 문화를 갖는 것이다. 세계를 거침없이 침공하는 방탄족을 보면서 문화의 힘으로 세계를 경영할 동북아시아의 자그마한 나라 한국의 벅차고 설레는 미래를 꿈꾸어 본다. 2020년 8월 방탄소년단이 공개한 〈다이너마이트〉 뮤직비디오는 세계 뮤직비디오 가운데 가장 빨리 1억 뷰를 달성했으며, 미국 빌보드 싱글 차트 '핫 100' 1위를 몇 주째 차지하는 사상 초유의 역사를 쓰고 있다.

사족 같지만 방탄소년단은 나라를 지키는 것보다 수백 수천 배 이상으로 국위 선양을 하고 국민의 자긍심과 긍지를 키워 주고 있다. 이들은 이미 총칼 대신에 평화의 무기를 들고 나라를 지키며 국위선양을 하고 있다. 세계의 평화군 역할을 방탄소년단이 계속할 수 있도록 이들의 군대 문제가 좀 더 넓은 시각에서 해결되기를 바라 본다.

12.

이태리타월은 진화의 산물이다
_이그노벨상 도전

필자가 만든 놀자학교에서는 잘 노는 사람에게 상을 준다. 미국에는 엉뚱생뚱 갸우뚱한 생각을 한 사람에게 주는 상이 있다. 이그노벨상이라는 것인데 미국 하버드대가 발간하는 과학 유머 잡지인 〈별난 연구 AIR-Annals of Improbable Research〉가 1991년부터 시상을 해 왔는데 별나고 희한한 연구자들의 재미나는 잔치다. 딱딱하고 어렵게만 느껴지는 과학연구에 이런 놀이정신은 창의력과 상상력을 자극하여 호기심을 불러일으키는 작용을 할 것이다. 이그노벨상이란 이름이 생긴 유래는 여러 설이 있는데 노벨상이 알프레드 노벨의 이름을 딴 것처럼 이그노벨은 상을 만든 가공의 인물인 이그나시우스 노벨의 이름으로 정했다는 설, 노벨상을 풍자하기 위해 노벨noble(고상한)의 반대말인 '천하다'라는 의미의 이그노블ignoble이란 설, 진짜로 존재한다는 의미로 'Improbable Genuine'의 앞 글자와 노벨상을 조합해 만들었다는 설 등이 있다.

좌우지간 이건 중요하지 않고, 필자도 여기에 한번 도전해 볼 요량이다. 우선 '웃고 나중에 생각하는 상first make people laugh, and then make them think'이라는 말이 맘에 든다. 놀이정신과 딱 닮았기 때문이다. 먼저 놀고 나중에 생각해도 아무 상관없다. 하버드대 샌더스 극장에서 상을 받고 수상 소감을 애기해야 하는데 영어라곤 헬로나 아이엠 어 보이밖에 모르는 필자가 우물쭈물하고 있을 때 1분만 되면 등장하여 외치는 천사 같은 꼬마 소녀(Ms. Sweetie Poo)가 "Please Stop, I am bored!(그만둬요, 너무 지루하다고요!)"라고 외치면 장난감으로 유혹할 계획까지 세워 놨다. 2017년 커피잔을 들고 걸을 때 커피가 출렁거리는 이유를 밝혀 유체역학상을 받은 한지원 씨가 한국에서는 네 번째인데 다섯 번째 이그노벨상을 기대하시라. 이그노벨상에 제출할 논문의 요약본은 아래와 같다.

인간의 털을 사라지게 한 건 놀이다
_놀이향유설

인간은 왜 털을 잃어버린 걸까?

우선 이그노벨상 상금이 짐바브웨 달러로 10조 달러라는데 한국 돈으로 환산하여 이태리타월 한 장이나 살 수 있을지 모르겠지만 심사위원 전원에게 이태리타월을 선물하겠다. 왜냐하면 이태리타월은 논자가 주장하는 내용을 증명해 주는 오래된 진화적 발명품이기 때문이다.

책 『털 없는 원숭이The naked ape』데스먼드 모리스, 1967는 인간이 동물과 다른 특징을 한마디로 말해 주고 있다. 털 없는 유인원은 진화생물학자들에게 100년 이상 그 이유를 찾아 헤매게 만든 난제로 알려져 있다. 하긴 인간의 직립보행이 도구를 이용하기 위해서라는 고전적인 주장에서부터 음식을 많이 나를 수 있는 성선택론까지 아직 합의된 정설이 없는 걸 보면 진화생물학이나 진화심리학은 상상력과 가설이 가장 많이 요구되는 분야라는 생각이다. 논자는 이런 이유로 진화심리학이나 인류학 등 신화나 소설 같은 옛날 얘기에 호기심이 많다.

이렇듯 200종에 가까운 유인원과 원숭이들 가운데 오직 단 한 종인 인간만이 털이 없다는 건 흥미로운 주제고 오랫동안 많은 가설을 낳았다. 지금이야 털이 인간에게 거추장스러운 존재지만 원시적 삶에서 털이 없으면 생존에 손실이라는 건 상식적인 이야기일 게다. 그럼 왜 인간은 털을 벗게 되었을까? 그동안의 가설들은 간략히 소개하면 다음과 같다.

냉각기구 가설

밀림에서 나와 아프리카 사바나에서 살기 시작하면서 털은 생존에 불리했다는 가설이다. 무더위에서 살아남기 위해서 털이 막고 있는 땀구멍을 터 주어 몸이 달궈지면 빨리 열을 배출해야 하기 때문이라는 것이다. 그러나 맨살이 직사광선을 받으면 체온이 더 빠르게 상승하는 건 어떻게 설명할 것인가? 또한 현재 열대지방에 생존하는 원숭이에게는 털이 여전히 존재하며 오히려 사바나원숭이는 숲에 사는 원숭이보다 털이 더 두텁다는 보고도 있다. 동굴이나 집 안에서 생활하는 여성보다 사냥을 위해 들판을 달렸을 남성에게 털이 더 많이 남아 있는 이유를 설명하지 못하고 있는 가설이다.

수생유인원 가설

인류는 한때 200만 년 정도 해안으로 내려와 조개 등 어패류를 잡아먹으며 살았는데 헤엄치는 데 방해가 되어 털이 없어졌다는 가설이다. 테드TED강연에서 일레인 모건 할머니가 왕따당하고 있는 이론이라며 역설을 하시면서 박수도 많이 받는 걸 보았다. 침팬지나 원숭이 등 인간과 갈라진 유인원보다 인간과 고래의 유사성을 조목조목 나열할 때는 고개가 끄덕여진다. 이 가설은 인류가 진화하는 과정에서 육지에서만 생존한 것이 아니라 상당 기간을 물과 가까웠던 시기가 있었다는 것에 근거를 두고 있다. 이것은 인류기원설이기도 한데 육지로 돌아오지 않고 바다에 남은 인류의 조상이 바로 돌고래 등의 수생 포유류라는 주장이다. 그러나 땅 위를 걷는 인간과 물속을 헤엄치는 고래만큼이나 거리가 멀어 보이는 소수 가설로 다음의 물음에 답해야 할 것이다. 육상으로 복귀하여 600만년 동안 살면서 털이 필요했을 텐데 왜 벌거벗은 상태를 유지했을까? 몸을 덮은 털은 열기와 추위, 자외선에 대한 1차 방어막이자, 유인원 새끼들이 어미 털을 잡고 매달릴 수 있어 어미의 활동이 훨씬 자유로워진다는 장점이 있는데도 원래 갖고 있었던 털을 되찾지 않은 이유를 설명하지 않고 있다. 털로 덮인 매머드가 털이 거의 없는 코끼리로 진화하는 데 불과 몇만 년밖에 걸리지 않았다. 그런데 이 가설은 사람의 머리카락이 남은 이유를 반半 수생생활을 했던 인류의 조상이 호흡을 위해 물 밖으로 머리를 내밀고 있을 때 뜨거운 태양이나 추위로부터 머리를 보호하기 위한 것이라고 설명한다. 이 주장대로라면 수생생활 이후 인류는 진화를 멈춰 버렸다는 결론에 봉착하게 된다.

체외기생충 가설

영장류에게 기생충은 골칫거리다. 변변한 약품이 없던 시절 벼룩이 털이 많이 몰려 있는 머리카락 속에 숨어서 괴롭혔던 것을 상기하면 이해가 간다. 털이 없다는 건 기생충이 없는 건강한 사람이라는 표시다. 따라서 성선택에서 유리한 고지를 점하였을 거고 벌거벗은 몸을 보면 인간은 성욕(섹시)을 느끼도록 진화했을 거란 추측이다. 다윈이 『인간의 유래와 성선택』에서 벨트의 기생충 가설을 단칼로 비판한 이유는 다른 영장류는 털을 갖고 있다는 이유에서였다. 그 후 100여 년 동안 숨죽이던 체외기생충 가설이 현재는 가장 지지를 많이 받고 있다.

　이를 더 발전시킨 사람은 마크 페이겔과 월터 보드머로 오직 인간만이 불을 사용하는 법을 터득했고 따뜻한 옷과 집을 만들어 냈기 때문에 털의 장점이 필요 없어져 퇴화되었다고 주장한다. 다만 직사광선으로부터 두뇌를 보호하기 위한 머리카락과 섹스페로몬을 방출하는 음부와 겨드랑이 털만 남긴 건 최소한의 필요 때문이라는 거다. 처음에는 기생충의 원천을 없애려는 이유에서 자연선택 되었고 나중에는 성선택으로 완성되었다는 주장이 체외기생충 가설이다. 논자가 보기에 이 가설도 맹점이 보인다. '오직 인간만이 불을 사용하는 법을 터득'했다고 하는데 왜 인간만이 불을 사용할 수 있는 능력이 생겼을까에 대한 해답도 동시에 내놔야 할 것이다. 그리고 남자의 팔과 다리 가슴에 털이 남아 있는(동양인에 비해 서양의 여성들은 꽤 털이 많다) 이유는 아직 진화가 완성되지 않아서인가? 왜 또 하필 팔다리나 가슴인가?

　2012년 온라인 잡지 〈성행동 기록Archives of Sexual Behavior〉에 실린 논문에 따르면 여성은 대체적으로 털이 없는 남성을 선호하는 경향이 있었는데, 부드러운 피부에 대한 여성의 선호도는 기생충 위험성과 무관하게 나타났다는 보고가 있다. 슬로바키아 트르나바대학교Trnava University의 파볼 프로코프Pavol Prokop 교수는 "진화적 관점에 따르면 기생충의 위험이 큰 지역에서 털이 없는 남성에 대한 선호도가 특히 높아야 하고, 이는 기생충이 가장 많은 적도 근처에서 털이 없는 남성에 대한 여성의 선호도가 특히 높아야 한다는 것을 의미한다. 그러나 기생충 위험에서 차이가 큰 두 지역을 비교했을 때 털 없는 남성에 대한 여성의 선호도에 있어 차이를 느끼지 못했다"라고 설명했다.

터키인 161명과 슬로바키아인 183명의 여성에게 가슴에 털이 있는 남성과 없는 남성에게 느끼는 매력의 정도를 평가하도록 했는데, 터키인들을 평가에 넣은 이유는 말라리아와 뎅기열 등의 기생충에 의한 전염병 비율이 오랜 기간에 걸쳐 슬로바키아보다 높기 때문이다. 연구진은 터키의 여성들이 기생충에 대한 걱정에 민감하고, 따라서 기생충에 대한 걱정이 적은 북위도 지역의 슬로바키아 남자들보다 털이 적은 남자를 더 선호할 것으로 예상했다. 그러나 결과는 선호도에서 두 나라가 똑같았다. 실험에 참가한 여성의 약 20%는 나라에 상관없이 털이 있는 남성을 더 매력적이라고 평가했다. 이 연구 결과에 의하면 털이 없는 쪽으로 사람이 진화된 근본 이유를 규명하려면 여성이 왜 털이 없는 남자를 더 선호하는지에 대한 이유를 밝혀야 한다는 것을 의미한다. 즉 80%가 털이 없는 가슴을 좋아한다는 것은 부드러운 피부에 대한 욕구(쾌감)로 보인다.

놀이향유 가설

논자가 세운 가설은 더 이상 반박할 수 없는 정설로 될 것이다. 위에서 언급한 지금까지의 가설들이 나름대로의 일리는 있다. 그러나 말 그대로 일리一理이지 이리二理나 삼리三理만 넘어서면 한계를 보이는 건 인류의 진화에 대한 본질에 접근하지 못했기 때문이다. 제프리 밀러는 웃음은 성적 선택에 따라 진화되었다고 말한다. 창의적이고 머리 회전이 뛰어나야 유머가 가능하므로 유머의 구사는 남성이 가진 능력의 우월성을 의미하며 웃음은 진화의 역사에서 오래 살아서 많은 자손을 남기는 데 효과적인 도구였기 때문에 웃음이야말로 자연선택으로 잘 다듬어진 생물학적 적응이라고 본 것이다. 뭔가 허전한 느낌이 든다. 이걸 더 확장시키면 바로 인간의 놀이(유희)가 진화를 추동해 온 원동력이 되었다고 말할 수 있다. 웃음을 만들어 낸 건 바로 놀이이기 때문이다.

놀이에 대한 이해가 없는 사람은 받아들이는 데 무리가 따르겠지만, 놀이는 인간을 동물과 전혀 다른 종으로 진화시킨 핵심이었다. 놀이가 있었기에 직립을 하면서 생기는 단점을 극복할 수 있었고 생존에 필요했던 털이 오히려 진화의 방해물로 되어 퇴화를 촉진시켜 오늘날 인간은 모두 벌거벗게 된 것이다. '오직 인간만이 불을 사용하는 법을 터득'할 수 있었던 까닭은 바로 지능 발달이다.

그럼 지능 발달은 어떻게 가능하였는가? 동물도 새끼 때는 사냥술을 배우기 위해 어미와 놀이를 하지만 성체가 되면 놀이 본능은 사라지고 오로지 먹이본능이나 번식본능, 수면본능 등 원초적인 본능만 남는다. 성체가 되어서도 놀 줄 아는 동물은 다른 동물에 비해 지능이 앞선다. 그리고 또 하나, 인간세상에서 머리 나쁜 사람을 빗대어 '새대가리'라고 하는데 이는 조류의 기억력이 불과 몇 초밖에 안 되기 때문에 조롱거리가 된 말이다. 한국에 잘 잊어버리는 건망증에 대해 '까마귀고기 먹었느냐?'고 하는데 이는 순전히 까마귀의 이름과 까먹는다는 소리의 유사성 때문에 생긴 것일 뿐이다. 조류 중 까마귀는 동서고금을 막론하고 영리하다고 평가한다. 까마귀의 뇌피질은 조류 전체를 통틀어 가장 큰 축에 속하며 일반적인 포유류를 능가한다. 까마귀들은 모방, 통찰, 문제해결능력과 같은 인지능력을 갖고 있다. 어떤 학자들은 까마귀의 지능이 늘대나 코요테, 개와 같은 동물과 비슷하다고 평가한다. 까마귀, 늘대, 코요테, 개가 먹이를 갖고 싸운다면 누가 먹을 수 있을까? 결론은 까마귀 몫이 될 것이다. 까마귀는 이들을 꼬드겨 싸움을 시키고는 느긋하게 만찬을 즐길 것이기 때문이다. 까마귀가 지능이 높은 건 놀 수 있는 능력이 되기 때문이다. 까마귀는 공놀이는 물론 겨울철에 눈 내린 지붕의 경사에서 미니 튜브를 이용하여 썰매타기도 할 줄 아는 놀이하는 조류다. 이들에 비해 인간은 얼마나 잘 노는가? 요람에서 무덤까지 놀이로 시작하여 놀이로 끝나는 게 인간이라 해도 지나치지 않은 말이다.

두뇌에서 지능에 해당되는 영역을 신피질이라 말하는데 신피질이 차지하는 비율을 동물과 비교해 보면 고양이가 3%, 개는 7%이며 원숭이는 10%다. 그럼 인간은 어떨까? 인간은 무려 30%가 신피질이다. 두뇌에서 신피질이 차지하는 비율과 놀 수 있는 능력은 비례한다. 영장류 가운데 인간에게만 특별하게 발달한 대뇌피질이 있는데 다른 이의 의도를 해석하거나 공감할 때 활성화되는 쐐기전소엽이다. 비교적 근래에 밝혀진 거울뉴런이다. 쐐기전소엽은 인간이 타인의 의도와 감정을 추론해 이해하는 마음이론으로 이 부분이 발달되지 않으면 놀이가 불가능하다. 즉, 자의식에 기초한 주고받기의 소통과 공감이 이뤄져야 놀이가 되기 때문이다. 놀이는 별것 아닌 것 같지만 고도의 지능이 필요한 별거인 것이다.

도대체 놀이와 털 없는 유인원이 무슨 관계란 말인가? 동물 중 가장 지능이 높다는 침팬지는 거울을 보고 자신을 인지하는 자의식이 있다는 실험 결과가 있다. 2008년 자신들을 돌봐 주며 같이 살다 어미 침팬지 도로시가 40살의 나이에 죽었을 때 다른 침팬지들이 머리를 감싸고 사납게 울부짖던 모습을 보면 침팬지들의 공감지능이 높다는 걸 알 수 있다. 자의식은 고도의 인지능력으로 타인과 놀이를 할 수 있는가 없는가를 가름하는 능력이기도 하다. 아직 자의식이 없는 영아하고 놀이가 가능하지 않은 까닭은 여기에 있다. 놀이는 손이나 몸을 타인과 접촉하면서 생기는 쾌감(재미)이 뇌에 전달되어 소위 행복 호르몬이 분비되는데 이때 대뇌피질이 활성화된다. 한국의 전통 육아법인 단동십훈놀이를 보면 보육자가 아기를 감싸 안고 가볍게 흔들어 주며 불아불아나 시상시상을 읊조리는 동작이 있는데, 이때 아기는 따뜻하고 편안하다는 감각을 느낀다. 이 '느낌'은 생각의 씨앗으로 스킨십이 많을수록 감각을 많이 느끼기에 생각도 많이 발달될 것이다. 재미를 느끼고 행복하다는 감정이 생기게 하는 스킨십은 행복 호르몬인 도파민이나 세로토닌을 분비시킨다. 뇌는 상쾌하고 쾌적한 상태가 되었을 때 매우 활발하게 움직인다. 즉, '상쾌한 자극'은 두뇌 회전을 활발하게 하여 머리를 발달시키는 것이다. 상쾌한 자극을 위해 인류는 스킨십의 범위를 부단히 넓혀 왔을 것이다. 스킨십은 바로 놀이다. 놀이를 통한 지능 발달은 생존을 유리하게 했기 때문에 인류는 놀이를 '재미있다'고 느끼도록 진화되었고 민감한(털 없는) 부분을 부단히 확대해 왔다.

우리의 신체를 보면 성기나 항문 주변은 다른 데 비해 매우 민감한 부분이다. 피부에서 털이 사라지면 민감도가 높아지고 그를 관장하는 대뇌피질의 넓이도 늘어난다. 온통 털로 뒤덮여 있는 동물의 대뇌피질이 넓지 않은 이유다. 처음에 손바닥으로부터 시작된 얼마 안 되던 민감한 부분은 쾌락을 위해 점차 넓어졌다. 성적 쾌감이든 놀이의 쾌감이든 상관없이 재미(놀이)를 위해 민감 부위를 넓혀 왔고 두뇌는 그에 따라 발달되었다. 쾌감으로 대뇌피질(지능)이 넓어진 유전자는 생존율이 더 높았고 더 오래 살아 유전자를 후손들에게 대대로 물려주었다. 왜냐면 지능이 발달된 개체가 환경에 잘 적응하고 외부의 공격이나 침입을 효과적으로 회피, 방어하거나 공격하여 살아남을 수 있었기 때문이다. 몸과 사지를 담당하던 대뇌피질이 넓어질수록 성선택에서도 적자가 되어 남보다 많은 자손을 남길 수 있었다. 그리고 대뇌피질 가운데 그런 부위가 넓어지기 위해서는 온몸의 피부가 민감해져야 했다. 인간의 몸을 덮었던 털이 점차 사라진 이유다. 이런 일련의 행동이 인간의 진화 과정에서 핵심적인 역할을 담당한 것이 놀이이기 때문에 필자는 이를 '놀이향유 가설'이라 이름 붙였다. 달리 표현하면 스킨십 가설이라고 해도 무방하겠다.

반론,
세계에서 가장 잘 놀기로 유명한 한국의 놀이향유

반론이 있을 수 있는 대목을 미리 설명하겠다. 인간의 몸에서 가장 많은 털을 갖고 있는 머리카락은 왜 남았는가?

인간 진화에서 가장 중요한 건 앞에서 지능이라고 말했다. 지능을 담고 있는 그릇은 바로 머리다. 가장 중요한 뇌를 직사광선이나 외부의 피치 못할 돌발 상황으로부터 보호하기 위해 머리카락을 온전히 남긴 것이다.

그럼 머리의 앞부분에 해당하는 얼굴은 왜 털을 벗었는가?

인간의 오감을 담당하는 영역은 '민감한 부분'이다. 얼굴은 오감을 담당한 기관들이 집중되어 모여 있는 곳이기 때문에 털을 벗은 것이다.

다행히 시각을 담당하는 머리의 앞부분에 있기 때문에 위험에 처하면 즉각적으로 방어하거나 회피할 수 있다. 이때 반사적으로 자동화된 행동은 진화의 결과다.

머리털이 벗겨지는 대머리는 어떻게 설명할 것인가?

원시시대에도 대머리가 있었는지 모르겠지만 진화생물학적으로 설명이 가능하다. 두뇌나 머리뼈가 아직 다 자라지 않은 유소년의 대머리를 여러분은 본 적이 있는가? 최소한 대머리는 머리뼈가 단단하게 자란 뒤에 생긴다. 두뇌를 보호하기 위해 얼마나 다행인가. 또한 알다시피 대머리가 뒤에서부터 벗겨지는 경우는 거의 못 봤을 것이다. 유전적으로 대머리라 할지라도 뒤통수 때리는 건 눈으로 볼 수 없기 때문에 머리 뒷부분의 털(머리카락)이 가장 나중까지 살아남아 있는 이유다.

그럼 가슴이나 팔다리의 털은 왜 남아 있는가?

사냥을 하기 위해서는 수풀을 헤치거나 넘어지면서 전진보행이 필요하다. 이때 보호막 역할을 하였던 털이기에 아직까지 남아 있는 흔적이다. 옷을 발명한 이후에도 이 부분은 여전히 노출 부위라는 걸 원시부족을 보면 알 수 있을 것이다. 성기나 겨드랑이 털은 체외기생충 가설에서 얘기한 섹스페로몬을 방출하여 보존해야 했기 때문에 남겨 두었다. 냄새로 흥분시켜야 번식이 가능하기 때문이다.

원숭이가 새끼를 낳자마자 털 고르기를 못하게 어미와 떼어 놓으면 얼마 못 가 죽어 버리는 실험이 있다. 꼭 기생충만의 문제는 아닐 것이다. 인간에게 필수적인 것으로 스킨십을 얘기하는 학자도 있다. 어떤 영장류들은 서로 털 고르기 해 주는 데 낮 시간의 20%를 쓴다고 한다. 이들을 깨끗하게 씻기거나 약품을 뿌려 기생충을 박멸한다면 과연 이들은 더 이상 털 고르기를 안 할까? 영장류들의 털 고르기는 꼭 기생충 잡는 데만 필요한 게 아닌 또 다른 목적이 있다는 걸 알 수 있다. 동물은 대부분 생존본능인 사냥술을 익히기 위해 새끼 때 놀이를 하고 끝내지만 사냥이 필요 없는 현대인이 오늘 해야 할 일을 내일로 미뤄가며 놀이를 하는 이유는 무엇일까. 동물은 번식기에만 교미를 하지만 인간은 때와 장소를 가리지 않고 심지어는 백악관 집무실에서 섹스 스캔들을 일으키는 이유가 번식을 위한 것이 아니라는 건 잘 알 것이다. 바로 인간의 특권이자 인류의 진화를 이끌어 온 가장 강력한 기제인 '쾌락'을 위해서다. 필자의 주장대로 인류는 쾌락을 위한 놀이와 놀이에서 필수적으로 행해지는 스킨십을 통해 털 없는 유인원이 된 것이다.

현생인류가 더 이상 털을 벗는다는 건 별 의미가 없어 보인다. 그럼에도 대머리는 더 영리해 보이는 이유는 뭘까? 대머리는 유전적인 요인과 함께 남성호르몬(안드로겐, 테스토스테론)이 작용하여 탈모를 일으킨다는 게 과학적 진실이지만, 펜실베이니아대학교University of Pennsylvania와 자를란트대학교University of Saarland 심리학자들의 연구에 의하면 대머리가 다른 사람들보다 더 지배적이고 성공한 것으로 보인다거나 현명하고 똑똑해 보인다는 피실험자들의 답변은 진화적인 심리가 작용한 것으로 보인다. 필자(대머리)가 똑똑하다고 옹호하기 위해 인용한 건 결코 아니다.

또 하나 인류는 진화과정에서 퇴화된 '꼬리 흔들기'를 하는데 개를 관찰해 보면 꼬리 흔들기는 반갑거나 호감을 얻으려는 행동이란 걸 알 수 있다. 그런데 오래전에 없어진 인간의 꼬리 흔들기 행위도 자주 관찰된다. 아이들이 신나는 음악이 나오거나 즐거우면 엉덩이를 실룩거리며 춤을 추는 걸 볼 수 있을 것이다. 또한 섹시댄스에서 엉덩이(꼬리) 흔들기가 빠지지 않는 걸 보면 진화되기 이전의 행위가 여전히 지속되고 있다는 걸 알 수 있다. 한국에는 여자가 남자를 유혹할 때 '꼬리 친다'는 표현을 쓰는데 이것은 원시적 진화심리가 어느 나라보다 오랫동안 작동되고 있다는 증거라 할 수 있다. 영어로는 '꼬리 치기'를 flirt라고 표현하는데 fl+(sk)irt에서 온 말로 추정된다. 이 단어를 분석해 보면 fl은 fly(날리다)이고 irt는 skirt(치마)로 스커트를 날리면서 유혹한다는 의미인데, 이는 기껏 인류가 옷을 입기 시작한 이후에 생긴 말이란 것을 알 수 있겠다.

위의 예를 든 이유는 한국에서는 여전히 털 벗기기 행위를 하고 있다는 것과 그런 결과 어느 나라 사람들보다 두뇌가 영리하다는 증거를 보여 주기 위한 것이다. 서양과 달리 한국의 목욕문화는 때 벗기기가 매우 중요하다. 이는 사라진 털 벗기기 행위로 이미 사라진 꼬리 흔들기와 같은 오래된 진화적 행동이다. 이때 필요한 도구가 때수건인데 까칠까칠한 면으로 만들어진 일명 '이태리타월'을 사용한다. 이태리타월이라는 이름이 생긴 건 때수건의 원단인 비스코스 레이온을 이탈리아에서 들여왔기 때문이다. 한국 사람들은 목욕할 때 이태리타월로 피부 전체를 빡빡 문질러 줘야 시원함(상쾌함=쾌감)을 느끼고 목욕다운 목욕을 했다고 만족하게 된다. 이걸 목격하는 서양인은 눈이 휘둥그레지겠지만 이태리타월을 한 번이라도 사용해 본 서양인은 이태리타월의 쾌감에 중독될 수밖에 없다.

서양인보다 훨씬 털이 없는 한국인이 털(때) 벗기기 행위를 하는 이유는 스킨십의 쾌감과 이로부터 얻는 결과인 영리함이다. 영국의 리처드 린Richard Lynn, 핀란드의 타투 바하넨Tatu Vahanen, 스위스의 토머스 폴켄Thomas Volken이 조사한 세계 각국의 아이큐 지수를 보면 한국인이 최정상 수준이다. 물론 한국인의 조상은 빙하기를 맞아 동물을 사냥하고 해체하고 음식을 만들기 위해 무기와 도구 제작은 물론 음식 조리를 위해 불을 사용하고 추위를 피하기 위해서 옷을 만들고 집을 짓는 등 변화된 환경에 적응하여 생존하기 위한 전략 때문에 지능이 발달되었다는 환경적 요인도 크지만, 논자가 볼 때 위에 언급한 끊임 없는 스킨십으로 쾌감(유희)을 지속시켜 온 영향이 매우 크다는 주장이다. 세계에서 가장 잘 놀기(유희)로 유명한 한국에서 극도의 쾌감을 만들어 내기 위한 위대한 진화 상품인 이태리타월을 만들어 낸 것 또한 '놀이향유설'을 증명하는 유력한 도구이다.

4.

지금. 세계 속의 우리는

1.

2019 개정 누리과정
바뀐 점과 개선 점

　'놀이로 가득한 유아교육, 2019 개정 누리과정'이라고 소개된 〈2019 개정 누리과정〉은 2019년 7월에 확정되었으며 2020년 3월부터 유치원 및 어린이집에 공통으로 적용된다. 누리과정은 유치원과 어린이집에서 공통 교육과정으로 운영되며, 3~5세 유아의 공평한 교육 기회를 보장하기 위해 만들어졌다. 2012년 이명박 정부 때 처음 도입된 누리과정은 인지 중심, 학습 중심으로 운영해 왔으며 1년 치 교육과정을 12개의 대주제를 월별로 나누고 활동 목적, 목표, 일일 계획까지 짜서 시행해 왔다.

　이번 개정 누리과정은 꽤 획기적이다. '유아 중심, 놀이 중심'을 핵심어로 한 개정 누리과정에는 '유아 내면에 있는 힘을 믿어야 한다'는 교육철학이 배어 있다. 내용은 교육부에서 발표한 [제정·개정 이유]에 잘 나타나 있다. "국가수준 교육과정 체계 확립과 유아의 자율성과 창의성 신장, 전인적 발달과 행복을 추구하는 유아·놀이 중심 교육과정으로 개정 추진"이라는 설명이다.

　바뀐 점을 정리해 보자.

① 핵심은 유아·놀이 중심 교육과정이다

'유아 중심'을 추구한다는 것은 '놀이를 통한 배움의 가치를 존중하여 반영'하는 것을 뜻하고 '놀이 중심'을 추구한다는 것은 '유아가 주도하는 놀이를 중심으로 교육과정을 구성하고 운영한다'는 의미라고 설명하고 있다. 이 내용은 다음과 같이 제정·개정문에서 주요 내용으로 명시하고 있다. "유아가 충분한 놀이 경험을 통해 몰입과 즐거움 속에서 자율·창의성을 신장하고, 전인적 발달과 행복 추구"하도록 해야 한다는 것이다. 또한 '국가 수준의 공통교육과정'임을 밝히고 있는데 이전의 보육 중심의 누리과정이 아니라 초·중등학교 교육과정처럼 3~5세 어린이집에서부터 교육 중심의 누리과정이란 것이다. 쉽게 얘기하면 복지부 관할이 아니라 교육부 관할이란 말이다.

② 교육과정의 5개 영역은 유지하되, 연령별 세부 내용(369개)을 연령 통합(59개)으로 간략화하고 다양한 교육 방식이 발현될 수 있도록 현장 자율성 확대

'간략화'와 '현장 자율성'을 확대하면서 '5개 영역의 교육과정은 유지하되'라는 단서를 달았다. 이전 누리과정에 있던 1. 신체운동·건강, 2. 의사소통, 3. 사회관계, 4. 예술 경험, 5. 자연탐구 등의 5개 영역의 내용을 생략하거나 축소한다는 얘기는 아니다. 간략화란 369개 내용을 59개로 내용을 압축했단 얘기다.

③ 교사의 과다한 교육계획 작성을 경감하고, 주제와 유아놀이를 일치시켜야 하는 부담감 등을 완화해 교사의 자율성과 책무성을 강조하여 교육과정 실행력 지원

그동안 문서 작성에 시간 낭비하고 있었던 점을 개선하는 계기가 될 것이다. 그런데 교육부(보건복지부)에서 발간한 〈2019 개정 누리과정 해설서〉에 단서를 붙여 놨다. "단, 교사는 자율적인 계획 수립의 의미를 계획안을 작성하지 않아도 된다거나 단순히 업무를 줄이는 방식으로 이해하지 않도록 유의해야 한다." '과다한 교육계획 작성을 경감'한다면서 업무를 줄이는 것으로 이해하지 말란 얘기는 앞뒤가 안 맞는다. 교사 본연의 업무가 아닌 문서 작성 업무를 줄이는 것은 좋은 일이다. 〈2015 유치원과정〉의 운영 항목에서 "연간, 월간, 주간, 일일 계획에 의거하여 운영한다"라고 되어 있었던 형식적인 계획 중심으로 운영하던 누리과정이 실제 활동 중심으로 바뀔 수 있는 계기가 되었으면 한다.

〈2019 개정 누리과정〉을 간략하게 평가해 보면, 유아·놀이 중심으로의 개정은 매우 바람직하다. 왜냐면 이전의 교수·학습 방법에서도 "놀이를 중심으로 교수·학습 활동이 이루어지도록 한다"라고 명시하고 있지만, 놀이를 학습의 도구나 기능으로 이해하고 있었기 때문이다. 해설서에 '교사가 놀이보다는 활동을 통해 지식을 가르치는 것에 집중한다는 반성'과 함께 "교사가 가르치지 않아도 유아가 놀이하며 스스로 배울 수 있음을 이해하는 것은 놀이 중심 교육과정을 실천하는 데 중요한 출발점"이 된다고 인식의 전환을 요구하고 있다. 이런 인식은 '교사 중심 교육과정에서 유아·놀이 중심 교육과정으로의 변화'로 나타나고 있다. 이에 대한 해설은 "5개 영역의 내용이 '교사가 가르쳐야 할 내용이 아니라 유아가 스스로 경험하며 배우는 내용'이라는 것"이라고 명시하고 있다. 그동안 교사가 활동의 주도권을 가졌다면 이제 유아에게 활동의 주도권을 돌려주고 교사는 관찰하면서 배움의 과정을 지원하는 역할로 바뀌어야 한다는 내용이다.

〈놀이이해 해설자료〉에서 "유아는 놀이하는 능력을 타고났다." "유아는 놀이하면서 스스로의 방식으로 배운다"라고 요약되는 '유아 놀이의 의미'를 설명하면서 유아의 주도성과 교사의 관찰을 강조한 것은 획기적인 인식의 변화로 보인다. 그러나 이런 내용은 200여 년 전 페스탈로치로부터 프뢰벨, 몬테소리, 슈타이너 등 수많은 아동학자들이 주장해온 교육철학이다. 문제는 개정 누리과정을 원활하게 수행하기 위해 전문적인 역량이 뒷받침되지 못한다면 목표나 방향성이 전체적으로 상실될 수 있다는 것이다. 따라서 일선 교사의 교육철학과 실행능력 등 역량 강화가 당장의 과제가 되고 있다.

평가를 정리해 보자.

첫째, 방향은 맞지만 이전 교육과정에서 크게 벗어나지 못했다

총론은 맞지만 각론에선 예전 그대로를 답습하고 있다. 개정 누리과정을 통해 인간상을 제시하는데 건강한 사람, 자주적인 사람, 창의적인 사람, 감성이 풍부한 사람, 더불어 사는 사람 등 다섯 가지다. 즉, 이전에 없던 내용이 나타나는데 〈2015 개정 초·중등학교 교육과정〉의 인간상과 연계시키려는 의도다. 그런데 놀이 중심의 활동을 다섯 가지의 인간상과 어떻게 연계시켜야 하는지에 대한 해설은 일반적인 설명과 간단한 요약밖에 없다. 〈해설서〉는 기존 '교육과정의 5개 영역'을 설명하는 데 거의 모든 걸 할애하고 있다.

개정 누리과정은 '자율적인 계획 수립', '융통성 있는 하루 일과 운영' 등 긍정적인 변화가 많은 건 사실인데 "교사는 바깥놀이를 포함하여 놀이 시간을 2시간 이상 확보하되," 날씨, 계절, 기관 사정, 유아 관심사, 놀이 특성 등을 고려하여 융통성 있게 운영한다고 말하고 있다. 이는 거꾸로 극단적으로 얘기하면 유아들이 하루 종일 실내에 머물러 햇볕 한번 쬐지 못할 수도 있다는 얘기다. '바깥놀이를 포함하여'가 아니라 '바깥놀이를 중심으로' 바뀌어야 하고 불가피한 상황을 핀란드의 예처럼 '영하 15도 이하인 경우'와 같이 '미세먼지 얼마 이상' 등 구체적으로 제시해야 제대로 된 놀이가 될 수 있다. 사계절이 뚜렷한 좋은 조건에 있는 한국 아이들이 햇볕으로부터 얻는 비타민D 결핍이 세계 상위권에 해당된다는 건 바깥놀이가 결핍되어 있기 때문이다.

둘째, 읽기 쓰기와 영어 수업이 그대로 남아 있다

개정 누리과정 어디에도 명시적으로 읽기·쓰기와 영어를 배운다든가 하는 표현은 없지만(2영역인 의사소통에서 '읽기·쓰기에 관심 가지기'라고 표현) 유아 경험의 실제에서 예시한 "선생님, 우리 지금 가게 만들 건데 '김밥가게' 어떻게 적어요?"라고 물어보니 선생님은 '김밥가게' 글자를 크게 적고 유아는 따라 적는다는 사례를 들고 있다. 이건 앞서 말한 5개영역의 내용이 바뀐 것 없이 대주제만 놀이 중심으로 바뀌었기 때문이다. 놀이에 대해 장황하게 설명하면서도 유아의 발달 정도에서 일탈한 무늬만 유아·놀이 중심이 될 수도 있다.

영어 학습에 대한 내용도 명시되어 있는 건 아니다. 그렇지만 교육부는 2018년 10월 '놀이 중심'이라는 단서를 달아 유치원과 초등 1·2학년 방과 후 영어수업을 허용하기로 한 건 주지의 사실이다. 이는 개정 누리과정과 배치되는 것으로 놀이를 핑계 삼아 영어수업을 시킬 수 있는 여지가 그대로 남아 있다.

대한민국의 현실은 누구나 알고 있듯이 대부분의 유치원에서 영어를 가르치고 있다는 건 공공연한 비밀이다. 이게 진정 개정 누리과정에서 얘기한 유아 중심, 놀이 중심인지 묻고 싶다. 이른 나이에 공교육을 시작하는 영국보다 핀란드, 스웨덴 등 유럽 다른 나라의 어린이들이 읽기, 쓰기, 기본적인 계산 능력 수준이 높다는 사실에 주목할 필요가 있겠다.

셋째, 수학, 과학에 대한 강박이 있다

5영역인 자연탐구 중 "생활 속의 문제를 수학적, 과학적으로 탐구한다"라며 유아들에게 일찌감치 수학적이고 과학적인 탐구력을 키워 주려는 욕심과 목적성이 나타나 있다. '물체를 세어 수량을 알아본다', '주변에서 반복되는 규칙을 찾는다'. 기존의 369개 내용을 59개로 간략화하긴 했지만 내용이 바뀐 건 아니기 때문에 〈해설서〉에 목표로 나와 있는 것이다. 유아 경험의 실제에서 소개하고 있는 술래잡기놀이를 하면서 또는 산가지놀이나 다리셈놀이 등 전래놀이를 통해 유아들이 수 개념을 자연스럽게 익힐 수 있으면 좋은 거지 굳이 목표로까지 설정하여 강박관념을 가질 필요는 없다는 생각이다. 목표를 설정하는 건 이미 놀이가 아니기 때문이다.

넷째, 도구와 기구 놀이 중심적이다

자연 속에서의 생태놀이를 주요하게 소개하는 등 바람직한 변화가 있는 건 사실이나 그 외 대부분의 사례로 소개된 놀이가 종이컵, 레고, 나무블록, 색 철사, 물감, 반짝이끈, 구슬, 팽이, 악기, 꿀벌 머리띠와 날개, 공 등 도구와 기구 중심으로 '놀이 흐름 따라가기'로 안내하고 있다. 개정 누리과정은 전체적인 철학이나 내용이 몬테소리의 체계를 따르고 있는 듯 보이고 특히 교재와 교구 중심의 사고에서 벗어나지 못한 한계를 뚜렷이 안고 있다. 그러다 보니 우리나라 놀이의 특징이자 장점인 '사람과 사람이 상호작용하는 방식'의 전래놀이 소개나 전통놀이관을 수용, 계승한 건 전무하다. 그건 아마 서양이론 중심의 아동 교육 전문가들이 교육계나 학계를 대부분 차지하고 있기 때문이 아닐까 추측된다.

제안

놀이를 평가하는 기준은 '아이들을 어떻게 놀게 할 것인가'이어야지 '놀이를 통해 어떤 것을 성취하게 할 것인가'로 봐서는 안 될 것이다. 여기에 동의한다면 5년 전에 제정된 〈유치원 교육과정〉을 폐지하거나 대폭 개정하여 간소화할 필요가 있겠다. 369개의 내용을 59개로 축약했다고 하지만 과도한 목표와 어른들의 욕심이 들어가 있다. 다행히 개정 누리과정에서는 교사의 자율성을 강조하고 있다. 계획안의 형식과 방법도 자율화되었고 흥미 영역을 운영하는 방식도 자율화했다. 유아·놀이 중심으로 바뀐 옷에 걸맞게 어린이집, 유치원에서부터 교육혁신의 출발점이 되길 기대해 본다. 이를 위해서 다음과 같이 몇 가지 제안을 한다.

① 바깥놀이 중심으로

실내 놀이 위주로 진행될 것이 가장 우려스러운 점이다. 도구와 기구 중심의 놀이가 주요한 비중을 차지하고 있기 때문이다. 실외 공간이 부족한 기관도 많을뿐더러 그동안 실내 놀이 중심의 관행을 하루아침에 깨기는 쉽지 않을 것이다. 유아는 전신을 사용해서 신체놀이에 참여할 때 가장 잘 학습한다. 실내 공간은 아이들의 자유로운 움직임을 제한하고 구조화된 놀이가 될 가능성이 많다. 더구나 관리의 편리성이라는 유혹에 빠질 수도 있다. 미국스포츠체육교육협회에서는 아이들에게 수면 시간을 제외하고는 몸을 많이 움직이지 않는 활동이 하루 1시간 이상이 되어서는 안 된다고 권고한다. 바깥놀이 비중을 높이고 학습을 위해 배치한 교재나 교구 대신에 자연물을 이용한 놀잇감이나 비구조적인 자유형 놀잇감으로 교체해야 한다. 지역사회의 다양한 공간을 정기적으로 활용하여 아이들이 자연결핍장애가 되지 않도록 해야 한다.

② 자유 놀이 중심으로

아이들에게는 구조화된 교육과정이나 프로그램이 아닌 일상생활 속에서 배움이 일어난다. 2001년 영국 하원 교육위원회 보고서는 만 6세 이전의 형식적인 학습 지도는 효과가 없다는 점을 밝히고 있다. 아이가 터득하기를 바라는 목표를 담아 어른들의 상상력으로 만든 교재와 교구는 어른들의 상상력으로 만들어진 것이다. 교사가 제공하는 교재와 교구에 무한한 아이들의 상상력을 가둬선 안 된다. 놀이의 본질에서 보면 제공자의 의도가 담긴 교구에 참여하는 놀이는 진정한 놀이가 아닌 교육놀이로 전락할 위험성을 안고 있다. 진짜 놀이라면 온전히 자발적으로 해야 할 것이다. 프로그램으로 형식화된 흥미 영역을 순회하는 놀이가 아닌 비구조적인 놀이가 되어야 한다.

③ 몸 놀이 중심으로

아이들의 모든 배움은 몸으로부터 시작된다. 전문가들은 7세 정도까지 두뇌회로의 90%가 완성된다고 말한다. 손놀이를 통한 소근육 발달로부터 깨끼발로 자유자재로 서고 뛸 수 있는 능력을 키워 주는 게 중요하다. 유아들은 자신의 몸을 통제하는 것만으로도 벅차다. 유아들이 자신의 기본적인 움직임을 자동화할 수 있어야 비로소 인지능력을 키울 수 있는 단계가 된다. 누리과정에 거창한 목표나 구호를 넣는 대신에 감각 발달과 신체 발달이 제대로 되게끔 하면 될 것이다. 소위 학습능력인 집중력과 인내심은 활발한 신체놀이를 통해 길러진다. 아이에게 필요한 건 교사의 다정스러운 스킨십과 몸과 몸이 맞닿는 또래끼리의 놀이이지 5개 영역의 개념이 급한 게 아니다.

④ 정체성 있는 유아교육으로

개정 누리과정은 유아에게 선택하고 결정할 권리를 준다는 레지오 에밀리아의 발현적 교육과정과 발도르프 교육법 등 선진 교육이론에 기초한 것으로 보인다. 앞선 교육철학을 받아들이는 건 환영할 만한 일이다. 그러나 한국의 아이에게는 한국의 유아교육이 있어야 한다. 소파 방정환 선생은 어린이를 '완전한 하나의 인격체'로 보았으며 어린이의 본성인 잠재적이고 자율적인 성장 가능성을 보존하고 키워 주는 것이 어른의 역할이라고 말했다. 어린이를 '가능성을 지닌 완전한 사람'이라고 생각했던 루소의 사상과도 일맥상통한다. 개정 누리과정에는 우리 놀이가 없다. 수천 년 동안 이어져 온 전통놀이의 귀중한 자산을 되살리는 방향으로 개선이 되어야 한다. 한국 아이는 한국 아이로 키워야 한다.

⑤ 합의된 교육철학으로

영국이 2008년 놀이를 국가 전략으로 만들어 가는 과정을 보면 다양한 이론들의 합의를 통한 공통된 이론을 기반으로 출발했다는 걸 알 수 있다. 이는 신뢰성을 담보로 지속적인 국가 정책이 되어야 하기 때문이다. 국가 수준의 공통교육과정인 개정 누리과정이 어떻게 만들어졌는지 모르지만 유아교육을 통해 추구하는 목적과 그에 접근하는 방법이 일관성 있게 추진되려면 보다 다양하고 폭넓은 이론의 논쟁 과정을 거쳐 합의된 교육철학이 정립되어야 할 것이다. 뿐만 아니라 놀이 중심의 누리과정이기 때문에 놀이이론이나 놀이철학과도 융합을 꾀해 폭넓은 지지를 받아야 할 것이다. 그렇지 않으면 몇 년 뒤 폐지되거나 또 재·개정되는 걸 반복할 것이기 때문이다. 100년 대계라는 교육이 정권이 바뀌면 덩달아 다시 바뀌어서는 안 된다. 최소한 몇십 년은 지속할 수 있는 교육이 되려면 궁극적으로는 권력이나 정치의 간섭에서 독립된 국가교육위원회 같은 기관이 생겨야 할 것이다.

2.
놀이교육, 어떻게 할 것인가?

철학자들에게 외면당한 놀이는 교육학자들에게 환영을 받았다. 왜냐면 놀이는 교육, 특히 아동 놀이 발달 이론에서 매우 유용하게 작용하기 때문이다.

20세기 발달심리학을 대표하는 장 피아제는 인지 발달에 초점을 두어 감각운동기, 전조작기, 구체적 조작기, 형식적 조작기 등으로 구분했다. 우리나라의 혁신학교나 진보적인 교육에 영향을 주고 있는 구소련의 비고츠키는 구성주의 이론가로 아동의 인지는 사회적 상호작용의 결과로 발전한다는 '근접발달영역'이라는 용어를 만들었다. 근접발달영역이란 아동이 도움 없이 성취할 수 있는 것과 도움을 받아 성취할 수 있는 것 사이의 거리(영역)를 뜻하며 비계를 설정함으로써 근접발달영역을 좁혀 갈 수 있다는 이론이다. '비계 설정'은 건축에서 인용한 용어로 건물을 지을 때 임시 구조물을 만들어 발판 삼아 완성할 수 있도록 도움을 주는 것으로, 예를 들면 협동수업이나 활동식 수업을 말한다. 미드나 에릭슨도 마찬가지로 교육심리학적인 측면에서 놀이 단계를 면밀하게 관찰하여 이론을 정립했다.

제도권 놀이교육에 대한 비판

놀이교육이란 말은 전통시대 서당의 놀이교육, 현대의 학교 놀이교육, 유대인의 놀이교육 등 매우 포괄적으로 쓰이고 있으며, 몸으로 놀아 준다, 아이의 입장에서 생각한다 등 방법론까지 실로 다양하다. 근대 교육으로 대표되는 학교교육은 사람과 대상이 명확히 분리되어 사람이 대상을 분석하고 통합함으로써 전문적이고 통합적인 지식을 얻는 과정이다. 이와 달리 놀이 습득은 사람이 놀이를 자신의 몸 내부로 통합하거나 놀이를 포섭하도록 신체를 확장하는 능동적인 참여 과정을 통해 형성되는 오래된 감각 학습이다. 몬테소리는 이것을 '근육 기억(력)'이라 칭했다. 굴렁쇠 굴리기처럼 놀이 습득은 문서를 통해 학습될 수 없으며 접촉을 통해서만 전수될 수 있는 지식이나 능력이다. 이를 마이클 폴라니Michael Polanyi라는 학자는 말이나 글(문서)로 설명할 수 있는 명시지(표시지)와 비교하여 눈에 보이지 않고 귀에 들리지 않는다는 뜻의 '암묵지'라고 구분했다. 신체활동이나 감각이 요구되는 체육 예술 활동이 일반 지식교육과는 다르듯 놀이 습득은 대부분 암묵지에 해당된다.

그럼에도 학교교육으로 습관화된 놀이강사들이 범하기 쉬운 오류는 놀이도 학교의 교과과정처럼 이해하고 가르치려는 습관이 나온다는 것이다. 학교에서 요구하는 놀이교육 계획이 또한 이를 부추기는 측면이 있다. 여기서는 주로 학교나 유치원 등 후대 세대들에게 직접적인 영향을 주는 역할을 하는 놀이강사가 놀이교육을 어떻게 생각하고 어떤 내용과 방법으로 해야 할지에 대한 문제의식을 공유하고자 한다.

김겸섭은 그의 논문 「한국 사회와 놀이의 인문학」에서 놀이와 교육에 대한 과제를 던져 주고 있다. "제도권 놀이교육에 대한 비판은 먼저

놀이의 효과와 관련하여 그들이 놀이에서 본 교육적 놀이의 고유한 자유와 위반(일탈), 즉 놀이의 원심적 기능을 부인하고 논자들의 선험적이고 상상적인 틀 속에 가두고 있다는 것이다. 놀이교육자들은 놀이 그 자체의 놀이성에서 출발하기보다는 자신들이 올바르다고 설정한 놀이교육의 틀 속에서 아이들 놀이를 가두고 그에 맞춰 이른바 '정상적인 주체'로 길들이고 있다"는 지적이다. 그 '정상적인 주체'들은 체제 순응적이기에 그들을 제도에 편입시키는 데는 수월할 것이다. 이런 순기능적인 것이 반드시 필요하지만 우리는 놀이를 기성 사회 유지의 수단으로만 삼고 있지 않은지 되돌아봐야 한다. 놀이는 사회적으로 인정되는 '정상적인 자아' 구성 측면뿐만 아니라 그 사회를 벗어나는 자유와 해방의 경험 역시 제공하는 양가성을 갖고 있기 때문이다.

어린이 놀이헌장에서 나타난 차이점

놀이교육 철학은 미래 사회를 위해 어떤 주체가 바람직한 주체인가에 대한 통찰이 선행되어야 한다. 당장 학교나 사회에서 필요로 하는 규정된 인성과 창의성이라는 이름으로 또 다른 우를 범하고 있지 않은지 되돌아볼 필요가 있겠다. 놀이교육이 기능주의적 방향으로 흐르지 않았는지, 혹은 전인적 인간에 대한 이해가 부족하지는 않았는지에 대한 자기반성에서 새로운 방향을 찾아야 한다. 학교나 교사에 의해 기획된 놀이는 또 다른 방식의 길들이기라는 혐의에서 자유롭지 못하다. 즉, 사회의 일원으로서 그 주체를 기성 사회에 편입시키는 것을 은연중에 당연시하고 있는 게 현실이기 때문이다.

놀이교육과 관련하여 2015년 [어린이 놀이헌장] 제정을 위한 토론회 자료를 보면 우리나라의 대표적인 놀이 전문가라 하는 두 사람의 입장 차이가 나타나는데, 도움이 되길 바라며 소개한다.

먼저 1990년대 후반 '아이들은 놀이가 밥이다'라는 말을 유행시킨 놀이터 디자이너 편해문의 관점을 보자.

놀이교육이라는 말은 성립하지 않는다. 놀이는 놀이이고 교육은 교육이다. '놀이교육'이라는 말은 결국 교육에 방점을 찍겠다는 것이다. 아이들을 놀이로 만날 부모나 교사에게 '놀이교육'을 하면 그분들은 아이들과 만나 놀지 못하고 놀이를 가르치려 든다. '놀이 방법 교육'보다는 아이들한테 놀이가 무엇인지, 아이들과 함께 논다는 것은 또 무엇인지, 놀이는 아이들을 어떻게 성장시키는지, 놀이를 통해 아이들은 자유와 해방을 어떻게 만나는지 등등의 것들이 중심에 자리 잡을 수 있도록 해 달라.

다음, 초등학교 현직 교사로 1980년대 후반부터 놀이활동에서 선구자적인 역할을 해 온 이상호의 견해를 보자.

아이들이 스스로 모여서 놀 수 있는 것은 어떤 것들이 있을까? 예전에는 동네 아이들과 놀면서 많은 놀이를 배워 익혀 놀 수 있었다. 그러나 지금은 어떠한가? 누군가의 도움 없이는 전래놀이는 사실상 불가능하다. 그런데 굳이 그것을 제한하여 아이들이 스스로 또는 자신들끼리 논다는 것은 그간 이룬 놀이 영역에서의 지적 성과를 무시하고 퇴행하는 조치로 보인다. 안전하게 아이들이 놀 수 있도록 여건을 만들어 줘야 한다고 하면서도 간섭이라고 하면서 어른의 개입은 허용하지 않는다는 것은 앞뒤가 맞지 않는 말이다. 게다가 아이와 어른이 함께 놀다 보면 만들어지는 라포, 즉 심리적 신뢰관계는 경험해 보지 않은 사람은 알기 어려울 만큼 강력한 것이다. 놀이를 지도하지 않는다면 어떻게 배울 수 있을까? 지도가 과연 그렇게 나쁜 것인가? 그렇다면 우리 조상들이 예로부터 아이들이 어릴 때부터 함께 해 왔던 '곤지곤지 쥠쥠'류의 놀이와 마을에서 혹은 할머니 댁에서 나이 차이가 많이 나는 큰언니 혹은 삼촌 고모에게 배웠던 놀이는 놀이가 아니라는 이야기인가?

앞의 주장도 고개가 끄덕여지고 뒤의 주장을 봐도 역시 고개가 끄덕거려진다. 둘 다 틀린 얘기가 아니라 둘 다 맞기 때문이다. 아이들은 내버려 둬도 알아서 잘 논다는 것은 놀이가 인간의 본성적 요구이기 때문이다. 또 다른 견해인 오랜 시간을 걸쳐 생성되고 발전해 온 전래놀이는 명칭처럼 누군가에 의해 전래(교육)되어 왔다는 것을 말해 준다. 놀이란 인간의 본성이다. 이 본성을 제대로 발휘할 수 있도록 지원하고 도와주는 게 바로 놀이교육의 위상이라 말할 수 있겠다.

본능은 환경에 적응하여 생존하기 위해 오랜 기간 반복된 선택행동이 DNA에 새겨진 것이다. 아이들은 내버려 둬도 알아서 잘 논다는 것은 오랜 진화과정에서 놀이를 선택하였기 때문이다. 즉, 우리의 몸과 뇌는 수백만 년 동안 놀이를 선택하여 누적되어 만들어진 것이다. 인류는 누적된 경험과 지적 성취물을 시행착오를 줄이며 요령 있게 전달해 왔는데 이런 지적 체계를 교육이라고 말한다. 교육은 인류의 문명과 문화를 이루는 주요한 요소로 인류의 커다란 지적 자산이다. 이러하기에 가장 쉬우면서도 가장 어려운 게 놀이교육이라는 생각이 든다.

필자는 이런 문제의식에서 출발하여 놀이인문학이라는 개념을 도입했다. 그래서 놀이교육 커리큘럼에 놀이 기능이나 방법뿐만 아니라 놀이철학을 포함한 놀이인문학을 필수과목으로 넣었다. 커리큘럼은 우리나라 대표적인 놀이단체들의 놀이교육안을 분석, 평가한 바탕 위에서 한국인이라는 '정체성'과 '공동체성'을 중심으로 21세기에 놀이의 역할과 인문학적 과제를 던져 주는 것으로 구성했다. 놀이 분류는 하위징아와 카이와의 재미 요소를 중심으로 짰다. 현재 우리나라에서 진행되는 놀이교육은 대부분 잃어버렸거나 사라진 놀이 또는 새로 만들어진 놀이를 습득하는 것을 중심에 두고 있다. 놀이강사에게 빼놓을 수 없는 중요한 요구는 내적 동기에서 비롯된 '자발적 놀이'를 최우선으로 두되 놀이활동에 영향을 주는 '안내된 놀이' 그리고 의도나 목적이 분명한 '교사 지시적 놀이' 등을 넘나들며 상황에 따라 신속하게 판단하고 실행할 수 있는 능력이다. 놀이 연수과정에서 수십 수백 가지의 놀이를 익히는데 그 모두를 강조하고 집중할 수는 없을 것이다. 강사에 따라 어느 강사는 이 놀이를 중요시하고 또 어떤 강사는 저 놀이를 강조하는 건 강사의 철학이나 취향이 다르기 때문이다. 그럼에도 어느 정도의 통일성과 집중은 필요하겠다는 생각이다.

3.

숨바꼭질이
국가무형문화유산이라고?
_남북한 놀이의 같은 점과 다른 점

북한에서는 줄넘기와 숨바꼭질이 국가무형문화유산이다. 북에서는 무형문화재를 우리와 달리 비물질 문화유산이라고 칭하는데, 〈밧줄당기기(줄다리기)〉, 〈줄넘기〉, 〈숨박곡질(숨바꼭질)〉, 〈24절기 풍습〉 등을 국가 비물질 문화유산(무형문화재)으로 등재했다. 여기서 특이한 것은 줄넘기와 숨바꼭질 등 우리가 말하는 전래놀이가 국가무형문화유산으로 등재되었다는 사실이다. 국가문화유산으로 등재했다는 건 유네스코에 등재할 준비를 하고 있다는 말이기도 하다.

무형문화유산으로 전래놀이를 등록하다

북한의 로동신문은 2020년 1월 5일 자에 "민족유산 보호국이 최근 6개 대상을 무형문화유산으로 새로 등록하는 성과를 이룩했다"라고 보도했다. 이에 대한 설명을 보면, '밧줄당기기(줄다리기)'는 "같은 인원수의 두 단체가 밧줄을 잡고 마주 서서 서로 자기편 쪽으로 끌어당기면서 승부를 겨루는 밧줄당기기는 정월 대보름이나 추석 등 민속명절에 즐겨 해 온 민족체육 종목이며 단결력이 높고 정신력이 강한 민족의 전통과 기질이 깃들어 있는 귀중한 유산"이다. '24절기 풍습'은 "예로부터 기후의 변화 상태에 따라 한 해를 24절기로 나누고 그에 맞게 농사도 짓고 다채로운 민속놀이들도 하면서 창조해 온 노동생활풍습"이라고 해설하고 있다. 남북으로 분단되어 있으나 남이나 북이나 전통문화에 있어서 다를 게 없다는 것을 알 수 있다.

'줄넘기'는 "줄을 돌리거나 고정시켜 놓고 그것을 넘으면서 노는 놀이"라고 설명하고 있고, 또 "여러 명의 아이가 몸을 숨기면 한 아이가 숨은 아이들을 찾아내는 숨바꼭질은 오래전부터 이어져 온 대표적인 민속놀이들로서 우리 생활에 민족적 향취를 더해 주고 있다"라고 숨바꼭질을 설명하고 있다. 줄다리기와 마찬가지로 둘 다 우리가 어렸을 적부터 즐겨 해 왔던 놀이다.

북한에서는 비교적 최근인 2012년에 '민족유산 보호법'을 채택했고 '조선민족유산 보호 기금'을 설립했다. 이에 따라 2018년 기준으로 국가 비물질 문화유산에 바둑, 연띄우기, 그네뛰기, 윷놀이, 제기 등 108개, 지방 비물질 문화유산으로 10개가 등재되어 있는데, 앞에 얘기한 밧줄당기기 등을 2020년에 추가했다.

참고로 북한의 국가 비물질 문화유산 1호는 〈아리랑〉으로 2014년에 유네스코에 등재되었는데, 현대적으로 해석한 아리랑까지 36종의 아리랑이 포함되어 있다.

남한에서는 2년 앞선 2012년에 '아리랑'이 유네스코에 등재되었는데 밀양아리랑, 정선아리랑, 진도아리랑 등 3대 아리랑 중심이다. '씨름'은 남북 최초로 2018년에 공동 등재된 유일한 종목이다.

씨름의 어원은 여러 가지 설이 있으나 문헌상으로는 15세기 상박相搏

을 '실흠'이라고 한 것이 확인된다. 기원전 2333년 단군조선부터 삼국시대 전까지 부족국가 시대에 찾을 수 있는 씨름에 대한 명칭은 '치우희'라는 것이다. 이는 전설적인 군신 치우천황에서 유래된 게 아닐까 생각된다. 고구려의 고분벽화에도 나오는 씨름은 조선시대에는 군사들의 훈련 과목이었는데 이를 민간 놀이화했다.

남한 전래놀이=북한 어린이민속놀이

북한에서는 전래놀이나 전통놀이라는 말 대신에 일괄적으로 민속놀이라는 명칭을 사용하는데 1964년 13명의 학자가 평양에서 공동으로 펴낸 『조선의 놀이』를 보면 민속놀이를 다음 네 가지로 분류하고 있다. 남한에서 얘기하는 전래놀이는 어린이민속놀이에 해당된다. 이들은 수집한 300종에 가까운 놀이 중 62종을 추려서 냈다고 머리말에서 밝히고 있다.

- **가무놀이** 농악놀이, 탈놀이, 강강수월래, 화전놀이 등 16종 소개
- **경기놀이** 씨름, 널뛰기, 그네뛰기, 줄다리기, 활쏘기 등 15종 소개
- **겨루기놀이** 윷놀이, 장기, 산가지놀이 등 11종 소개
- **어린이놀이** 단심줄놀이, 연띄우기, 비사치기, 실뜨기 등 20종 소개

남북한 놀이의 같은 점과 다른 점

남한에서 북한의 놀이를 소개한 최초의 책은 아마 몇 년 전 타계한 김종만 선생의 『북녘 아이들 놀이 100가지』일 것이다. 그는 1992년 중국 연변 조선족 자치주를 탐방하면서 아이들 속에 우리 전래(민속)놀이가 생생하게 살아 있는 것을 발견했다. 이 책은 2007년에 나왔다.

북한 자료를 기반으로 제공되는 〈북한지역정보넷〉에서는 어린이 민속놀이(전래놀이) 39가지를 아래와 같이 소개하고 있다.

> 팽이치기, 자치기, 딱지치기, 연날리기, 못치기, 비사치기, 팔씨름, 손잡아당기기, 대말타기, 말타기, 썰매타기, 제기차기, 통차기, 숨바꼭질, 망차기, 무릎싸움, 한발씨름, 토끼뜀놀이, 기마전놀이, 길따라잡기놀이, 앙감질놀이, 목침뺏기놀이, 줄넘기, 꼬리잡기, 눈싸움놀이, 그림자놀이, 돌아잡기, 까막잡기, 닭잡기놀이, 진놀이, 진지점령놀이, 수박따기놀이, 수건돌리기, 바람개비돌리기, 사람찾기, 가락지찾기놀이, 가마타기, 남대문놀이, 그물치기놀이.

남북이 명칭이 조금 다를 뿐 모든 놀이가 똑같다. 먼저 북한에서는 술래를 범이라 하는데, 호랑이를 북쪽 지역에선 범이라 불러 왔다. '술래'가 조선시대에 육모방망이를 들고 야간에 돌아다니는 사람을 찾아내는 순찰대인 '순라'에서 왔다는 주장이 있는데, 호랑이나 순라는 무서운 존재이기에 순라(술래)나 호랑이(범)에게 쫓고 쫓기는 놀이에서 유래된 것 같다. 가위바위보를 북에서는 돌가(위)보라고 한다.

대말타기는 죽마놀이를 말하며 참대나무나 수숫대 같은 것을 두 다리 사이에 끼우고 달리거나 참대나 나무로 만든 긴 다리 위에 올라서서 걸어 다니는 것을 말하는 것으로 놀이 내용은 우리와 같다. 말타기는 말뚝박기를 무릎싸움은 닭싸움을 말한다. 길따라잡기놀이는 범(술래)이 지정된 길을 따라 뛰면서 잡는 놀이로 일종의 술래잡기놀이다. 범이 갈 수 없는 길과 범만이 갈 수 있는 길을 만들고 징검다리나 구불구불한 길 등을 놀이 장소의 조건에 맞게 만들어 놓고 몇 가지 규칙을 정하여 노는 놀이로 팔자놀이에서 술래가 건널 수 없는 영역을 설정하듯 자유자재로 그린 팔자놀이 응용 버전이라 생각하면 되겠다.

앙감질놀이는 깨금발놀이를 말하며 남한의 깡통술래잡기를 깡통 대신에 깨금발로 하는 술래잡기라고 이해하면 되겠다. 규칙은 두 명의 범을 정해 놓고 외발로 뛰면서 잡힌 아이를 원 안에 가둬 놓는데, 다른 놀이자가 범에게 잡혀 갇힌 어린이의 손이나 몸을 치면 살아나는 것으로 일반적인 술래잡기놀이 구조이다. 목침뺏기놀이는 방 안에서 하는 베개뺏기 놀이라 생각하면 되겠다. 네모난 매끈한 나무토막을 방바닥이나 탁자 위에 올려놓고 하는 힘겨루기 놀이다. 양손으로 하는 방법과 한 손으로 하는 방법이 있는데, 힘이 센 어린이와 힘이 약한 어린이가 겨루기를 할 때에는 힘이 센 쪽은 한 손으로 약한 쪽은 두 손으로 하도록 규칙을 변경하면서 놀면 되겠다.

돌아잡기는 남한의 달팽이집놀이로 놀이판이 골뱅이처럼 생겼다 하여 '골뱅이놀이' 또는 상대편 집을 차지하기 위해 달려 나가다 마주치기 때문에 '마주치기놀이'라고도 한다. 진놀이는 우리와 같고 진지점령놀이는 ㄹ자놀이라 생각하면 되겠다. 상대방 진지를 점령하는 놀이로 휴식구간에서는 양발로 다니고 진을 벗어나면 깨금발로 다니면서 상대편을 죽이고 진지를 먼저 차지하는 편이 이기는 놀이로 ㄹ자놀이에서는 보물을 먼저 가져오는 편이 이기는 구조인데, 북에서는 ㄹ자놀이를 보물가져오기놀이라고 부른다.

사람찾기는 범(술래)이 둥글게 빙 둘러서 있는 어린이 중 미리 지목된 토끼를 찾는 놀이로 우리의 대장찾기놀이를 말한다. 토끼는 범을 혼동시키기 위해 여러 가지 동작을 하는데, 다른 놀이자들은 범이 눈치채지 못하게 토끼의 동작을 따라 한다. 가락지찾기놀이는 범(술래)이 가운데 앉아서 눈을 감으면 가락지를 어느 아이가 숨긴다. 놀이가 시작되면 놀이자들은 자신이 가락지를 갖고 있는 것처럼 표정이나 동작을 속이기도 하고 범이 보지 않는 사이에 가락지를 다른 아이에게 건네주면서 노는 놀이로 어렸을 적 많이 하던 놀이다. 그물치기놀이는 그물술래잡기라 이해하면 되겠다. 물고기를 잡는 형식으로 놀이를 한다고 하여 고기잡이놀이라고도 한다고 한다.

남북 놀이의 달라진 점

위에서 살펴본 것처럼 남북의 어린이놀이는 거의 똑같다. 남과 북이 사상과 제도는 현격하게 달라졌지만 특히 어린이놀이에서만큼은 조금도 달라진 점이 없다. 그러나 놀이 형태나 구조에서는 똑같지만 놀이와 더불어 부르는 노래는 달라진 점이 분명 있어 보인다.

먼저 국가무형문화유산(비물질 문화유산)으로 등재된 줄넘기를 보면 설명을 이렇게 하고 있다. "줄넘기는 노래의 율동에 맞추어 여러 가지 방법으로 줄을 뛰어넘으면서 노는 놀이다. 이 놀이의 연원은 『한청문감』에 '줄넘기'라고 쓰여 있고 또한 놀이 방법이 전국적으로 널리 보급되어 있는 것으로 보아 오래전부터 어린이들이 즐겨 놀아 온 것이라고 짐작된다." "두 명은 줄을 돌리고 다른 애들은 노래의 율동에 맞추어 차례로 들어가 넘기를 했다. 한 어린이가 먼저 돌아가는 줄 속에 들어가 넘기를 하면서 '손님 들어오세요'라고 노래를 부른다. 그러면 다른 한 명이 그 속으로 뛰어 들어가 두 명이 함께 줄을 넘으면서 '안녕하세요', '가위바위보', '진 사람은 어서어서 나가 주세요'라는 노래를 부른다." 여기까지는 남과 북이 예전에 비슷하게 놀았던 것 같다. 여기서 특이 사항은 "놀이의 연원은 『한청문감』에 '줄넘기'라고 쓰여 있다"라고 하는데, 한청문감漢淸文鑑은 1779년 학자 이담과 역관 김진하 등이 만주어를 한문과 한글로 풀이한 사전으로 남한의 놀이 소개에서는 나오지 않는 문헌이다.

달라진 점을 보면 남쪽에서는 "꼬마야 꼬마야 뒤를 돌아라/ 돌아서 돌아서 땅을 짚어라/ 짚어서 짚어서 만세를 불러라/ 불러서 불러서 잘 가거라"라는 노래를 부르며 논다. '꼬마야 꼬마야'는 미국의 동요인 '곰돌아 곰돌아ted by bear'가 일본에 들어가 정착되었고 일제강점기에 우리나라에 들어와 그 영향이 아직까지 이어지고 있는 것으로 알려졌다. 북쪽에서는 "재주를 부리면서 노는 줄넘기는 줄을 넘으면서 여러 가지 기교를 보여 주는 것이다. 재주부리기는 줄을 돌리며 넘다가 일정한 정도에 이르면 율동에 맞추어 한 번 뛰는 사이에 줄을 재빨리 두세 번 돌리는 것, 팔을 좌우로 꼬며 돌리는 줄을 넘는 것, 외발로 넘다가 발을 교대하며 줄을 넘는 것, 줄을 뒤로 돌리면서 넘는 것, 혼자 줄넘기를 하는데 앞뒤로 두 어린이가 한 명씩 뛰어들어 한 줄에 세 사람이 동시에 넘기를 하는 것 등 다양한 방법이 있었다"라고 설명하며 유치원 아이들이 거의 신기에 가까운 기교를 부리며 공연을 펼치는 걸 볼 수 있다.

다음, 북에서 토끼놀이로 소개하는 놀이를 보면 내용과 구조는 남한의 '여우야 여우야' 놀이랑 같다. 즉, 술래와 놀이자들이 물어보고 답하는 문답 구조를 갖추고 최종적으로 술래가 "죽었다"를 외치면 얼음땡(조각=북한)이 되어야 하고 "살았다"를 외치면 도망가야 한다. 만약 "죽었다"를 외쳤는데 움직이면 술래가 되고 "살았다"를 외쳐 도망가다 잡히면 역시 술래가 된다. 북에서는 "반죽었다"가 하나 더 있는데 한쪽 발(외발)로 도망가야 한다. 아마 아이들이 놀면서 재미를 더하기 위해 추가한 것 같다.

이 놀이는 꽤 오래전부터 전해 온 전래놀이임에 틀림없는데 명칭이 다르다는 건 뭔가 이유가 있을 것이다. 남북 간 서로 교류하고 학술적인 연구를 통해 확인해 봐야겠지만 추측건대 '일제 식민지'와 관련이 있지 않을까 생각된다. 『한국민족문화대백과사전』을 보면 "한 명의 술래(여우)가 여러 놀이꾼을 잡거나 건드리는 놀이다. 일본의 전래 노래인 '여우야 여우야(키츠네상 키츠네상きつねさん きつねさん)'를 우리나라 말로 바꾸어 불렀으며, 방식도 일본의 어린이들이 하는 방식에서 따온 놀이다." 즉, 일본에서 들어온 놀이로 전형적인 일본 놀이의 형식과 내용이다. 곡조와 가사를 번안한 것으로 '여우야 여우야'라는 구절을 비롯해 전체 내용이 거의 일치하고 있다.

여우를 토끼로 바꾼 이유는 토끼가 우리 옛이야기에 많이 등장하고 따라서 우리 정서에 맞기 때문이 아닐까 추측된다. 여우는 일본의 전통 재물신으로 여우를 신격화하여 일본에는 여우 사당(신사)이 꽤 많이 있다. '여우야'에 나오는 개구리도 아마 일본 놀이의 영향일 것이다. 아이들이 즐겨 온 놀이를 수용하되 제목과 내용을 바꾸어 정리하지 않았나 생각된다. "토끼야 토기야 놀러 가자~"는 구전 동요 〈두껍아 두껍아〉랑 같으며 북한 어린이들이 부르는 "깡총깡총 뛰어서 맘마 먹으러 가지~" 노래도 우리와 곡조가 비슷하다. 북한 유치원 아이들이 가장 좋아한다는 '시간놀이'라는 일종의 짝묶기 놀이가 있는데 여기서도 토끼가 등장한다.

우리의 전래놀이에 아직까지 남은 일제 식민지 잔재를 청산하기 위해서라도 참고할 만한 것이라는 판단이 든다. 아울러 공통점이 많은 어린이놀이에서 남북 교류를 통해 공통점을 재확인하고 서로의 장점은 받아들이고 단점이 있다면 상호 교정해 간다면 남북 어린이는 물론 7천만 겨레가 놀이를 통해 즐겁고 재미있게 통일을 향해 나아갈 수 있지 않겠나 하는 생각이다.

4.
세계술래잡기대회가 있다고?
_ 전래놀이가 국제 스포츠가 된 사례들

사례 1. 아시안게임의 카바디

술래잡기, 무궁화꽃이 피었습니다, 오징어놀이, 레슬링, 격투기, 공 없는 피구 등 마치 스포츠 종합선물세트 같은 이색적인 경기가 카바디다.

컬링이 16세기 북유럽 스코틀랜드의 추운 겨울에 얼음판에서 심심풀이로 돌을 던지면서 놀던 것에서 유래했다면 카바디Kabaddi, कबड्ड는 힌디어로 '숨을 참다'라는 뜻으로 4,000년 전 고대 인도의 서사시에 등장하는 한 왕자가 적진에서 7명의 적에게 포위되어 전사한 것에서 유래되었다고 한다. 이는 인도의 국기(현재 인도의 국기는 하키)이며, 방글라데시, 파키스탄 등 남아시아 일대에 널리 퍼져 있다. 레이더(공격자)는 숨을 멈추고 있다는 것을 증명하기 위해 공격 중인 선수는 계속 '카바디~ 카바디~'를 중얼거린다.

1990년 제13회 베이징 아시안게임부터 남성 경기가 정식 종목으로 채택되었고, 2010년 제16회 광저우 아시안게임부터 여성 경기도 정식 종목이 되었다. 2018년 자카르타-팔렘방 아시안게임에서 우리나라는 최강 인도와 방글라데시, 스리랑카를 줄줄이 꺾는 이변으로 4전승, 조 1위로 준결승에 올라 파키스탄을 27 대 24로 격파하고 결승에 올랐다.

그러나 결승에서 안타깝게 이란에게 패하여 은메달에 만족해야 했다. 카바디는 마치 동계올림픽의 컬링처럼 존재조차 모르던 불모지에서 선수들이 스스로의 힘으로 세계적인 수준까지 올린 경우다. 비인기 종목이기 때문에 TV 중계도 없었다. 카바디로 인도에서 슈퍼스타가 된 이장군이라는 선수가 있는데 억대 연봉을 받고 있다. 그는 인도 프로 카바디리그 벵골 워리어스 에이스 레이더인데 2018년 카바디 경기에서 맹활약을 했다.

카바디는 아이들 장난 같지만 1 대 7의 골목싸움과 흡사하다. 레이더가 상대를 터치하기 위해 주로 손을 휘두르는데 발로 터치하는 것도 유효하므로 기습적으로 좌우상하로 자유분방하게 발차기를 날린다. 발차기는 최대한 거리를 유지한 채로 터치하고 도망 나와야 하기 때문에 살짝 스치고 빠져나와야 한다. 수비(안티) 측은 무조건 뒤로 피하는 것이 아니라, 살짝살짝 피하면서 공격자를 어떻게든 깊숙이 끌어들여 에워싼다. 그러다가 터치를 하면 수비수들이 공격자를 잡으려고 떼로 달려드는데, 이때 풋볼이나 럭비처럼 몸을 날려 태클을 거는 것은 기본이고 레슬링처럼 팔다리를 잡고 늘어진다. 저지를 당한 공격자는 어떻게든 진영 복귀를 위해 팔다리를 잡힌 채 기어서라도 중앙라인을 터치하려 하기 때문에 마치 프로레슬링에서 기술이 걸린 채로 어떻게든 태그를 하려는 모습을 보는 듯하다. 이와 같이 카바디는 예전의 우리 전래놀이가 그랬듯이 매우 격렬하다. 술래잡기만 잘해도 국가 대표선수가 될 수 있겠단 생각이 든다.

사례 2. 세계술래잡기대회
가장 원시적인 놀이는 무엇일까? '잡기놀이'이다. 우리가 보통 부르는 술래잡기놀이는 놀이 중 가장 많은 종류가 있으며 규칙이 놀라울 정도로 간단하다. 즉, 술래가 도망자를 잡으면 끝난다. 도망자는 술래에게 잡히지 않으려고 안간힘을 다해 달리면 되는 놀이라는 거다. 가장 원시적인 놀이지만 인류나 동물의 생존과 관련된 가장 건강하고 원초적인 놀이인 셈이다. 즉 생존을 위한 원시적 사냥 본능과 맹수에게 잡혀 먹히지 않으려는 회피 본능이 바로 술래잡기놀이다. 알고 보면 올림픽 종목은 쫓고 쫓기는 달리기로부터 멀리뛰기, 높이뛰기, 창던지기, 투포환, 활쏘기 등 생존본능과 사냥 본능적인 놀이로부터 시작되었다.

세계술래잡기대회WORLD CHASE TAG라는 것이 있다. 이 대회는 2011년 영국에 근거지를 두고 있는데 크리스티안이라는 사람과 그의 아들인 오를란도가 정원에서 술래잡기놀이를 하면서 탄생했다. 세계 각국의 술래잡기 선수들이 국제 토너먼트에서 훈련하고 경쟁할 수 있게 해 주는 표준화된 경기장 및 표준규칙이 있는데, 12m 정사각형 고정 쿼드는 공식 경기 대회의 세계 표준이다. 쿼드는 다양한 장애물들을 넘고 통과하여 이동하는 '파쿠르parcours'라는 것을 응용한 듯하다. 시합 규정은 술래chaser와 도망자evader가 20초간 술래잡기를 하는 것이다. 20초 동안 안 잡히고 도망쳤을 때 1점을 얻고, 잡히면 점수 변동은 없고 다음 체이스(경기)로 넘어간다. 가장 최근의 술래잡기대회WCT는 2019년 6월 유럽 선수권 대회가 런던에서 개최되었다. 국내에서도 2019년 4월에 제1회 술래잡기대회Korea Chase Tag Competition가 열렸다.

그런데 경기 규칙 중 제한 시간이 20초라는 데 궁금증이 간다. 왜일까? 지구상에서 가장 빠른 동물은 치타로 한 발짝에 무려 12미터 이상이나 뛸 수 있는데 출발 후 단 3초 만에 시속 100킬로미터 이상의 속도까지 낸다. 그러나 치타가 실은 20초 안에 사냥감을 포획하지 못하면 사냥은 실패로 돌아간다. 전력질주로 체력이 소모되어 더 이상 뛸 수 없기 때문이다. 세계술래잡기대회 표준 경기 시간이 20초인 것과 관련성이 있어 보인다.

놀이 연구가 조원식(놀이네트)은 저서 『놀이의 비밀 술래잡기 대백과』에서 사람이 아닌 동물 중 상당수가 술래잡기놀이를 즐긴다고 말한다. 보노보나 유인원은 물론 개와 캥거루 등 포유동물도 잡기놀이를 즐긴다. 심지어는 일부 조류들도 술래잡기놀이를 하는 것으로 관찰된다. 아프리카나 아마존의 원시부족 어린이들이 즐기는 술래잡기와 현대의 '탈출'놀이는 장소와 환경만 다르지 거의 똑같은 판박이다. '도시의 놀이터에서 놀이기구 위를 날아가듯 달리는 아이들과 아프리카의 울창한 밀림의 수목 위를 달리는 아이들'은 실은 다를 게 하나도 없다. 쫓고 쫓기는 도망과 추적 그리고 죽음과 소생이라는 놀이생태구조가 있었기에 인류는 이렇게 진화되었는지도 모른다. 무궁화꽃에서부터 시작하여 경찰과 도둑, 여우와 닭 그리고 매미술래잡기, 다람쥐술래잡기까지 잡기놀이는 무궁무진하다.

사례 3. 네팔의 국기인 자치기

자치기는 긴 막대기로 작은 막대기를 치거나 튀기면서 노는 놀이로 어미 자(긴 막대기)로 새끼 자(작은 막대기)를 치고 그 막대기를 '자'로 삼아서 거리를 계산하기 때문에 '자치기'라는 이름이 붙여졌다. 옛날엔 우리나라 어느 지방에서나 흔히 볼 수 있었는데 지금은 거의 사라진 놀이다. 지방에 따라 놀이 이름이 다른데 우리 고향(전라도)에서는 땟꽁이라 불렀고 북한지역에서는 '오둑떼기', '메뚜기치기', '뙤뙤기치기'라고 불렀으며 경상도에서는 '토끼방구'라고 불렀다고 알려진다. 이런 놀

이 이름은 오뚝이처럼 튄다고 해서 '오둑떼기' 또는 톡톡 튀기 때문에 '메뚜기', '뫼뛰기', '토끼' 등의 이름으로 불렀던 것 같다.

자치기는 『한국민속예술사전』에 "인도를 비롯하여 라오스, 베트남 등지에서 자치기하는 모습을 볼 수 있는데, 우리나라의 자치기가 그쪽으로 전파되었거나 반대로 이쪽으로 전해진 것이라 볼 수는 없다. 즉 간단한 놀이 도구인 나무막대기로 놀 수 있는 방법을 고안하다 보니 저절로 비슷한 형태의 놀이가 생겨 난 것이다"라고 기술되어 있는데, 놀이의 형태나 방법이 거의 똑같은 점으로 보아 어느 지역에서 발생하여 전파되지 않았나 하는 생각이 든다. 자치기의 분포도를 조사해 봤더니 아시아 전역을 넘어 유럽, 나아가 아메리카 대륙까지 널리 퍼져 있었다.

인도에서는 자치기를 길리단다Gilli Danda라 부르는데 어린이를 위한 자치기 챔피언십을 개최하고 있다. 아이들이 넓적한 돌 위에 새끼 자를 얹어 놓고 끄트머리를 쳐서 가장 멀리 보내는 아이가 챔피언이 된다. 우리가 알고 있는 애기자치기다. 자치기가 국기인 나라가 있는데 바로 네팔이다. 네팔에서는 자치기를 '단디비요Dandi Biyo'라 부르는데, 공격과 수비가 야구를 하듯이 선을 그어 놓고 다칠 위험 때문에 투구를 쓰고 경기를 한다. 2018년에는 〈단디비요〉라는 영화를 제작하기도 했다.

전 세계적으로
분쟁의 가장 효율적인 해결 수단은 무엇일까?

가위바위보다. 물론 국제적인 외교무대나 무역에서 가위바위보를 사용하지는 않지만 놀이에서 셀 수 없이 이용하는 가위바위보가 가장 공평하고 평등한 게임이라는 데에는 이견이 없다. 왜냐면 어린이가 힘으로는 어른을 이길 수 없지만 가위바위보로는 이길 수도 있기 때문이다. 가위바위보의 유래는 여러 설이 있지만 에도 시대부터 메이지 시대에 걸쳐 일본에서 성립했다고 주장하는 학자도 있다.빈 대학교의 제프 린하르트(Sepp Linhart)가 쓴 『주먹의 문화사(拳の文化史)』

놀이 형태는 세계화되어 거의 동일하며 영국 영어권에서는 Scissors-Paper-Stone(가위 종이 돌), 미국 영어권에서는 Rock-Paper-Scissors(바위 종이 가위)로 놀며 우리나라는 일본의 영향을 받아 장께 미쁘로 부르다가 가위바위보로 정착되었으며, 북한에서는 돌가위보(돌가보)로 부르고 있다. 2004년에 '한국가위바위보협회'가 설립되어 2005

년부터 가위바위보 대회를 개최하고 있으며 가위바위보 세계대회RPS Championship도 있는데, 2008년도 미국 라스베이거스에서 열린 대회에서 우승자에게 5만 달러의 상금을 주었다. 가위바위보만 잘해도 돈 벌 수 있는 재밌는 세상이다.

남은 잉크

방정환 선생은 아동이라는 한자말 대신에 어린이라는 말을 대중화시 켰고 〈어린이〉지에서 후기라는 한자말이 아닌 '남은 잉크'라는 말을 썼 기에 따라 하기를 해 보고자 한다.

필자가 "난 책에서 거짓말을 했어"라고 말하면 나의 말은 옳은 것일 까 틀린 것일까. 만일 필자의 말이 옳으면 나는 책에서 거짓말을 한 것 이고 필자의 말이 틀리면 나는 책에서 옳은 말을 하게 된 셈이 된다. 이렇게 세상에는 틀린 것처럼 생각되어도 실제로는 옳고, 옳은 것처럼 생각되어도 실제로는 틀린 경우가 있는데 "참(옳은 것)이라고 말하거나 거짓(틀린 것)이라고 말하거나 모두 이치에 맞지 않아서 참이라고도 거 짓이라고도 말할 수 없는 모순된 문장이나 관계"를 패러독스paradox(역 설)라고 한다.

동양에서는 모순이라는 말을 사용하였는데 중국 전국시대에 초楚나 라 상인이 "이 창矛은 예리하기로 어떤 방패라도 꿰뚫을 수가 있다. 그 리고 뒤이어 이 방패盾의 견고함은 어떤 창이나 칼로도 꿰뚫지 못한다" 라고 자랑했다. 지나가던 나그네가 "당신의 창으로써 당신의 방패를 찌 르면 어떻게 되는가?" 하고 물었더니 상인은 대답하지 못했다. 둘 다 팔아먹으려다 모순에 부딪힌 것이다.

폴라니의 역설Polanyi's Paradox

"우리는 우리가 말할 수 있는 것보다 많이 안다." 인간의 지식은 대부분 암묵지여서 지침서 형태로 기록될 수 없다. 작년에 손잡고 놀았던 짝꿍 얼굴을 딱 보고 알지만, 어떻게 그렇게 구분할 수 있는지 설명하지 못한다. 이러한 지식은 인공지능이나 로봇으로 복제될 수 없다. 놀이가 없어지지 않을 이유다.

모라벡의 역설Moravec's Paradox

"인간에게 쉬운 것은 컴퓨터에게 어렵고, 인간에게 어려운 것은 컴퓨터에게 쉽다." 컴퓨터는 인간에게 어려운 수학적 계산이나 논리 분석에 뛰어나지만 어린아이에게도 쉬운 걷기나 느끼고 보고 듣고 의사소통하는 것은 어렵다. 컴퓨터는 태어난 지 100년도 안 되었지만 인류의 감각과 운동 능력은 수백만 년 동안 진화를 통해 DNA 속에 탑재된 것이다. 놀이가 살아남을 수밖에 없는 이유다.

이스털린의 역설Easterlin Paradox

"부자라고 모두 행복한 것은 아니다." 소득과 행복은 정비례하지 않는다. 소득이 오를수록 더 행복할 것이라는 가정은 여러 선진국의 연구 결과를 통해 오류로 판명되었다. 돈이 아닌 다른 요인이 행복에 영향을 미친다. 21세기는 놀이의 시대라고 하는 이유다.

코로나의 역설Covid Paradox

"사람들은 죽어 가고 있지만 지구와 동물은 살아나고 있다." 거리두기는 감염을 막아 주지만 코로나 블루(또는 레드)를 불러들인다. 자연과 인간이 공존, 공생해야 할 오래된 미래인 놀이가 필요한 이유다.

놀이의 역설Nory Paradox

"노는 만큼 풍요로워진다." 놀이의 역설은 필자가 만든 말이다. 인류사의 철칙이었던 일(노동)이 아닌 놀이야말로 인류를 정신적으로 풍요롭게 했다. 21세기에는 물질적인 풍요까지 가져다주고 있다. 놀이가 지속가능한 발전 전략인 이유다.

삶의 행복을 꿈꾸는 교육은 어디에서 오는가?

● **교육혁명을 앞당기는 배움책 이야기** 혁신교육의 철학과 잉걸진 미래를 만나다!

● 비고츠키 선집 시리즈 발달과 협력의 교육학 어떻게 읽을 것인가?

 생각과 말
레프 세묘노비치 비고츠키 지음
배희철·김용호·D. 켈로그 옮김 | 690쪽 | 값 33,000원

 도구와 기호
비고츠키·루리야 지음 | 비고츠키 연구회 옮김
336쪽 | 값 16,000원

 어린이 자기행동숙달의 역사와 발달 I
L.S. 비고츠키 지음 | 비고츠키 연구회 옮김
564쪽 | 값 28,000원

 어린이 자기행동숙달의 역사와 발달 II
L.S. 비고츠키 지음 | 비고츠키 연구회 옮김
552쪽 | 값 28,000원

 어린이의 상상과 창조
L.S. 비고츠키 지음 | 비고츠키 연구회 옮김
280쪽 | 값 15,000원

 비고츠키와 인지 발달의 비밀
A.R. 루리야 지음 | 배희철 옮김 | 280쪽 | 값 15,000원

 수업과 수업 사이
비고츠키 연구회 지음 | 196쪽 | 값 12,000원

 비고츠키의 발달교육이란 무엇인가?
비고츠키교육학실천연구모임 지음 | 412쪽 | 값 21,000원

 비고츠키 철학으로 본 핀란드 교육과정
배희철 지음 | 456쪽 | 값 23,000원

 성장과 분화
L.S. 비고츠키 지음 | 비고츠키 연구회 옮김
308쪽 | 값 15,000원

 연령과 위기
L.S. 비고츠키 지음 | 비고츠키 연구회 옮김
336쪽 | 값 17,000원

 의식과 숙달
L.S 비고츠키 | 비고츠키 연구회 옮김
348쪽 | 값 17,000원

 분열과 사랑
L.S. 비고츠키 지음 | 비고츠키 연구회 옮김
260쪽 | 값 16,000원

 성애와 갈등
L.S. 비고츠키 지음 | 비고츠키 연구회 옮김
268쪽 | 값 17,000원

 흥미와 개념
L.S. 비고츠키 지음 | 비고츠키 연구회 옮김
408쪽 | 값 21,000원

 관계의 교육학, 비고츠키
진보교육연구소 비고츠키교육학실천연구모임 지음
300쪽 | 값 15,000원

 비고츠키 생각과 말 쉽게 읽기
진보교육연구소 비고츠키교육학실천연구모임 지음
316쪽 | 값 15,000원

 교사와 부모를 위한 비고츠키 교육학
카르포프 지음 | 실천교사번역팀 옮김
308쪽 | 값 15,000원

 혁신교육, 철학을 만나다
브렌트 데이비스·데니스 수마라 지음
현인철·서용선 옮김 | 304쪽 | 값 15,000원

 혁신교육 존 듀이에게 묻다
서용선 지음 | 292쪽 | 값 14,000원

 다시 읽는 조선 교육사
이만규 지음 | 750쪽 | 값 33,000원

 경쟁을 넘어 발달 교육으로
현광일 지음 | 288쪽 | 값 14,000원

 독일 교육, 왜 강한가?
박성희 지음 | 324쪽 | 값 15,000원

 핀란드 교육의 기적
한넬레 니에미 외 엮음 | 장수명 외 옮김
456쪽 | 값 23,000원

대한민국 교육혁명
교육혁명공동행동 연구위원회 지음
224쪽 | 값 12,000원

한국 교육의 현실과 전망
심성보 지음 | 724쪽 | 값 35,000원

• 4·16, 질문이 있는 교실 마주이야기 통합수업으로 혁신교육과정을 재구성하다!

통하는 공부
김태호·김형우·이경석·심우근·허진만 지음
324쪽 | 값 15,000원

내일 수업 어떻게 하지?
아이함께 지음 | 300쪽 | 값 15,000원
2015 세종도서 교양부문

인간 회복의 교육
성래운 지음 | 260쪽 | 값 13,000원

교과서 너머 교육과정 마주하기
이윤미 외 지음 | 368쪽 | 값 17,000원

수업 고수들
수업·교육과정·평가를 말하다
박현숙 외 지음 | 368쪽 | 값 17,000원

도덕 수업, 책으로 묻고 윤리로 답하다
울산도덕교사모임 지음 | 320쪽 | 값 15,000원

체육 교사, 수업을 말하다
전용진 지음 | 304쪽 | 값 15,000원

교실을 위한 프레이리
아이러 쇼어 엮음 | 사람대사람 옮김
412쪽 | 값 18,000원

마을교육공동체란 무엇인가?
서용선 외 지음 | 360쪽 | 값 17,000원

교사, 학교를 바꾸다
정진화 지음 | 372쪽 | 값 17,000원

함께 배움
학생 주도 배움 중심 수업 이렇게 한다
니시카와 준 지음 | 백경석 옮김 | 280쪽 | 값 15,000원

공교육은 왜?
홍섭근 지음 | 352쪽 | 값 16,000원

자기혁신과 공동의 성장을 위한
교사들의 필리버스터
윤양수·원종희·장군·조경삼 지음 | 280쪽 | 값 14,000원

함께 배움 이렇게 시작한다
니시카와 준 지음 | 백경석 옮김 | 196쪽 | 값 12,000원

함께 배움 교사의 말하기
니시카와 준 지음 | 백경석 옮김 | 188쪽 | 값 12,000원

교육과정 통합, 어떻게 할 것인가?
성열관 외 지음 | 192쪽 | 값 13,000원

미래교육의 열쇠, 창의적 문화교육
심광현·노명우·강정석 지음 | 368쪽 | 값 16,000원

주제통합수업,
아이들을 수업의 주인공으로!
이윤미 외 지음 | 392쪽 | 값 17,000원

수업과 교육의 지평을 확장하는 수업 비평
윤양수 지음 | 316쪽 | 값 15,000원
2014 문화체육관광부 우수교양도서

교사, 선생이 되다
김태은 외 지음 | 260쪽 | 값 13,000원

교사의 전문성, 어떻게 만들어지나
국제교원노조연맹 보고서 | 김석규 옮김
392쪽 | 값 17,000원

수업의 정치
윤양수·원종희·장군 지음 | 280쪽 | 값 14,000원

학교협동조합,
현장체험학습과 마을교육공동체를 잇다
주수원 외 지음 | 296쪽 | 값 15,000원

거꾸로 교실,
잠자는 아이들을 깨우는 수업의 비밀
이민경 지음 | 280쪽 | 값 14,000원

교사는 무엇으로 사는가
정은균 지음 | 292쪽 | 값 15,000원

마음의 힘을 기르는 감성수업
조선미 외 지음 | 300쪽 | 값 15,000원

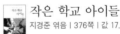
작은 학교 아이들
지경준 엮음 | 376쪽 | 값 17,000원

아이들의 배움은 어떻게 깊어지는가
이시이 준지 지음 | 방지현·이창희 옮김
200쪽 | 값 11,000원

대한민국 입시혁명
참교육연구소 입시연구팀 지음 | 220쪽 | 값 12,000원

교사를 세우는 교육과정
박승열 지음 | 312쪽 | 값 15,000원

전국 17명 교육감들과 나눈 교육 내담
최창의 대담·기록 | 272쪽 | 값 15,000원

들뢰즈와 가타리를 통해 유아교육 읽기
리세롯 마리엣 올슨 지음 | 이연선 외 옮김
328쪽 | 값 17,000원

학교 혁신의 길, 아이들에게 묻다
남궁상운 외 지음 | 272쪽 | 값 15,000원

학교 민주주의의 불한당들
정은균 지음 | 276쪽 | 값 14,000원

프레이리의 사상과 실천
사람대사람 지음 | 352쪽 | 값 18,000원
2018 세종도서 학술부문

교육과정, 수업, 평가의 일체화
리사 카터 지음 | 박승열 외 옮김 | 196쪽 | 값 13,000원

혁신학교, 한국 교육의 미래를 열다
송순재 외 지음 | 608쪽 | 값 30,000원

학교를 개선하는 교장
지속가능한 학교 혁신을 위한 실천 전략
마이클 풀란 지음 | 서동연·정효준 옮김 | 216쪽 | 값 13,000원

페다고지를 위하여
프레네의 『페다고지 불변요소』 읽기
박찬영 지음 | 296쪽 | 값 15,000원

공자뎐, 논어는 이것이다
유문상 지음 | 392쪽 | 값 18,000원

노자와 탈현대 문명
홍승표 지음 | 284쪽 | 값 15,000원

교사와 부모를 위한
발달교육이란 무엇인가?
현광일 지음 | 380쪽 | 값 18,000원

선생님, 민주시민교육이 뭐예요?
염경미 지음 | 244쪽 | 값 15,000원

교사, 이오덕에게 길을 묻다
이무완 지음 | 328쪽 | 값 15,000원

어쩌다 혁신학교
유우석 외 지음 | 380쪽 | 값 17,000원

낙오자 없는 스웨덴 교육
레이프 스트란드베리 지음 | 변광수 옮김
208쪽 | 값 13,000원

미래, 교육을 묻다
정광필 지음 | 232쪽 | 값 15,000원

끝나지 않은 마지막 수업
장석웅 지음 | 328쪽 | 값 20,000원

대학, 협동조합으로 교육하라
박주희 외 지음 | 252쪽 | 값 15,000원

경기꿈의학교
진흥섭 외 지음 | 360쪽 | 값 17,000원

입시, 어떻게 바꿀 것인가?
노기원 지음 | 306쪽 | 값 15,000원

학교를 말한다
이성우 지음 | 292쪽 | 값 15,000원

촛불시대, 혁신교육을 말하다
이용관 지음 | 240쪽 | 값 15,000원

행복도시 세종,
혁신교육으로 디자인하다
곽순일 외 지음 | 392쪽 | 값 18,000원

라운드 스터디
이시이 데루마사 외 엮음 | 224쪽 | 값 15,000원

나는 거꾸로 교실 거꾸로 교사
류광모·임정훈 지음 | 212쪽 | 값 13,000원

미래교육을 디자인하는 학교교육과정
박승열 외 지음 | 348쪽 | 값 18,000원

교실 속으로 간 이해중심 교육과정
온정덕 외 지음 | 224쪽 | 값 13,000원

흥미진진한 아일랜드 전환학년 이야기
제리 제퍼스 지음 | 최상덕·김호원 옮김 | 508쪽 | 값 27,000원
2019 대한민국학술원우수학술도서

교실, 평화를 말하다
따돌림사회연구모임 초등우정팀 지음
268쪽 | 값 15,000원

폭력 교실에 맞서는 용기
따돌림사회연구모임 학급운영팀 지음
272쪽 | 값 15,000원

학교자율운영 2.0
김용 지음 | 240쪽 | 값 15,000원

그래도 혁신학교
박은혜 외 지음 | 248쪽 | 값 15,000원

학교자치를 부탁해
유우석 외 지음 | 252쪽 | 값 15,000원

학교는 어떤 공동체인가?
성열관 외 지음 | 228쪽 | 값 15,000원

국제이해교육 페다고지
강순원 외 지음 | 256쪽 | 값 15,000원

교사 전쟁
다나 골드스타인 지음 | 유성상 외 옮김
468쪽 | 값 23,000원

시민, 학교에 가다
최형규 지음 | 260쪽 | 값 15,000원

학교를 살리는 회복적 생활교육
김민자 · 이순영 · 정선영 지음 | 256쪽 | 값 15,000원

교사를 위한 교육학 강의
이형빈 지음 | 336쪽 | 값 17,000원

새로운학교 학생을 날게 하다
새로운학교네트워크 총서 02 | 408쪽 | 값 20,000원

세월호가 묻고 교육이 답하다
경기도교육연구원 지음 | 214쪽 | 값 13,000원

미래교육, 어떻게 만들어갈 것인가?
송기상 · 김성천 지음 | 300쪽 | 값 16,000원
2019 세종도서 교양부문

교육에 대한 오해
우문영 지음 | 224쪽 | 값 15,000원

혁신교육지구 현장을 가다
이용운 외 4인 지음 | 344쪽 | 값 18,000원

배움의 독립선언, 평생학습
정민승 지음 | 240쪽 | 값 15,000원

선생님, 페미니즘이 뭐예요?
염경미 지음 | 280쪽 | 값 15,000원

평화의 교육과정 섬김의 리더십
이준원 · 이형빈 지음 | 292쪽 | 값 16,000원

수포자의 시대
김성수 · 이형빈 지음 | 252쪽 | 값 15,000원

혁신학교와 실천적 교육과정
신은희 지음 | 236쪽 | 값 15,000원

삶의 시간을 잇는 문화예술교육
고영직 지음 | 292쪽 | 값 16,000원

혐오, 교실에 들어오다
이혜정 외 지음 | 232쪽 | 값 15,000원

혁신교육지구와 마을교육공동체는
어떻게 만들어지는가?
김태정 지음 | 376쪽 | 값 18,000원

**선생님, 특성화고 자기소개서
어떻게 써요?**
이지영 지음 | 322쪽 | 값 17,000원

학생과 교사, 수업을 묻다
전용진 지음 | 344쪽 | 값 18,000원

혁신학교의 꽃, 교육과정 다시 그리기
안재일 지음 | 344쪽 | 값 18,000원

● **살림터 참교육 문예 시리즈** 영혼이 있는 삶을 가르치는 온 선생님을 만나다!

꽃보다 귀한 우리 아이는
조재도 지음 | 244쪽 | 값 12,000원

성깔 있는 나무들
최은숙 지음 | 244쪽 | 값 12,000원

아이들에게 세상을 배웠네
명혜정 지음 | 240쪽 | 값 12,000원

밥상에서 세상으로
김흥숙 지음 | 280쪽 | 값 13,000원

우물쭈물하다 끝난 교사 이야기
유기창 지음 | 380쪽 | 값 17,000원

선생님이 먼저 때렸는데요
강병철 지음 | 248쪽 | 값 12,000원

서울 여자, 시골 선생님 되다
조경선 지음 | 252쪽 | 값 12,000원

행복한 창의 교육
최창의 지음 | 328쪽 | 값 15,000원

북유럽 교육 기행
정애경 외 14인 지음 | 288쪽 | 값 14,000원

시험 시간에 웃은 건 처음이에요
조규선 지음 | 252쪽 | 값 15,000원

● 교과서 밖에서 만나는 역사 교실 상식이 통하는 살아 있는 역사를 만나다

 전봉준과 동학농민혁명
조광환 지음 | 336쪽 | 값 15,000원

 남도의 기억을 걷다
노성태 지음 | 344쪽 | 값 14,000원

 응답하라 한국사 1·2
김은석 지음 | 356쪽·368쪽 | 각권 값 15,000원

 즐거운 국사수업 32강
김남선 지음 | 280쪽 | 값 11,000원

 즐거운 세계사 수업
김은석 지음 | 328쪽 | 값 13,000원

 강화도의 기억을 걷다
최보길 지음 | 276쪽 | 값 14,000원

 광주의 기억을 걷다
노성태 지음 | 348쪽 | 값 15,000원

 선생님도 궁금해하는
한국사의 비밀 20가지
김은석 지음 | 312쪽 | 값 15,000원

 걸림돌
키르스텐 세룹-빌펠트 지음 | 문봉애 옮김
248쪽 | 값 13,000원

 역사수업을 부탁해
열 사람의 한 걸음 지음 | 388쪽 | 값 18,000원

 진실과 거짓, 인물 한국사
하성환 지음 | 400쪽 | 값 18,000원

 우리 역사에서 사라진
근현대 인물 한국사
하성환 지음 | 296쪽 | 값 18,000원

 꼬물꼬물 거꾸로 역사수업
역모자들 지음 | 436쪽 | 값 23,000원

 즐거운 동아시아사 수업
김은석 지음 | 240쪽 | 값 15,000원

 노성태, 역사의 길을 걷다
노성태 지음 | 324쪽 | 값 17,000원

 교과서 밖에서 배우는 역사 공부
정은교 지음 | 292쪽 | 값 14,000원

 팔만대장경도 모르면 빨래판이다
전병철 지음 | 360쪽 | 값 16,000원

 빨래판도 잘 보면 팔만대장경이다
전병철 지음 | 360쪽 | 값 16,000원

 영화는 역사다
강성률 지음 | 288쪽 | 값 13,000원

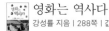 **친일 영화의 해부학**
강성률 지음 | 264쪽 | 값 15,000원

 한국 고대사의 비밀
김은석 지음 | 304쪽 | 값 13,000원

 조선족 근현대 교육사
정미량 지음 | 320쪽 | 값 15,000원

 다시 읽는 조선근대 교육의 사상과 운동
윤건차 지음 | 이명실·심성보 옮김 | 516쪽 | 값 25,000원

 음악과 함께 떠나는 세계의 혁명 이야기
조광환 지음 | 292쪽 | 값 15,000원

 논쟁으로 보는 일본 근대 교육의 역사
이명실 지음 | 324쪽 | 값 17,000원

 다시, 독립의 기억을 걷다
노성태 지음 | 320쪽 | 값 16,000원

 한국사 리뷰
김은석 지음 | 244쪽 | 값 15,000원

 경남의 기억을 걷다
류형진 외 지음 | 564쪽 | 값 28,000원

 어제와 오늘이 만나는 교실
학생과 교사의 역사수업 에세이
정진경 외 지음 | 328쪽 | 값 17,000원

● 더불어 사는 정의로운 세상을 여는 인문사회과학 사람의 존엄과 평등의 가치를 배운다

밥상혁명
강양구·강이현 지음 | 298쪽 | 값 13,800원

도덕 교과서 무엇이 문제인가?
김대용 지음 | 272쪽 | 값 14,000원

자율주의와 진보교육
조엘 스프링 지음 | 심성보 옮김 | 320쪽 | 값 15,000원

민주화 이후의 공동체 교육
심성보 지음 | 392쪽 | 값 15,000원
2009 문화체육관광부 우수학술도서

갈등을 넘어 협력 사회로
이창언·오수길·유문종·신윤관 지음
280쪽 | 값 15,000원

동양사상과 마음교육
정재걸 외 지음 | 356쪽 | 값 16,000원
2015 세종도서 학술부문

교과서 밖에서 배우는 철학 공부
정은교 지음 | 280쪽 | 값 14,000원

교과서 밖에서 배우는 사회 공부
정은교 지음 | 304쪽 | 값 15,000원

교과서 밖에서 배우는 윤리 공부
정은교 지음 | 292쪽 | 값 15,000원

한글 혁명
김슬옹 지음 | 388쪽 | 값 18,000원

우리 안의 미래교육
정재걸 지음 | 484쪽 | 값 25,000원

왜 그는 한국으로 돌아왔는가?
황선준 지음 | 364쪽 | 값 17,000원
2019 세종도서 교양부문

공간, 문화, 정치의 생태학
현광일 지음 | 232쪽 | 값 15,000원

인공지능 시대의 사회학적 상상력
홍승표 지음 | 260쪽 | 값 15,000원

동양사상과 인간 그리고 사회
이현지 지음 | 418쪽 | 값 21,000원

좌우지간 인권이다
안경환 지음 | 288쪽 | 값 13,000원

민주시민교육
심성보 지음 | 544쪽 | 값 25,000원

민주시민을 위한 도덕교육
심성보 지음 | 500쪽 | 값 25,000원
2015 세종도서 학술부문

교과서 밖에서 배우는 인문학 공부
정은교 지음 | 280쪽 | 값 13,000원

오래된 미래교육
정재걸 지음 | 392쪽 | 값 18,000원

대한민국 의료혁명
전국보건의료산업노동조합 엮음 | 548쪽 | 값 25,000원

교과서 밖에서 배우는 고전 공부
정은교 지음 | 288쪽 | 값 14,000원

전체 안의 전체 사고 속의 사고
김우창의 인문학을 읽다
현광일 지음 | 320쪽 | 값 15,000원

카스트로, 종교를 말하다
피델 카스트로·프레이 베토 대담 | 조세종 옮김
420쪽 | 값 21,000원

일제강점기 한국철학
이태우 지음 | 448쪽 | 값 25,000원

한국 교육 제4의 길을 찾다
이길상 지음 | 400쪽 | 값 21,000원
2019 세종도서 학술부문

마을교육공동체 생태적 의미와 실천
김용련 지음 | 256쪽 | 값 15,000원

교육과정에서 왜 지식이 중요한가
심성보 지음 | 440쪽 | 값 23,000원

식물에게서 교육을 배우다
이차영 지음 | 260쪽 | 값 15,000원